KB057679

신문 명칼럼 5

신문 명칼럼 5

편집부 엮음

문이당

책머리에

　신문의 가장 핵심적인 영역이라 할 수 있는 칼럼은 현재성, 시사성, 함축성, 논리성 때문에 오래전부터 학생이나 일반인 모두에게 논리력과 사고력 증진을 위한 최상의 자료로 활용되어 왔다. 특히 앞으로 시행될 대학 입시에서 통합형 논술 고사의 비중과 중요성이 높아지고 있지만, 이를 대비할 마땅한 수험서가 없는 상황에서, 주요 일간 신문에 실린 칼럼이야말로 우리 수험생들에게 통합형 논술을 대비하는 가장 시의 적절한 수험 준비 자료가 아닐 수 없다.

　논리적 사고력이란 많이 읽고 많이 생각하는 습관에서부터 길러진다. 또 지금은 원론적인 문제뿐만 아니라 전문성과 시사성, 주관적 가치 판단을 요하는 높은 수준의 문제를 해결할 수 있어야 논술의 관문을 통과할 수 있다. 그러므로 논술은 단순히 책 몇 권으로 해결되는 문제가 아니라 사회 현상에 대한 본질적인 이해와 통찰 능력, 그리고 객관성을 잃지 않으면서도 자신만의 견해를 논리적으로 전개할 수 있는 능력을 요구한다. 칼럼이 이러한 능력을 짧은 시간 안에 습득하는 데 큰 도움이 되는 것은 사회 각 분야의 전문가들이 특정 주제에 대해 날카롭고 분석적인 시각으로 설득력 있는 논리를 전개한 최상의 글이기 때문이다.

　『신문 명칼럼 5』는 2003년 1월부터 12월까지 국내 주요 일간 신문인 경향신문, 국민일보, 동아일보, 문화일보, 서울신문, 세계일보,

조선일보, 중앙일보, 한겨레신문, 한국일보에 실렸던 칼럼 중에서 95편의 칼럼만을 엄선한 것이다. 2003년 한 해 사회적 이슈가 되었던 사안들에 대해 폭넓은 식견·공정한 시각을 보여 주는 칼럼을 선별하고 일방적인 주장과 견해에 편중되지 않도록 필자의 중복은 가급적 피했다. 또 전문 분야의 지식과 설득력 있는 근거들을 통해 사안의 핵심을 통찰하고, 이에 자신의 의견을 개성적이면서도 소신 있게 피력한 칼럼을 싣고, 편향된 시각이나 특정 집단의 이해만을 대변하는 견해, 국민의 정서와는 동떨어진 내용의 것은 싣지 않았다. 이렇게 선정한 칼럼들은 정치, 경제, 사회, 문화, 교육, 환경 등 여섯 분야로 분류해 게재일 순으로 배치하여 1년 동안의 우리 사회 현안들을 한눈에 볼 수 있도록 구성하였다.

2003년, 정치면에서 주목해야 할 가장 중요한 사안은 '국민의 정부'에 이은 '참여 정부'의 출범이었다. 그동안 선거에 무관심했던 젊은층의 투표 참여로 선거에 새바람을 몰고 왔고, 변화와 개혁이 새로운 화두로 등장하였다. 또한 인터넷 문화의 확산으로 젊은층의 정치에 대한 관심이 높아져 신세대와 구세대, 보수와 진보라는 세대 간, 세력 간의 대립이 사회적 문제로 대두되기도 하였다.

경제면에서는 동북아 중심 국가 건설과 국민 소득 2만 달러의 진입이 가능한가에 대한 논란이 있었고, 분배냐 성장이냐에 대한 논의도 활발하였다. 또한 2003년은 세계 경제가 회복세로 돌아서는데 반해 우리나라는 경기 침체가 계속되면서 장기 불황에 대한 우려가 높아졌던 한 해였다. 외국 자본의 국내 진출이 늘어나면서 국내 기업에 대한 인수·합병(M&A)이 활발해짐으로써 이에 관한 다양한 견해가 대립되기도 하였다.

사회면에서는 세대 간의 갈등 문제, 출산율 저하 문제, 공공 단체의 이익 단체화 경향, 조기 유학 문제, 조류 독감의 위협 등이 큰 이슈가 되었다.

문화면에서는 관광 산업의 진흥을 위한 대책, 민속 경기에 대한 지원 방안, 지방 문화의 활성화를 위한 방안, 전자 도서관을 포함한 도서관 증설의 필요성 등이 제기되었고, 북한과의 문화 교류에 대한 견해, 한국 문화의 세계화에 대한 의견 등이 주목해 볼 만한 이슈들이다.

교육면에서는 공교육 붕괴, 강남 교육 특구, 사교육비로 인한 가정 경제 파탄 등이 주요 이슈로 등장하였으며, 교육 시장 개방에 대한 찬반 여론도 뜨거웠다. 또한 기여 입학제에 대한 다양한 의견들이 개진되었고, 영어 공용화 문제, 평준화 유지 문제, 교육 행정 정보 시스템 문제 등에 대한 논란도 있었다.

환경면에서는 사스(SARS)의 공포가 전 세계적으로 확산되었고, 기상 정보의 선진화 문제, 비무장 지대 개발을 비롯한 생태계 파괴

문제, 수돗물에 대한 불신, 새만금 간척 사업 문제, 핵폐기물 처리장 설치 문제, 환경 친화적 국토 개발의 문제 등이 주요 이슈로 등장하였다.

칼럼은 각 분야에서 최고 권위자라 할 수 있는 전문가들이 그 분야에 대해 예리하고 심도 있게 분석하고 구체적인 대안까지 제시함으로써 전문가가 아니라 할지라도 누구나 그 문제에 대해 나름대로 분석하고 판단할 수 있게 해준다. 또 그때에 가장 민감하고 핵심이 되는 현안들을 다루기 때문에, 비록 시간이 흐른 뒤에 읽어도 당시의 분위기와 논쟁의 초점들을 쉽게 파악할 수 있다.

『신문 명칼럼』은 1년 동안 우리 사회의 현상과 변화를 칼럼을 통해 생생하게 살펴볼 수 있으므로 살아 있는 역사책이라 할 수 있다. 그동안 후속 편을 기다려 온 독자 여러분의 성원에 깊이 감사드린다. 모쪼록 『신문 명칼럼』 시리즈가 통합형 대입 논술을 준비하고 있는 수험생, 취업 준비생들에게 조금이나마 도움이 될 수 있기를 바란다.

2005년 11월
문이당 편집부

차례 / 신문 명칼럼 ⑤

경제

사회

문화

교육

환경

정치

보수가 혁신할 차례다

이진우
계명대 총장

대통령 선거가 막을 내리고 새로운 정부의 윤곽이 조금씩 그 모습을 드러내고 있음에도, 많은 국민들은 여전히 그 충격에서 벗어나지 못하고 있다고 한다. 한편으로 우리는 돈과 조직, 그리고 흑색선전이 먹혀들지 않는 청결하고 엄정한 선거 문화를 일궈 냈다는 사실에 스스로 놀라고 있지만, 다른 한편으로는 이러한 변화의 메시지를 어떻게 이해해야 할지 혼란스럽기 때문일 것이다.

이제까지 당연한 것으로 여겨졌던 것이 더 이상 당연한 것으로 인식되지 않을 때 우리는 혼란스러워한다. 이런 관점에서 보면 노무현 당선자의 승리는 우리 사회를 관통해 온 이념적 가치 체계를 근본적으로 뒤흔들어 놓았다. 북한과의 민족적 유대가 미국과의 동맹 관계보다 선호되는 분위기가 만연하고 있으며, 노조와 시민 단체는 이제 사회를 불안하게 하기보다는 사회의 민주적 안정 세력으로 인식되고

정치 17

있지 않은가? 권위주의적 사회 체제를 유지하였던 안보와 안정은 이제 극복되어야 할 '구시대의 낡은 가치'로 인식되고 있는 것이다.

이러한 가치 변화로 가장 충격을 받은 사람들은 두말할 나위도 없이 보수 진영이다. 진보 세력이 시대의 흐름을 읽어 내고 변화를 선도한 반면, 보수는 기득권에 눈이 멀어 사회가 이미 변하고 있음을 올바로 읽어 내지 못하였기 때문이다. 스스로 변하는 사람들만이 변화를 이해하는 것처럼, 변화를 이해하지 못하면 결코 스스로 변할 수 없다. '노무현'으로 상징되는 민주적 가치 변화는 정당의 개혁과 정치 문화의 혁신을 요구하고 있건만, 보수를 대변한다는 한나라당의 상황을 보면 혁신은커녕 변화마저 제대로 이해하지 못하고 있는 것 같다.

이제는 정말 보수가 혁신할 차례다. 만약 노무현 정부가 인수위원들의 면면에서 드러난 것처럼 진보적 성향의 '중도좌파' 정권이라고 한다면, 이를 생산적으로 견제하기 위해서도 우리는 '건강한 보수'를 필요로 하기 때문이다. 대화와 타협의 새 시대를 열겠다는 노무현 당선자의 제안에 화답하기 위해서도 한나라당은 '중도우파'의 야당으로 거듭나야 한다. 보수 성향의 한나라당이 여소야대의 세력 구도에 의지하는 구태에서 벗어나 이념과 정책으로 대결하는 민주 정당으로 발전하려면 우선 시대 흐름을 겸손하게 수용하고, 모든 세대를 아우를 수 있는 새로운 보수적 가치를 제시해야 한다.

세대 혁명으로 일컬어지는 지난 선거는 분명 '탈(脫)권위주의적 사회'의 도래를 알리는 신호탄이었다. 사회를 지탱해 온 중심축이 수직적인 위계질서에서 수평적인 유대 관계로 옮겨 가고 있는 것이다. 독재에서 성장한 40대와 50대보다는 비교적 민주적 문화를 경험한

20대와 30대가 이러한 변화를 선도한다는 것은 당연한 일이다. 이들에게는 네거티브 캠페인을 일삼는 한나라당의 전략이 독재와 권위주의만 연상시켰기 때문에 스스로를 보수적이라고 생각하는 사람들조차 이회창을 외면하는 기현상이 벌어진 것이다. 자신의 기득권을 유지하기 위하여 소위 불온 세력을 끊임없이 만들어 내는 것은 '수구'이지 결코 '보수'가 아니다.

한나라당이 낡은 수구의 딱지를 던져 버리고 건강한 보수 세력으로 거듭나려면 국민을 통합할 수 있는 새로운 보수적 가치를 창출해야 한다. 무엇이 과연 그러한 보수적 가치일지는 모르겠지만, 그것이 진보적 가치의 평형추가 되어야 한다는 점은 분명하다. 노무현으로 대변되는 새로운 중도좌파 정권이 '민족', '평등', '이념적 유대'의 가치를 토대로 한다면, 건강한 보수는 '개방', '자율', '공동체적 유대'의 가치를 추구할 수도 있을 것이다.

민족의 절대화가 자칫 폐쇄적으로 흐를 수 있고, 평등주의가 만연하면 사회의 경쟁력이 약화되고 개인의 자유가 축소될 수 있으며, 이념적 유대는 사회를 경직시키고 획일화할 우려가 있기 때문이다. 서구의 보수처럼 우리도 다른 문화에 대해 개방적인 민주, 차이를 인정하되 타인을 배려하는 자율, 변화 속에도 정체성을 유지할 수 있는 전통적 유대를 추구하는 건강한 보수를 발전시킬 수 있다면, 우리 역시 극좌와 극우의 양극단을 스스로 경계하는 진정한 민주 문화를 이룩하지 않겠는가? 〈조선일보 2003. 01. 06.〉

프랑스 권력 분점의 지혜

홍광엽

한림대 교수, 정치외교학과

혁명이라고 부를 수는 없지만 격변이라고 해야 할 노무현 후보의 대통령 당선은 우리 정치에 개혁이 필요하다는 국민의 절실한 요구를 반영한 것이라 볼 수 있다. 노 당선자는 여러 개혁안 중에서 프랑스식이라고 할 수 있는 이원 집정제를 대안으로 제시했다. 즉, 내년 총선 이후 대권 행사를 국회 다수당의 배경을 갖고 행정 능력을 입증받은 국무총리와 나눔으로써, 대통령의 제왕적 권력 집중을 줄이고, 합리적 대화를 통해 투명한 정치를 해 나가겠다고 공언했다. 아울러 이는 우리 정치 현실에서 프랑스 제도의 적실성에 대한 공론을 제기하는 것이기도 하다. 혹자는 노 당선자가 보수 진영으로 파고들어가 새로운 깃발 아래 국회에서의 열세를 만회해 보려는 의도를 개혁 명분과 동시에 추구하는 것 아니냐고 꼬집기도 한다. 그러나 제도를 개혁해야 한다는 노 당선자의 입장과 의도를 일단 믿고, 가능한 방법을 함께 모색하는 것도 합리적 시민의 태도가 아닌가 생각된다.

　파란 많은 역사를 통해 국가 이성과 민주주의라는 모순된 요구를 동시에 수용하면서 조화시킨 현재의 프랑스 공법은 뼈를 깎는 고통의 역사를 통해 정착된 것이기에 단순화될 수 없다. 대혁명 이래 정치 권력을 무력화시켰던 프랑스의 시민 사회는 왕조적 집행권을 오직 해외 식민지 경략에 돌리도록 했고, 그로 인한 정치 공백은 제2차 세계 대전 후 중 해외 망명 정부를 통해 독립을 외치도록 하는 수모를 안겨 주었다. 급변하는 세계에서 낙후되고 왜소한 국가로 분류될 지경에 이른 프랑스는 심지어 군부 쿠데타의 위협에 직면했고, 당황한 제4공화국 지도부는 드골 체제를 출범시키는 데 동의했다. 민주주의와 부국 강병주의의 절충을 모색했던 제5공화국 지도부는 사분오열된 의회의 간섭에서 행정부를 자유롭게 했다. 이에 따라 대통령은 국론을 통일하고 강한 실천을 보장하는 구심점으로 작용했다. 제5공화국의 대통령은 임기 7년(현재는 5년으로 축소 조정되었음)을 마치고 중임할 수 있었고, 언제고 자기 뜻에 역행하는 의회를 해산해 국민의 재신임을 물을 수 있었다.

　프랑스에서 이러한 막강한 대통령의 권한이 제한되고 의회가 위신을 회복한 계기는 1968년 5월 혁명이었다. 작금 우리나라에서 약소한 정치 세력이 대세를 휘어잡고 개혁의 분위기를 조성한 것은 새로운 정권에 큰 권한을 부여하면서 동시에 진정한 민주주의의 정착 가능성을 예고한다. 1968년 이래 프랑스에서는 대통령에게 장기적인 국정 구도 운영에 전념토록 하고, 총리에게는 잡다한 인사 및 국정 업무를 관할하게 했다. 이와 동시에 의회, 정당, 시민 사회의 참여 가능성이 확장되는 계기를 가져왔다. 독일의 경우처럼 간접 선거가 아닌 직접 선거로 선발되는 프랑스 대통령은 전혀 그림자 같은 존재가 아니다. 그는 국회 밖에서 언론이나 유럽 연합을 통해 영향력을 행사하고 좌우의 극단 세력에 대해 완충 역할을 하면서 공화국을 지키는 데 크게 기여한다. 프랑스는 미국식의 동질성과 보수성이 지배하는 양당 정치가 아니며, 영국이나 독일에서처럼 정치의 우선순위와 초점이 선거 때마다 급격히 변하는 내각 중심의 정치도 아니다. 프랑스는 정치의 복합적인 요구를 분권화해 전문 영역에서 다뤄지도록 하는 성숙한 민주주의를 구현하고 있음을 인정하지 않으면 안 된다.

대통령과 총리는 독립되고 자율적인 행정 계통과 기구에 의해 그 권한이 분점 행사됨으로써, 정치의 전횡과 무책임이 보완되고 있는 것이다. 프랑스는 유럽 연합의 초월적 행정망에 많은 권한을 위임시키고 있고, 광범위하고 능동적인 지방 행정 기구에 예산의 편성과 운영을 맡기고 있다. 지방의 관심사와 경제적 분권은 국회의 상원에서 반영되고 조정되도록 하였다. 더욱이 막강한 프랑스 행정은 다양한 기구의 거미줄 같은 감시를 통해 월권과 부당한 특권을 색출하고 개선하는 조치를 취함으로써 투명하고 합리적인 공공성을 수행하고 있다. 행정 재판을 엄격히 관장하는 국사원과 예산 관리를 소상하게 파고드는 회계청 등은 부당한 차별이나 부조리가 자리 잡을 수 없도록 해 국민의 불만을 해소하고 있다. 프랑스의 대통령은 총리 선출을 선거를 통하여 조성된 국회의 다수당에 맡기고, 총리에게 장관과 행정 요직의 인사를 다루게 한다. 대통령이 총리에게 지시를 하거나 간섭하지 못하도록 하는 것이다. 그래도 대통령은 최고의 중재자로서 국민 투표를 발안하며, 외교와 군사 문제에 있어서 상당한 재량권

을 지닌다. 역사 전통과 관용성의 종합을 구현하는 프랑스의 정치
제도는 한반도에 큰 귀감이 될 수 있다. 프랑스 좌우 동거 체제(코아
비타시옹)의 이원 집정제를 논함에 있어서 대통령과 총리 간의 갈등
만을 볼 것이 아니라 통합과 개혁을 무리 없이 성취하는 고도의 정
치 체제로 이해하는 내면적 관찰이 요구된다.

〈동아일보 2003. 01. 24.〉

원칙 지키는 개혁을

손호철

서강대 교수, 사회과학부

노무현 대통령의 취임과 함께 노무현 정부가 오늘 출범한다. 참여 정부를 표방한 노무현 정부는 명실상부한 21세기의 첫 정부이자 포스트 3김 시대의 막을 여는 첫 정부라는 점에서 노 정부의 출범은 그 역사적 의미가 크다.

특히 지역주의를 볼모로 국민을 단순히 정치적 동원의 대상으로 생각했던 3김 정치를 넘어서는 포스트 3김 시대의 대통령으로 대중 정치인 중에서는 가장 원칙을 지켜 왔고 국민 경선제와 노사모, 희망 돼지로 상징되는 참여 정치의 바람을 몰고 온 노무현 대통령이 당선되어 취임하게 된 것은 그 의미가 각별하다.

그러나 문제는 이제부터다. 노무현 정부는 북한 핵문제, 부시 미대통령의 강경 외교 노선에 따른 한·미 간의 긴장과 같은 어려운 대외적 조건, 그리고 거대 야당인 한나라당과 사회 각계각층에 아직도 강력한 힘을 가지고 있는 수구 세력의 반발 등 대내적 장애를 슬기롭게 헤쳐 나가면서 개혁을 이끌어 나가야 하는, 쉽지 않은 과제를 안고 있다. 이 같은 문제를 풀어 가는 데 가장 중요한 것은 원칙을 지키는 것이다. 이는 두 가지 의미에서 그러하다.

첫째, 현실과의 타협 유혹을 이겨 내고 원칙을 지키는 정치를 해야한다. 사실 상대적으로 원칙을 지켜 온 정치인이라고는 하지만 노대통령은 대선 과정만 해도 김영삼 전 대통령을 찾아가 부산시장 후보의 낙점을 부탁하는가 하면, 원칙에 어긋난 것이라 도저히 수용할수 없다던 정몽준 의원과의 후보 단일화를 수용해 사실상 재벌과의공동 정부를 추진했었다.

다시 말해, 노무현 정부가 최근 들어 원칙에 기초한 재벌 개혁 추진 의사를 거듭 밝히고 있지만 정 의원의 고마운(?) 지지 철회 선언이 아니었다면 재벌 개혁을 포함한 새 정부의 국정 방향과 조각은현재의 모습과 전혀 다른 방향에서 표류하고 있었을 것이다. 취임첫날부터 노무현 정부가 잊고 싶은 지난 이야기를 하는 것은 과거는선거공학상 어쩔 수 없었다고 하더라도 이제는 노 대통령이 정치에발을 들여놓았던 초심으로 돌아가 원칙을 지켜 달라는 부탁을 하기위해서이다.

원칙을 지켜 달라는 두 번째 의미는 개혁에 대한 의욕이 지나쳐목적이 정당하면 수단이 중요한 것이 아니라는 식의 편법주의나 개혁독재의 유혹에 빠지지 말고 수단과 과정에 있어서도 원칙을 지켜달라는 것이다. 물론 사방에 산재한 개혁 과제들의 엄중함을 생각할때 수단과 과정의 정당성은 사소한 문제라고 생각할지 모른다. 그러나 김영삼, 김대중 정권의 경험은 편법에 의한 개혁은 실패할 수밖에 없다는 것을 보여 주고 있다.

다행인 것은 내년에 총선이 있다는 것이다. 즉, 원칙을 지켜 개혁을 추구한다면 설사 한나라당의 발목잡기 등으로 개혁이 실패하더라도 이를 여론화하여 총선에서 국민적 심판을 유도하면 된다. 다만 내년 총선에서 지면 끝이라는 생각에서 국정을 총선 승리주의의 정치 공학을 가지고 이끌어 나가서는 안 된다.

인수위 활동 등을 토대로 판단해 보건대, 노무현 정부가 개방적 정책 결정 구조 등 여러 면에서 잘하고 있다는 생각이 들고 그만큼 기대도 크다. 그러나 우려되는 것은 노 대통령을 비롯한 노무현 정부가 너무 빨리 '메인 스트림'화되고 있는 것이 아닌가 하는 것이다. 즉, 인적 구성에 있어서는 우리 사회를 지배해 온 주류를 대체하여 신주류가 자리 잡고 있으나 가치관과 사고방식, 특히 경제에 있어서는 사실상 메인 스트림에 포섭되고 있다는 느낌을 지울 수 없다.

예를 들어, 정치 개혁의 문제에 있어서 정치적 자유의 핵심인 국가보안법 문제에 대해 별 관심을 보이지 않고 있다. 또 경제 정책도 과거의 성장 중심적이고 신자유주의적인 정책 기조를 불가피한 것으로 보고 있어 노동 운동 단체와 환경 단체들이 벌써부터 투쟁의 칼을 벼르고 있다.

1970년대 이후의 주요 대중 정치인 중 가장 진보적이었고 서민의 대통령을 자임했던 김대중 대통령이 세 명의 군사 독재자를 포함한 1970년대 이후 대통령 중 가장 빈부 격차를 심화시킨 대통령이 되고 만 역사적 아이러니를 노무현 정부만은 반복하지 말아야 한다. 그리고 이 모두는 참여 정부라는 표현처럼 결국 정권 관계자들만이 아니라 우리 모두의 참여에 달려 있다. 〈국민일보 2003. 02. 24.〉

시계를 뒤로 돌린 이라크전

김기정
연세대 교수, 정치외교학과

미영 연합군이 바그다드를 함락하고 조지 부시 미국 대통령이 후세인 정권의 종말을 선언하면서 이라크 전은 사실상 끝났다. 미국은 우선 이라크에 민주 정권을 조속히 탄생시킴으로써 이라크를 '해방시켰다'는 정당성을 얻으려 할 것이다. 전쟁 명분을 찾아야 하는 미국으로서는 민주주의를 전면에 부각시키면서 뭔가 구실을 내세워야 할 것이기 때문이다.

전후 처리의 핵심은 역시 복구와 관련한 경제적 이익이다. 전후 복구를 전리품의 관점에서 접근하려는 미국은 파병국들만 복구 계획에 참여시키려는 구상을 가지고 있으며, 이에 따라 다른 국가들의 반발이 예상된다. 특히 세계 2위의 매장량을 가진 이라크의 석유 생산을 미국이 거의 독점한다면 기존 석유수출국기구(OPEC)의 영향력이 위축되면서 자원을 둘러싼 국제 정치 구도에 중대한 변화가 나타날 공산이 크다.

유엔 무력화, 힘의 시대로

이라크전 이후 나타날 국제 정치 변화는 유엔 관련 문제이다. 탈냉전 초기만 해도 유엔의 기능 확대를 낙관적으로 전망했던 게 사실이었다. 그러나 초강대국 미국의 일방적인 국익 추구에 유엔은 무력한 기구가 되어 버렸다. 유엔의 지역 분쟁 관리 기능에 허점이 드러나면서 그 틈새를 뚫고 국지적 분쟁이 증가할 가능성도 있다. 그간 유엔이 설정하고 유지해 왔던 많은 제도와 원칙들이 다시 회원국들의 공감대를 얻기 위해서는 상당한 노력이 필요하다.

유럽 연합(EU)도 이번 전쟁의 피해자 중 하나다. 이라크전 개전 국면은 국제 정치·경제 영역에서 미국의 도전 세력으로 등장하기 시작한 EU가 프랑스와 독일을 앞세워 미국과 힘겨루기를 시도한 측면이 있다. 그러나 EU 또한 미국의 일방 독주를 견제하는 데 실패함으로써 향후 정치적 단일 세력으로 행동할 수 있는 여지가 줄었다. EU 내부의 균열도 배제할 수 없다. 이는 앞으로 EU를 확대해 나가는 과정에서 중요한 도전으로 등장할 것이다.

미국은 이번 전쟁을 통해 독선에 가까운 일방주의 방식을 세계에 각인시키고자 했다. 세계는 다소 허탈해하면서도 미국의 실력을 인정하는 분위기다. 그것이 미국의 목적이었다면 나름의 성공을 거둔 셈이다. 물론 미국의 노선이 앞으로 얼마나 성공을 거둘지는 지켜봐야 한다.

다만 국제 정치를 구성하는 인간의 인식 영역 측면에서 볼 때 군사력 사용을 통한 갈등 해결 구도가 전면에 재등장했다는 사실은 여러모로 시사하는 바가 크다. 국제 정치의 무정부 구조 속에서도 국제 협력 창출 가능성을 논의해 왔던 논조들은 다소간 경직될 것 같다. 그런 의미에서 이번 미국의 행동은 인류 진보의 시계침을 얼마간 뒤로 돌려 놓은 것과 같다.

군사력에 기반한 해결 방식이라는 구도가 테러나 대량 살상 무기 확산과 같은 상황의 재연을 억지(deter)할 수 있을지 그 예방적 기능에 대해서는 다소 회의적이다. 테러와 이에 맞선 군사적 응징은 악순환의 고리를 가진다. 군사력이 이번처럼 미국 내 특정 자본의 이익 추구 수단으로는 효과적이었는지 모르나, 중요한 것은 이번 과정을 통해 미국의 연성 권력적 기반이 대폭 유실됐다는 점이다. 명분과 정당성을 확보하지 못한 전쟁을 감행함으로써 미국은 군사력 위주의 강성권력에만 기반한 국가가 되었다.

미국, 연성 권력적 기반 유실

이것은 향후 국제 정치 현안들을 해결해 나가는 데 있어, 특히 의제설정(agenda-setting)에 있어 어려운 요소로 작동할 것이다. 다만, 희망적 전망은 잃어버린 연성 권력의 기반 회복을 위해 미국 내의 정치적 요구가 확대될 것이라는 점이다. 그것은 중요한 정치적 변화로 이어질 것이다. 이러한 시대적 변화는 이미 베트남전 이후 미국 사회에서 목도한 바 있다. 그렇게 되면 현재 부시 정권의 외교 정책은 하나의 일탈로, 한편의 오류로 평가될 것이다. 그 시점에 이르기까지 인류는 폭력과 야만에 관한 깊은 고뇌에서 벗어나기 힘들다.

〈한국일보 2003. 04. 13.〉

북한 인권, 진보 세력이 나서야

허만호

경북대 교수 · 북한인권시민연합 이사

지난 4월 16일 스위스 제네바의 유엔 인권위원회에서 '북한 인권 개선 촉구 결의안'이 채택되었다. 이 결의안의 채택을 위해서 현지에서 노력한 한 사람으로서 결의안에 대한 오해를 불식시키기 위해 이 글을 쓴다.

결의안은 북한의 인권 상황 전반을 지적하며 개선을 촉구하고 있다. 북한이 이미 가입해 있는 규약들에 따라 북한 주민들의 시민적·정치적 권리, 경제적·사회적·문화적 권리 등의 문제에 대해 유엔 인권위원회에 성실히 보고해 줄 것과 유엔 체제와 협력해 줄 것을 촉구하고 있다. 특히 유엔 인권위원회의 주제별 특별 보고관과 실무단, 국제 인권 단체들과 협력해 줄 것을 이 결의안은 천명하고 있다. 탈북자와 납북자 문제에 대해서는 극히 추상적인 기술을 통해 만류, 해결을 권유하고 있다. 필자가 북한의 인권 상황에 대해 아는 한, 이 결의안에서 사실을 왜곡 또는 과장한 부분은 전혀 없다.

이 결의안의 채택을 두고 강대국, 특히 미국이 북한에 압력을 가하기 위한 정치적 목적에서 이루어졌다는 견해들이 있다. 이는 이 결의안의 채택 과정을 구체적으로 모르기 때문에 생긴 오해다. 유럽 연합(EU)은 그동안 인권 문제를 중요한 대내외적 추구 목표로 삼아 왔다. 그래서 2년여 전에 유럽 연합의 회원국들 사이에 북한과의 수교 문제가 제기되었을 때 인권 문제가 주요 현안이 되었던 것이다. 그때 이후 프랑스는 북한의 인권이 개선된 뒤에 수교를 해야 한다는 태도를 견지하고 있다. 그러나 대부분의 회원국들은 수교를 한 뒤에 인권 개선을 유도하자며 수교를 먼저 했으나 인권 상황은 전혀 개선되지 않자, 유럽 연합이 이 결의안을 지난해에 상정하려 했다. 당시 김정일의 서울 답방에 대한 미련을 버리지 못하고 있던 김대중 정부가 만류하여 1년 동안 유보했다가 올해 프랑스의 주도 아래 유럽 연합이 이 결의안을 상정한 것이다.

유엔 인권이사회의 53개 위원국 중에서 이른바 서방 국가는 고작 10개국이고 아프리카(15), 아시아·태평양(12), 라틴아메리카(11) 나라가 절대다수를 차지하고 있다. 그래서 아시아·아프리카 국가들은 지역별 집단 투표를 통해 서방 국가들이 이 지역 국가들을 겨냥한 많은 인권 결의안들을 부결시킬 수 있었다. 이런 유엔 인권위원회의 구조 속에서 찬성 28개국, 반대 10개국, 기권 14개국, 불참 1개국으로 '북한 인권 개선 촉구 결의안'이 채택되었다는 것은 북한의 인권이 그만큼 열악하다는 것을 국제 사회가 증명한 것이다.

그런데 이를 두고 '북한의 인권 개선보다 먹을 권리부터' 운운하며 마치 북한의 인권 개선을 촉구하는 것이 한반도 평화를 저해하는 것처럼 생각하는 것은 북한의 현실과 남북 관계에 대한 지식이 부족하거나, 아니면 북한의 독재 권력에 관대한 것이 마치 진보적인 것처럼 평가되는 한국 현실의 반영일 것이다.

북한 주민들의 식량권을 지켜 주어야 할 의무는 북한 정부에 있다. 북한과 같은 기아 사태가 만약 남한의 어느 정권 아래서 발생했다면 이른바 진보적이라는 지식인이나 운동가들은 그 정권의 무능과 부패를 비판하며 퇴진을 요구할 것이다. 그런데 북한의 현실에 대해서는 왜 외면 혹은 침묵하고 있는가? 필자는 북한의 인권 문제에 대해 그 누구보다 남한의 진보적 지식인들과 운동 단체들이 관심을 가지고 개선 운동을 펴야 한다고 본다. 북한의 인권 문제에 대해 관심을 갖고 개선 노력을 해야 되는 데에는 '인류 보편의 가치 실현' 이전에 다음 두 가지 현실적인 이유가 있다.

첫째, 북한이 한국의 '통일의 동반자'라는 사실을 고려한다면, 현재 북한 사회에서 벌어지고 있는 인권 유린의 일상화가 북한 주민들의 인성을 피폐하게 하고 있다는 점을 주목해야 한다. 남북한이 통일된 뒤에 큰 갈등을 겪지 않고 사회적 통합을 이루기 위해서는 현재 북한의 인권 상황은 개선돼야 한다.

둘째, 북한에서는 인권 문제가 '썩고 병든 자본주의 사회에나 관련되는 문제이지, 노동자들이 주인인 사회주의 사회에는 해당되지 않는다'고 인식돼 있다. 즉, 인권 개념이 없고, 현재의 인권 상황이 외부 개입 없이는 개선되기 어렵다는 것을 의미한다. 장기간에 걸쳐 기본적인 인권이 유린됨으로써 특히 정치적 권리 의식이 갖추어져 있지 않아 독재 권력이 전쟁과 같은 비이성적인 결정을 내리고 주민 동원을 시도할 때 아무런 견제력이 존재할 수 없다.

우리가 북한이나 남북 관계에 대해 이야기할 때 전제해야 될 것은 '통일된 한국 사회가 어떤 모습을 가져야 되는가'이다. 그것이 '절차적 민주주의'와 '다원주의'가 보장되는 사회라면 현재의 북한 모습은 변해야 되고, 북한의 인권 상황은 조속히 개선되어야 한다. 그렇지 않으면 통일이 될 수도 없을뿐더러, 통일이 되어도 의미가 없을 것이다.

〈한겨레신문 2003. 04. 29.〉

왜 미래 비전 · 생존 전략인가

정종섭
서울대 교수, 법학부

우리는 여전히 변방에 있는 나라다. 세계 주류적 흐름 정확히 인식해야

미래는 현재에 의해 결정된다. 미래의 삶을 올바로 설계하고 그 목적지에 정확히 도달하기 위해서는 현재 자기 자리를 확인하고 좌표를 설정하는 것이 필요하다.

그러나 안타깝게도 인간은 자기 자리를 알기가 참으로 어렵다. 그래서 현자를 찾아가기도 하고, 온갖 예언들에 귀를 세우기도 한다. 사주나 점을 보는 것도 따지고 보면 미래를 알고 싶다기보다 현재 자기 자리를 잘 모르기 때문이다.

자기 자리 알기가 너무 어려워

한 개인도 이럴진대, 다수가 모여 사는 공동체의 자기 자리를 알기란 더욱 어렵다. 우리는 우리나라를 잘 알고 있는 것으로 생각하지

만, 우리의 좌표를 정확히 아는 것은 정말 쉽지 않다.

특히 오늘날과 같이 한 나라의 살림살이가 다른 나라들과 긴밀한 연관을 가지고 있는 경우에는 다른 나라에서 우리를 어떻게 보고 있는지도 우리를 바로 아는 데 필수적이다.

우리는 언제나 우리나라를 가운데 놓고 세상을 보지만, 유럽·아메리카·아프리카 또는 인도·중국을 중심으로 하는 아시아를 가운데 놓고 세상을 보는 사람들에게 한국은 여전히 변방에 있는 나라다.

한 나라의 미래를 설계하고 국제 질서 속에서 발전하기 위해서는 그 비전과 생존 및 발전 전략이 필요한데, 무엇이 진정 그 나라의 미래적 삶을 풍요롭게 할 비전이며 전략인지 보통 사람들은 잘 알 수도 없다.

그래서 이 문제를 해결하기 위해 대의 정치를 채택하고 전문가들을 길러 내 그들에게 우선적으로 이 문제를 처리하게 한다. 우리도 예외가 아니다.

대통령을 두고 국회의원을 뽑고 전문가들을 길러 내는 이유는 우선 대한민국과 한국민이 미래에 인간답고 풍요롭게 살 수 있게 하고자 함이다. 따라서 국민의 대표자들과 이 땅의 지식인과 전문가들은 국민에게 미래 한국의 비전과 생존 전략 및 발전 전략을 내놓아야 한다.

지난 정권을 보건대, 그 중요한 기간에 정치 세력은 패거리를 지어 권력 투쟁과 자기 이익 챙기기에 허송세월하였고, 사회 구성원들은 각자 자기 이익만을 주장하며 지금까지도 힘으로 밀어붙이고 있다. 준비 없던 정부는 사회 갈등을 조정할 능력도 부족했고, 결단을 내릴 비전은 아예 가지지도 못했다.

이제 우리는 이런 상황을 더 이상 방치해서는 안 된다. 정부는 앞장서 미래에 대한 큰 방향을 제시하고, 갈수록 국제 의존도가 높아지는 삶의 환경 속에서 대한민국이 어떻게 변방에서 탈출하여 생존하고 발전할 것인지에 대한 전략을 세워야 한다.

참다운 비전을 내놓고 국민을 설득하고, 공동체 전체의 역량을 통합하여 한 방향으로 나아가게 해야 한다. 이제는 더 이상 골목 싸움 같은 정치를 해서도 안 되고, 국내용 선수들만 가지고 국제 경기의 룰을 탓해도 안 되며, 정보가 부족한 대중을 선동하여 민족주의의 폐쇄성 속에 가두어도 안 된다.

그러자면 먼저 현재 우리가 어디에 서 있는지부터 알아내야 한다. 그리고 세계의 주류적 흐름이 무엇인지를 정확히 인식해야 하고, 다양한 국제 문화 속에서 우리 국민이 능동적이고 세련되게 활동할 수 있게 해야 하며, 이런 것을 가능케 할 우리의 성장 엔진을 어디에 설치할 것인가를 정해야 한다.

선진 강대국의 질주 속에서 대한민국이 포위되지 않고 지속적으로 발전할 수 있는 역량을 어떻게 확보하며, 다문화적인 삶의 구도 속에서 세계적으로 고립된 우리 언어를 어떻게 할 것이며, 지식·정보와 기술의 세계적인 경쟁을 우리 국민이 어떻게 따라잡고 이를 공유할 수 있는지 그 방책을 세워야 한다.

개혁, 인기·지지율에 집착말길

이를 위해 무엇보다 교육·노동·정치 분야에서 대대적인 개혁을 해야 한다. 목전의 인기나 지지율에 집착하지 말고 정직하게 국민을 설득하여 신뢰를 확보하고, 필요하면 헌법이 부여한 권한으로 특단의 결단도 해야 한다.

국가의 비전이나 전략을 제시하는 작업이 정부만의 일은 아니다. 언론도 결과만 기다려 평가할 것이 아니라 정부와 병행하여 주체적으로 논의의 장을 마련하고 길을 열어 가는 것이 필요하고, 지식인들도 보다 책임 있는 자세를 보여야 한다.

그러나 가장 주체적이어야 할 것은 정부다. 미래적 비전과 생존전략을 내놓는 것보다 정부의 더한 기능은 없다. 대통령 어젠다를 정하는 이유도 여기에 있다.　　　〈중앙일보 2003. 05. 14.〉

민심 통합할 신 탕평 정치를

한영우

한림대 특임교수 · 서울대 명예교수

역사상 보수 세력과 진보 세력의 갈등은 언제나 있었다. 진보 세력도 권력을 잡으면 기득권 세력이 되고, 기득권이 없는 측에서 보면 기득권을 가진 측이 보수 세력으로 규정된다. 보수와 진보는 이념의 차이도 포함하고 있지만, 그보다는 대체로 연령 차이에서 갈라지는 자연스러운 현상이기도 하다. 그러니 정도의 차이는 있을망정 보수와 진보의 갈등이 없었던 시대는 없다. 문제는 보수와 진보가 어떤 역학 관계를 갖느냐에 따라 역사의 발전과 혼란이 갈라진다는 점이다.

보수 세력이 극도로 부패해 민생이 파탄에 이르렀을 때는 진보 세력이 혁명적 방법으로 권력을 장악하고 사회경제 구조와 권력 구조를 근본적으로 바꾸어 놓았다. 이것이 왕조 교체였다. 혁명에 따르는 희생도 결코 작지 않지만, 역사가들은 이를 긍정적으로 평가한다.

보수 세력의 탐욕과 사회 모순이 극한에 이르지 않은 시기에 진보 세력이 혁명을 일으키면, 이는 반역으로 간주되고 반역은 결국 실패하고 만다. 조선 선조 때 정여립의 반란이나 고종 때 갑신정변이 이에 해당할 것이다. 정여립이나 김옥균의 이상은 좋았지만 개혁 방법이 지나치게 조급했다.

현명한 군주는 건전한 보수 세력과 진보 세력 간의 견제와 협력을 유도해 국가의 중흥을 가져왔다. 이것이 율곡이 말한 '조제보합(調劑保合)'이요, 영조와 정조의 '탕평(蕩平)'이다. 집현전에서 키운 신진 세력과 황희, 맹사성 같은 깨끗한 중신들을 보합시켜 문화의 황금시대를 연 세종이 그렇고, 훈신과 사림을 조화시켜 문물의 완성을 가져온 성종이 그렇다. 정조의 왕조 중흥도 규장각에서 키운 신진과 노론파 중신들의 탕평 속에서 이루어진 것이다.

보수 세력도 차버리고 진보 세력도 제거해 독재를 누리려다 실패한 임금이 연산군이다. 이에 반해 타락한 보수 세력과 급진적 진보세력을 그냥 내버려 두어 나라를 혼돈에 빠지게 한 것이 헌종, 철종 때의 세도 정치다. 임금이 너무 어리고 경험이 없어 지도력을 발휘하지 못한 것이다.

참여 정부가 들어서면서 보수니 진보니, 개혁이니 코드니 하는 말들이 무성하다. 그 개념이 무엇인지 정확하지 않지만, 이심전심으로 그렇게 편이 갈라지고 있다. 서울 중심, 엘리트 중심, 기성세대 중심의 국가 운영이 지방 중심, 비엘리트 중심, 신진 중심으로 바뀌고 있다. 이는 명분과 이유가 있는 시대의 흐름으로써 이를 개혁 과제로 보는 것에 이의를 달기 어렵다. 그러므로 사회의 중심축이 바뀌는 것을 지나치게 불안한 눈으로 바라볼 필요는 없다. 문제는 이른바 보수층, 혹은 기성세대를 옥석 구별 없이 일거에 소외시킨다면 그것은 개혁이 아니라 혁명이 된다. 개혁이 혁명으로 변하면 그 개혁은 실패한다. 더욱이 '개혁'이라는 말도 이제는 신선미를 잃었다. 문민 정부 이후 10년간 끊임없는 '개혁' 속에서 살아왔다. 그 '개혁'이 많은 긍정적 변화를 가져왔지만 동시에 개혁 주체가 부패로 연결되는 것을 보고 '개혁 피로증'이라는 말도 생겨났다.

이제는 개혁이라는 구호가 중요한 시대가 아니라 미래의 국가상을 그려 내는 비전이 필요한 시대다. 경제 안정과 국가 안보는 너무나 당연한 1차적 과제이므로 이런 것이 핵심 비전으로 나타날 수는 없다. 물질적 목표가 비전으로 표방되면 이웃 나라의 심기만 건드리고 실익은 없다. 가장 중요한 것은 민심을 통합하는 비전이다. 지역의 민심, 계층의 민심, 세계의 민심을 사로잡는 비전. 그것이 바로 신탕평(新蕩平)의 문화적 비전이 아닌가. 이 비전이 세워지면 경제와 안보는 쉽게 따라온다.

자고로 정치를 아무나 하기 어려운 것은 바로 민심 통합의 어려움 때문이다. 성공한 임금과 실패한 임금이 갈라지는 것도 여기에 있었던 것이다. 편을 가르고 코드를 맞출수록 지혜는 좁아지고 민심은 멀어진다. 그리고 개혁을 주도하는 사람들이 가장 명심할 것은 '호리지실 차이천리(毫釐之失 差以千里)'라는 명구다. 처음에 털끝만큼 잘못하면 나중에는 천 리만큼의 과오로 나타난다는 말이다. 그래서 뼈를 깎는 수양을 거친 선비들이 정치를 맡아야 한다고 옛사람들이 말한 것이 아닌가. 신탕평의 새 정치가 나타나기를 기대한다.

〈동아일보 2003. 05. 26.〉

대통령 지지도 '거품 빼기'

조기숙

청와대 홍보수석 · 전 이화여대 교수

　노무현 대통령의 지지도가 50%대를 기록했다. 언론사마다 편차가 심하니 결과를 신뢰할 수는 없지만 노 대통령이 양김 대통령의 임기 초에 비해 현저히 낮은 지지를 받는 것만은 분명하다. 초반에 80∼90%의 높은 지지를 받았던 양김 대통령도 임기 말에는 레임덕에 시달렸으니 노 대통령은 벌써부터 위기를 맞는 것이 아니냐는 우려가 나오기도 한다.

　노 대통령의 현 지지도는 지극히 정상이다. 48.9%의 득표율로 당선된 대통령이 그보다 월등히 높은 지지를 받는다면 뭔가 잘못된 것이다. 미국의 역대 대통령은 예외없이 40∼60% 정도의 낮은 지지도로 임기를 시작했다. 최근에 성공한 대통령으로 평가되는 레이건, 클린턴 대통령도 임기 초에는 선거에서 받은 득표만큼의 지지도를 기록했다. 게다가 초반에는 경험 부족으로 실수가 잦기 때문에 언론과 야당이 비판을 자제하는 허니문 기간을 지켜 주어도 국민의 높은 지지를 얻는 것이 불가능하다.

대통령이 구체적인 업적을 보여 주기도 전에 높은 지지를 받는다면 뭔가 잘못된 것이다. 양김 대통령은 왜 비정상적으로 높은 지지를 받게 되었을까. 이러한 질문에 아시아재단의 스콧 스나이더 한국대표는 한국민의 지지도는 대통령의 권력과 비례하는 것 같다고 말한다. 초기에 대통령의 권력이 막강할 때에는 국민의 지지가 덩달아 높다가 권력이 쇠약해지면서 국민의 지지도 함께 추락한다는 것이다.

새 대통령이 탄생할 때마다 언론은 용비어천가를 부른다. 갑자기 영웅 신화가 탄생하는 것이다. 막강한 권력을 가진 대통령에게 감히 누구도 쓴소리를 하지 못한다. 언론과 검찰이 초반부터 전직 대통령의 친인척 비리를 고발했더라면 사전에 예방할 수 있었을지 모른다. 대통령의 권한이 막강할 때에는 쉬쉬하다가 대통령의 힘이 빠지면서 비리가 폭로되니 임기 말에는 대통령이 레임덕에 시달릴 수밖에 없다.

이런 문제를 일찍이 간파한 노 대통령은 언론이나 검찰과 건강한 긴장 관계를 유지할 것임을 천명했다. 노 대통령의 지지도가 정상화된 것은 이러한 노력의 산물이다.

물론 언론의 몰상식한 폭로전, 검찰의 무리한 영장 청구와 수사 등이 노 대통령의 지지도를 하락시키는 데 기여한 바가 분명히 있다. 하지만 대통령의 지지도에서 비정상적인 거품을 뺐다는 점에서는 오히려 긍정적인 측면이 있다. 노 대통령은 미국의 역대 대통령과 마찬가지로 실질적인 업적을 통해 조금씩 지지도를 올려 나갈 것이다.

노 대통령이 성공한 대통령이 되기 위해서는 경제를 부흥시켜야 한다. 경제를 살리기 위해서는 외교를 통한 한반도 평화와 안전 보장이 선행되어야 한다. 노 대통령의 미·일 방문 노력과 경제를 직접 챙기겠다는 선언은 정책의 우선순위를 제대로 잡았다는 점에서 바람직하다.

과거사에 연연하지 않고 미래 지향적인 한일 관계를 지향하겠다는 것도 젊은 대통령다운 선언이다. 외교 문제, 그것도 반일 감정을 이용해서 지지도를 올리는 것만큼 쉬운 일도 없다. 지지도가 낮을수록 그런 유혹이 들 것이다. 하지만 이런 것을 이용하는 정치인만큼 무책임한 사람도 없다. 노 대통령이 국내 여론의 눈치를 살피지 않고 소신대로 대일 외교에 임한 용기에 힘찬 박수를 보낸다.

노 대통령은 시시각각 바뀌는 언론에 나타난 지지도에 일희일비하지 말고 중요한 정책을 소신 있게 밀고 나가기를 기대한다. '등신 외교'라는 망언을 한 한나라당 이상배 정책위의장이나 근거도 없는 대통령 관련 비리 보도로 1면을 뒤덮는 몰지각한 언론에 대해서는 국민들이 심판할 것이다. 대통령이 언젠가는 자신에 대한 지지도가 정직하게 시장에서 형성될 것이라는 확신을 갖는 것은 매우 중요하다.

언론 및 검찰과의 긴장을 택한 노 대통령의 결심이 지금은 비록 지지도 하락에 기여했지만, 궁극적으로 노무현 정부의 성공을 위한 현명한 선택이었음이 머지않아 증명될 것이다.

〈경향신문 2003. 06. 12.〉

시민 사회와 미래 정치

김의영

경희대 교수, 사회과학부

한국 정치의 현실을 바라보면 답답하기 그지없다. 요사이 신문 지상에 오르내리는 각종 이익 집단의 과도한 집단 행동과 집단 이기주의 현상은 한마디로 너도나도 내 몫만 챙기다가 공멸할지 모른다는 위기감을 주고 있다. 또 집단 행동 능력의 차이로 말미암아 불특정 다수의 국민이 무기력한 가운데 소수의 동질적이고 조직화된 이익 집단의 저항으로 개혁이 좌절되기도 한다.

정부의 대처 방향 및 방법 또한 보고 있으면 안타깝고 불안한 마음을 금할 수 없다. 고위 정책 결정자들이 말실수와 정책 혼선을 야기하는 와중에 대화와 타협으로 문제를 해결한다고 하다가 오히려 갈등을 증폭시키는 한편 법과 원칙 및 기본 질서를 훼손시키고 있는 양상이다. 최근 철도 파업을 계기로 정부의 갈등 대응 기조가 법과 원칙을 통한 단호한 대응으로 바뀌었다고 하지만 지금까지 보여 준

정부의 행태로 미뤄 좀 더 두고 볼 일이다.

대의 정치의 본산이라는 국회와 정당은 어떤가? 불행하게도 국회와 정당은 그 본연의 역할을 제대로 수행하고 있지 못하다. 한마디로 선출된 대표들은 국민에 대해 책임을 지지 않고 국민의 요구에 제대로 부응하지 않고 있다. 여당은 신주류니 구주류니 내부적으로 지리멸렬한 상태고, 야당은 최근 대표 경선에 대한 국민의 시큰둥한 반응이 보여 주듯이 제1당의 위상에 걸맞은 희망과 비전을 제시하지 못하고 있다.

이러한 가운데 국회의 대표자들은 진정으로 공익을 위해 고민하고 초당적으로 협력하기보다는 여야 간 정쟁과 적대적인 양상을 보이고 있다. 이러니 국회, 정당에서 각종 집단 행동의 현안과 쟁점에 대한 진지한 논의가 이루어지고 이익 갈등을 해소하기 위해 권위 있는 정책과 법률이 만들어지는 것은 기대하기조차 힘들다.

현재 이익 집단과 제도권 정치가 근본적인 한계를 드러내고 있다면 미래 정치의 희망은 더욱 성숙한 시민 사회에서 찾을 수 있지 않을까? 물론 당장 정부 차원에서 법과 원칙을 세우고, 정책 결정 시스템 차원의 제도 개선이 이뤄지며, 이익 갈등을 대화와 타협으로 이끌 다양한 전략을 시도할 수 있다.

또 선거, 정당, 의회 등 대의제 민주주의 제도를 개선하기 위한 노력을 부단히 기울여야 한다. 그러나 동시에 좀 더 장기적 차원에서 시민 사회의 역할에 대한 논의가 필요한 시점이다. 이는 최근 필자가 가르치고 있는 NGO대학원에서 개최한 미래 정치 기획 특강의 결론이기도 하다. 이름만 대면 다 알 만한 시민 사회 및 학계 출신의 유명 인사들은 한결같이 미래 정치의 비전과 가능성을 시민 사회에서 찾고 있었다.

그런데 이들이 강조한 시민 사회의 모습은 우리가 흔히 알고 있는 정치화된 사회 운동형 시민 단체와는 조금 다르다. 물론 정부의 불공정한 권력을 비판하고, 기득권 세력을 견제하며, 사회의 약자의 이익과 공익적인 가치를 대표하는 시민 단체의 역할은 계속 중요할 것이다. 이러한 노력은 궁극적으로 좀 더 민주적이고 포용적인 정치 시스템의 구축을 통해 이익 갈등을 해소하는 데 도움이 될 수 있다. 또 사회적으로 신뢰를 받는 시민 단체들이 직접 이익 갈등 중재의 역할을 담당함으로써 과도한 분열 현상을 완화시킬 수도 있을 것이다.

그러나 이들이 제시하는 모습은 '자유·평등·연대성이라는 보편적 가치를 포괄하는 새로운 문명적 정체성의 확장', '21세기의 개체화하고 파편화한 사회에서 공동체적 연대와 정체성의 구축', '지난해 월드컵과 대통령 선거에서 나타난 우리 사회의 큰 역동성과 잠재력의 발현', 그리고 '시민들이 자발적이며 적극적으로 참여하는 작은 실천' 등 좀 더 장기적이고 비정치적이며 규범적이다.

현 위기 국면을 극복하기 위해 법치의 원칙을 세우고, 제도를 개선하며, 다양한 전략을 구사할 필요가 있다. 그러나 이와 더불어 장기적으로 시민들 스스로 이익 갈등을 조절하고 협조와 사회 통합을 이끌어 낼 수 있는 시민적 덕성과 시민 사회의 잠재력을 개발해야 한다는 것을 시사하고 있다. 21세기 미래 정치를 이끌어 나갈 성숙한 시민 사회의 모습을 기대해 본다.　　〈국민일보 2003. 06. 30.〉

군림하던 과거 회귀 안 된다

정용덕
서울대 교수, 행정대학원

건국 이래 우리나라에서 가장 활동적인 행정 수반을 두 분만 꼽으라고 한다면, 단연코 박정희 전 대통령과 노무현 현 대통령이 포함될 것이다. 우리나라에서 가장 젊은 나이에 대통령 직을 시작한 박 대통령은 직접 헬기를 타고 다니면서 경부 고속도로의 주요 구간을 메모지에 그려 넣는가 하면, 손수 「새마을 운동가」를 작사·작곡하기도 했다. 역시 상대적으로 젊은 나이에 대통령에 취임한 노무현 대통령도 공무원들을 상대로 특강을 하는가 하면, 역대 대통령들이 대체로 무시했던 국무회의를 직접 주재하는 것은 물론이고, 주요 국정 과제 회의나 워크숍 등을 통해 많은 사람들을 만나 공개 토론하는 모습을 볼 수 있다. 그러나 국정 관리 스타일에서 두 대통령의 유사점은 여기에서 끝난다.

박정희 전 대통령은 철저하게 폐쇄적이고 집권적이며 하향적(top-down)인 방식을 통해 국정을 관리했다. 극도로 통합적이고 위계주의적인 행정 체계를 구축했을 뿐만 아니라, 청와대에 영역별로 10여 개에 이르는 장(차)관급 수석 비서관실을 두어 세세한 면에 이르기까지 관료 기구들을 지휘·통제했다. 박 대통령의 이와 같은 국정 관리 시스템은 본래 참모 조직을 크게 활용하는 그의 군 경력에서 비롯되었을 것으로 짐작된다. 흥미롭게도 역시 국정 운영에서 강권을 행사했던 이승만 대통령의 경무대는 단지 소수의 비서관을 두었을 뿐이지만, 특유의 카리스마를 바탕으로 '인치(人治)'를 수행했다. 여하튼 이처럼 철저한 하향식의 집권화된 국정 관리 시스템은 박 대통령이 추진했던 국가 주도의 산업화 정책과 더불어 이른바 '박정희 모델'의 주요 구성 요소가 된다. 이 박정희 모델, 그중에서도 특히 영역별 수석 비서관 제도를 토대로 한 청와대 중심의 국정 관리 시스템은 전두환, 노태우 대통령은 물론이고, 심지어 민간 정치인 출신인 김영삼, 김대중 대통령에 이르기까지 5대에 걸쳐 지속되었다.

이처럼 무려 40년에 걸쳐 제도화된 국정 관리 시스템에 처음으로 변화를 시도한 것이 현 노무현 정부의 청와대 조직이다. 노 대통령은 '참여 정부'라는 별칭에서 짐작할 수 있듯이 개방적이고 상향적이며 분권적인 국정 운영 시스템의 구현을 표방해 왔다. '2실장 5수석 6보좌관' 체제의 청와대는 정무와 정책의 기능적 분리를 통해 국가 정책이 미시적인 정치 논리에 의해 좌우되는 것을 방지하려는 의도가 바탕에 있는 것으로 보인다. 무엇보다도 영역별 수석 비서실을 없애고 정책실장 밑에 국정 과제별 태스크 포스 팀(task force team)을 두어 운영하는 것은 과거 청와대 비서실이 사실상의 '내부 내각(inner cabinet)'으로 행세했던 것을 방지하려는 의미가 있는 것으로 해석된다. 이와 같은 특성을 지닌 청와대 비서실이 지난 몇 달간 운영해 본 결과 적지 않은 결함이 있다는 것이 요즈음 언론에서의 대체적인 지적 사항이다.

그러나 미국의 백악관 체제에 좀 더 가까워진 현 청와대 비서실 체계에 문제가 있다면, 그것은 주로 사람의 문제이거나 오래된 관행을 채 극복하지 못했기 때문에 나타나는 운영상의 문제인 것으로 보아야 한다. 다만, 미국처럼 대통령이 각 부처 장관들과 직접 대화하면서 국정을 이끌어 가기에는 우리나라의 장관 수가 너무 많다고 하는 구조적 문제가 없지는 않다. 20여 개에 달하는 기존의 중앙 행정 기관들을 그대로 유지하는 한, 이른바 '통솔 범위(span of control)'의 원리상 부득이 청와대 비서실의 중간 조정 역할이 얼마간 필요할 것이다. 그렇다고 해서, 영역별 수석 비서관을 두어 부처 위에 군림하던 과거의 방식으로 회귀할 필요는 없다. 현 청와대의 부서 간 분업 체계를 재검토하면서 약간의 손질을 하되, 부서 간에 긴밀한 정책 조정이 가능하도록 운영의 묘를 살리면 된다. 이를 위해 정무와 정책을 각각 나누어 맡고 있는 양 실장의 좀 더 적극적인 정책 조정 리더십이 필요한 시점이기도 하다. 〈한국일보 2003. 07. 06.〉

'백마 타고 오는 초인(超人)'은 없다

서병훈

숭실대 교수, 정치외교학과

　시인은 기다리는 사람인가? 이육사(李陸史)는 '청포 입고 찾아올 사람'을 위해 은쟁반에 하이얀 모시 수건을 마련해 두었다. 그와 함께 '포도를 따먹으면 두 손을 함뿍 적셔도' 좋겠다고 했다. 백마 타고 올 초인(超人)이 '가난한 노래의 씨'를 목 놓아 부르는 모습을 보고 싶어 했다. 칠흑 같던 민족의 수난기에도 앞날을 기다리며 의연하게 노래했다. 그 믿음과 그 기품에 새삼 옷깃을 여미지 않을 수 없다.

　그러나 정치학자는 생각이 다르다. '청포 입고 올 사람'이 누구인지, 그런 사람이 있기나 한지, 설령 있다 하더라도 과연 그를 반겨 맞아야 할 것인지 심각하게 따져 보아야 하기 때문이다. '백마 타고 오는 초인'은 없다. 그런 사람을 기다리려면 민주주의는 포기해야 한다. 아무리 '눈 내리고 매화 향기 홀로 아득'한 시절이라 하더라도 정치학의 기본 정리(定理)는 바뀌지 않는다.

나라 걱정이 커지면서 다들 마음이 급하다. 정치하는 사람들에 대한 비난과 원망이 줄을 잇는다. 그런 비관은 과거와 현재를 비교하게 되고, 결국 오늘날의 '인물 없음'에 대한 한탄으로 이어진다. 한때는 김구, 신익희, 장면 등 괜찮은 정치인들이 숱하게 많았다. 지금은 왜 그런 사람들이 보이지 않는 것인가. 국민의 신망과 존경을 받는 정치인이 한 사람만 있어도 나라 형편이 달라질 것이라는 안타까움에 '박정희 향수(鄕愁)'라는 말까지 생길 정도다.

일리가 없지는 않다. 그러나 민주주의는 고약한 정치 제도다. 도대체 위대한 인물을 키우지를 못한다. 토크빌이라는 사상가는 이것을 민주주의의 숙명이라고 진단했다. 건국 직후 미국에는 쟁쟁한 대정치가들이 많았다. 그러나 50년 정도 민주주의를 착실하게 발전시키고 나니 위대하다고 이름 붙일 만한 정치가를 찾아볼 수 없게 되었다. 고만고만한 정치인(little giant)들만 남게 되었다.

왜 그럴까. 민주주의의 핵심은 평등이다. 평등의 마법에 도취하게 되면 남이 잘되는 것을 보지 못한다. 미국 사람들은 뛰어난 자들을 두려워하지 않는 대신 좋아하지도 않는다. 이것이 훌륭한 정치인이 성장하지 못하는 1차적 이유다. 그러나 국가적 위기가 도래하면 국민이 정신을 차리고 진정 훌륭한 사람들을 지도자로 선출하게 된다. 상황이 영웅을 만든다는 것이다.

그러나 민주주의와 영웅의 불편한 관계는 더욱 심층적인 분석을 요구한다. 시대에 따라 영웅이 출몰하는 것은 아니다. 사람은 하루아침에 달라지지 않는다. 예나 지금이나 별사람이 없다. 그저 조작된 카리스마, 은폐된 진실이 영웅을 만들 뿐이다. 민주주의는 이 허울을 벗겨 준다. 지금이라도 10년, 20년 장기 집권을 할 수 있다면,

그리고 무자비한 철권 통치와 천문학적인 정치 자금으로 분식(粉飾)할 수 있다면 스타는 얼마든지 만들어질 수 있다. 민주주의는 이것을 용서하지 않는다.

더 근본적인 한계가 있다. 언론이 영웅 놀음을 허용하지 않는다. 언론이 숨죽이던 시절에는 유명 정치인들의 이런저런 인간적 한계가 감추어지고 때로는 미화될 수 있었다. 그러나 지금은 다른 세상이다. 대통령의 말 한 마디 한 마디가 거울처럼 비쳐지듯 하며 비판의 대상이 된다. 가용 권력 자원은 예전 같지 않은데 그 실체적 진실은 대중 앞에 모두 드러내야 한다. 이러고도 영웅이 탄생한다면 그는 인간이 아닐 것이다.

우리는 선택을 해야 한다. 평등과 언론 자유를 택할 것인가, 아니면 30년 전의 박정희 품으로 되돌아갈 것인가. 토크빌의 말처럼 민주주의를 포기한다는 것은 신의 섭리를 역행하는 짓이다. 그렇다면 영웅 부재의 오늘에 대해 푸념할 일이 아니다. 민주주의를 하자면서 백마 타고 오는 초인을 기대한다는 것은 자가당착이요, 자기모순이다. 술을 마시면 잔은 비워지게 마련인 것이다.

독일의 대학자 막스 베버는 대의(大義)에 헌신하며 균형 감각을 갖춘 열정적 정치가를 그렸다. 그러나 오늘날의 민주주의는 그리 대단한 인물을 기대하지 않는다. '역사와의 대화'는 안 해도 된다. 살신성인(殺身成仁)은 바라지도 않는다. 그저 상식과 순리에 따라 정치를 해주기를 바랄 뿐이다. 그런데도 대통령 하기 힘들다고 한다. 정치학자의 고민은 여기에서 시작된다.　　　〈동아일보 2003. 07. 30.〉

이젠 지식 국가를 건설하자

하영선
서울대 교수, 외교학과

무덥다. 날씨 탓만은 아니다. 8월의 작열하는 태양도 얼어붙은 경기를 녹이지 못하고 있다. 새만금 간척 사업 논란에 이어 원전 수거물관리 시설 부지 선정 논란은 점점 뜨거워지고 있다. 한편 북한 핵문제는 다자 협상을 시작하더라도, 언제 북한의 위협과 미국의 압력이 진검 승부를 하게 될지 예측하기 어려운 휴화산이다.

8월의 난제들을 성공적으로 풀어 국민의 더위를 식혀 줘야 할 정치권은 오히려 더위를 부채질하고 있다.

산뜻한 이름과 달리 악취를 풍기고 있는 굿모닝 시티 사건은 점점 커져만 가고, 대통령·총리 주변 인물들의 도덕적 해이(解弛)가 위험 수위를 넘어서고 있으며, 여의도는 내년 총선을 겨냥한 이합집산에 정신이 없다.

정보 기술 혁명이 지식 혁명으로

짜증나는 8월의 더위를 한 방에 날려 버릴 수 있는 시원한 방법은 없을까. 21세기 지식 국가 건설 논의를 주목해 보자. 우리 정치와 사회는 당면하고 있는 국내외 문제들을 구태의연한 폭력·금력, 그리고 이념 대결의 시각에서 파악하고, 문제들을 사전에 풀기보다는 사후에 없애 보려는 무리함을 계속하고 있다.

반면에 21세기 역사의 선두 주자들은 정보 기술 혁명에 힘입어 새로운 힘으로 등장한 지식력을 활용해 문제를 보다 효율적으로 풀어 보려는 치열한 각축전을 벌이고 있다.

그렇다면 21세기 문명과 야만의 중요한 갈림길이 될 무식 국가가 아닌 지식 국가로 가는 길을 어떻게 찾을 수 있을까.

우선 우리 정치 주도 세력들이 21세기 역사의 무대가 바뀌고 있다는 것을 하루빨리 깨달아야 한다. 그중에서도 지식 국가 건설 경쟁에 특히 주목해야 한다. 21세기 정보 기술 혁명은 지식 혁명이라는 새로운 변화를 가져오고 있다. 21세기 세계 첨단의 고성장 기업이 되기 위해 지식 경영은 필수다.

21세기 전쟁도, 최근 이라크전이 확실하게 보여 준 것처럼 지식 기반 전쟁으로 빠르게 옮아 가고 있다. 동시에 21세기 첨단 국가들은 국내외 최고의 정보를 활용하는 지식 기반의 정책 형성에 전력을 투구하고 있다.

국가가 더 이상 사후적으로 폭력·금력·이념의 갈등 조절에 부심하기보다는 사전적으로 지식 기반의 정책 형성과 실천으로 갈등 자체를 감소시키려는 노력을 집중적으로 하고 있다.

다음으로 국외의 지구 지식과 국내의 사회 지식을 모으고, 분석해 제대로 된 국가 지식을 생산할 수 있어야 한다. 지구 지식의 활용은 생각만큼 쉽지 않다. 정보 기술 혁명으로 과거와는 전혀 다른 방식으로 지구 지식을 활용할 수 있어야 한다.

지금 이 순간에도 사이버 공간에는 3천만 개 이상의 웹사이트가 엄청난 정보를 끊임없이 생산하고 있다. 사이버 지구 지식을 제대로 활용하지 못하면서 21세기 지식 국가가 될 생각은 버려야 한다.

우리 외교 정책과 국내 정책은 아직도 수공업 시대를 크게 벗어나지 못하고 있다. 지식 국가는 사회 지식의 활용 없이는 불가능하다.

암묵적 사회 지식을 제대로 드러내고 조정해 만든 정책만이 사후적으로 사회 구성원들의 이해 갈등을 최소화할 수 있다. 그러자면 정부 산하의 정책자문회의들을 유명무실한 사후 정책 홍보 모임에서 명실상부한 사전 정책 형성 모임으로 뜯어고쳐야 한다.

지구 지식 활용 · 주도가 먼저다

마지막으로 첨단 지식 국가는 첨단 지식 사회의 기반 위에서 가능하다. 사회의 지식 수준은 대학 · 기업 · 언론 매체 · 시민 사회 조직 등에 의해 형성된다. 그중에서도 대학의 역할은 결정적이다.

오늘 한국의 모습은 1980년대 대학의 모습이다. 21세기 지식 국가 경쟁의 미래가 궁금하면, 오늘의 전 세계 대학들의 도서관과 연구실을 비교해 보면 바로 답을 얻을 수 있다. 전망은 밝지 않다.

더구나 첨단 지식 국가들은 지구 지식의 활용 및 주도를 최우선으로 한 다음, 사회 지식의 평준화를 모색하고 있으나 우리의 교육과 연구 정책은 사회 지식의 평준화를 우선으로 하고, 지구 지식의 활용과 주도는 부차적으로 하고 있다.

이런 현실이 계속된다면, 세계 지식 질서는 물론이고 동아시아 지식 질서에서도 주인공 역할을 담당하기 어렵다. 첨단 지식 국가를 건설하려면, 현재의 대학 교육 및 연구 정책부터 방향을 전환해야 한다. 〈중앙일보 2003. 08. 05.〉

언론 탓으로만 돌릴 것인가

양승목

서울대 교수, 언론정보학과

출범한 지 6개월도 안 된 노무현(盧武鉉) 정부가 비틀거리고 있다. 대통령의 권위는 땅에 떨어지고 정부 정책은 영이 서지 않는다. 오죽하면 최근의 국정 토론회에서 대통령이 직접 정부의 국정 주도권 상실에 대해 우려를 토로했겠는가.

노 대통령과 그 참모들은 참여 정부의 어려움을 주로 언론 탓으로 돌리고 있다. 정부가 비교적 잘하고 있는데도 언론이 대수롭지 않은 문제를 과장하거나 왜곡하는 바람에 정부가 억울한 피해를 보고 있다는 것이다. 물론 그런 측면이 있을 것이다.

그러나 언론이 지독하게 군다고 해서 6개월도 되지 않은 정부의 권위가 이처럼 떨어질 수는 없다. 비판적인 언론 탓으로만 돌리지 말고 좀 더 근본적인 원인을 찾아볼 일이다. 그렇다면 현재의 위기는 어디서 비롯된 것일까.

첫째, 경제가 좀처럼 회복되지 않고 있다. 경기가 외환 위기 이후 최악이라는 소리가 여기저기서 들리고, 졸업을 앞둔 대학생들은 취직 걱정이 이만저만이 아니다. 동서양을 막론하고 경제가 어려우면 정부의 인기가 높을 수 없는 법이다.

둘째, 원인은 정치 지도력 상실이다. 적대적인 야당의 지지를 기대하기는 어렵다 하더라도, 여권 전체가 권력 다툼을 하는 듯한 모습은 문제다. 개혁 신당을 추진했던 신주류의 조급함과 여권 내 세대 갈등이 결과적으로 대통령의 지도력을 훼손하고 일부 지지 세력을 돌아서게 만들었다.

셋째, 원인은 집권층의 도덕성 논란에서 찾아볼 수 있다. 정권 출범과 함께 제기된 대통령 친인척 및 측근들의 비리 의혹과 청와대 일부 비서관들의 일탈 행위는 도덕성 시비를 낳았다. 과거 정권들보다 도덕적으로 우월함을 내세웠던 참여 정부이기에 작은 비리라 하더라도 타격은 클 수밖에 없었다.

넷째, 원인은 대통령 자신에게 있다. 대통령의 가벼운 언행과 일부 직설적인 표현은 대통령의 품격에 어울리지 않을뿐더러 때로는 불필요한 시비까지 낳았다. 또 언론과의 잦은 대립은 종종 소모적인 정쟁으로 발전해 정부의 활력을 떨어뜨리고 민생 현안이 뒷전으로 밀려나는 결과를 초래했다.

마지막으로 실용주의 노선에 입각한 정책의 변화다. 노 대통령은 지지자들의 기대와는 달리 집권 후 외교 안보 및 경제 분야 등에서 오른쪽으로 돌아서는 실용주의 노선을 택했다. 국익을 위해 불가피했던 이 선택은 그러나 결과적으로 반대자들을 돌려세우지는 못한 채 기존 지지 세력의 반발만 초래하는 딜레마를 낳았다.

이상 다섯 가지 원인이 우리 사회의 뿌리 깊은 지역적·세대적·이념적 대결 구도와 상호 작용함으로써 노무현 정부는 이례적으로 집권 초기에 위기를 맞고 있다. 일각에서는 대통령이 물러나야 한다는 극언에 가까운 주장도 나오고 있다.

　그러나 선거로 뽑은 대통령이 임기를 채우지 못하고 물러나는 불상사가 있어서는 안 될 것이다. 문제는 정부가 국정 주도력을 잃은 이런 상태가 결코 바람직하지 않다는 점이다. 대통령제 국가에서 대통령이 힘을 잃고 정부가 흔들리면 그로 인한 피해는 고스란히 국민의 몫으로 남는다.

　참여 정부가 출범한 지 6개월도 안 된 지금, 아직은 격려하고 지켜보아야 할 때다. 특히 참여 정부의 실용주의 노선을 살리고자 한다면 야당을 비롯한 보수 세력이 도울 것은 돕고 비판할 것은 비판하는 합리적인 자세를 가져야 한다.

　언젠가 공무원을 상대로 한 특강에서 노 대통령은 "마음에 안 들어도 대통령은 대통령"이라며 "도와 달라"고 부탁했다. 그러나 부탁해야 할 곳이 어디 공무원뿐이겠는가. 나라가 잘되려면 온 국민의 협조가 필요하다. 그러기 위해서는 대통령도 변해야 한다.

　모든 것을 언론 탓으로만 돌리지 말고 무엇이 어떻게 잘못되고 있는지 현실을 직시해야 한다. 그런 다음 확고한 원칙 아래 언행을 무겁게 하며 언제 어디서나 일관된 모습을 보여 주어야 한다. 이 어려운 시기에 우리 국민은 맏형처럼 믿음직하고 든든한 대통령 보기를 원한다.　　　　　　　　　　　　　〈중앙일보 2003. 08. 10.〉

민주 정치와 낙관주의

조효제

성공회대 교수, 사회과학부

　민주주의란 무엇인가, 지난 한 달 동안 민주주의에 대해 낙관할 수 있는 근거가 무엇인지 생각해 보았다. 그러는 가운데 몇 가지 광경이 기억 속에 겹쳐졌다.

　첫째 광경. 50년 전 8월의 미국 워싱턴. 남부로부터 민권 행진을 마친 수십만 명의 군중이 링컨 기념관 앞에서 마틴 루터 킹 목사의 '나에겐 꿈이 있다네' 연설을 듣고 있었다. 유색인종·여성·반전·소수자 운동의 거대한 흐름이 시발되는 순간이었다. 둘째 광경. 20년 전 8월의 필리핀. 해외 망명 중이던 민주 지도자 베니뇨 아키노 상원의원이 마닐라 공항에 도착한 직후 경호 군인이 쏜 총에 의해 피살되었다. 공공연하게 발생한 이 백주의 암살 사건은 전 세계인, 특히 독재로 신음하고 있던 한국인들에게 큰 충격을 주었다. 진정 암울한 순간이었다. 셋째 광경. 며칠 전 현대아산 정몽헌 회장의 유품이 금강산 온정리에 안치되었다. 아직도 믿기 어려울 만큼 의외성이 큰 사건이었지만 남북경협을 둘러싼 설왕설래는 지금도 계속되고 있다.

서로 관련이 없어 보이는 이 세 광경은 그러나 우리의 민주 정치에 중요한 시사를 준다. 우선 막연한 낙관론에 대한 경종이다. 1987년 이후 크게 보아 정치 발전이 계속되었다고 말할 수 있겠다. 느리지만 비가역적으로 문민 시대, 국민 시대를 거쳐 참여 시대로 왔다. 비교적 순리대로 진행된 것이다. 문제는 이 같은 추이를 당연시하는 풍조이다. 우리는 민주주의가 앞으로도 순조롭게 전진하리라고 안이하게 믿는 경향이 있다. 천만의 말씀이다. 민주주의는 언제나 순항만 하는 게 아니다. 속도가 느려질 수도, 흐름이 역전될 수도 있다. 최근 마닐라에서 또 발생한 군사 쿠데타를 보라. 1974년 이후 전 세계적으로 민주화의 셋째 물결이 이어지고 있다지만, 뒤바뀐 경우가 없지 않고, 그 질이 좋아진 것만도 아니다.

민주주의는 보기보다 연약하며 독자 생존력이 낮은 제도이다. 시민 사회, 인권, 정치 문화, 의식 수준, 경제 안정 등의 토양에 의존해야만 한다. 이런 뒷받침이 없을 때 민주주의는 여러 방식으로, 재빨리 퇴행하곤 한다. 반드시 어떤 극적인 계기를 통해 민주주의가 후퇴하는 것은 아니다. 정경 유착의 부영양화 정치 관행이 굳어질 수도 있고, 정상적인 절차를 거쳐 보수 세력의 '선거 독재'가 도래할 수도 있다. 우리의 현실은 벌써 이런 퇴행의 징조를 보여 주고 있다. 가장 원시적인 언어인 권력의 언어만이 통용되는 정치적 문맹의 나라, 민주 정치를 원했는데 이익 집단 정치가 만연해진 나라, 지방 자치를 고대했는데 토호 정치가 활개치는 나라가 바로 오늘의 한국이 아닌가.

또한 정 회장의 죽음으로 우리는 민주주의가 남북 문제와 내재적으로 연관되어 있음을 다시 깨닫게 되었다. 과거 한반도의 긴장 때문에 남한의 민주주의가 지체되었다는 가정에 우리는 익숙해져 있다. 이러한 가정에는 만일 외부적 요소들이 안정된다면 남한만의 민주주의가 가능하다는 전제가 깔려 있었다. 그러나 근대 국가의 일반적 형태가 대의 민주주의와 권력 소재지의 공간적 범위가 일치하는 국민 국가라 할 때, 우리가 '권력-공간 불일치'의 기형적 체제 속에 살고 있음을 잊어선 안 된다. 여기서 '국민 국가가 좋은 것인가'라는 질문은 일단 제쳐 두자. 정치 체제와 국가 통치 공간이 불일치하는 분단현실을 부자연스럽게 받아들이는 민족적 정서가 엄존하는 이상 남한만의 민주주의에는 한계가 있을 수밖에 없다. 따라서 한반도에 긴장이 줄더라도 분단 체제가 지속되는 한 '부정 교합 민주주의'의 문제는 남을 것이다.

이제 결론을 짓자. 오늘날 우리 머리 위에 어둡게 드리워져 있는 먹구름의 원천은 바로 민주주의의 역진 가능성, 그리고 한반도에서 권력 체제와 지리적 공간의 불일치성이다. 돈 마르퀴스는 "경험이 적을수록 낙관론자가 된다"고 했다. 비관론을 제창하는 것으로 오해하지 마시기 바란다. 냉철한 상황 인식에 기반한 행동만이 궁극적으로 불안을 극복할 수 있는 유일한 길임을 강조하고 싶을 따름이다.

〈한겨레신문 2003. 08. 17.〉

참여 정부, 작은 목소리에 귀 기울여야

김주섭
전 국민고충처리위원회 사무처장

우리는 정권이 바뀔 때마다 새로 발족하는 위원회와 통합되는 위원회들을 무수히 보아 왔다. 수많은 위원회들이 태어나고 사라졌다. 그 저변에는 그 정권에서 탄생시킨 것이냐 아니냐 하는 것과도 아주 깊은 관계를 보여 왔다. 그래서 많은 국민들은 어느 위원회가 무얼 위해 새로이 발족했다 해도 자기들끼리 자리를 늘리기 위해 그런가 보다 여기곤 한다.

국민고충처리위원회도 예외는 아니다. 국민의 진정한 권리 구제를 위해 많은 노력을 쏟고 있음에도 정권이 교체될 때마다 창조해 낸 자극적인 이슈를 다루는 위원회들 속에 파묻혀 외면당해야만 했다. 우리나라에서는 유사 이래 강제적인 힘이 실리지 않는 어떤 제도도 정착하기 어려웠다고 하는데, 국민고충처리위원회는 강제적인 힘을 가지고 있지 않다. 위원회가 잘못된 것을 시정하라고 권고를 해도 강제력이 없어서 행정 기관이 수용하거나 거절할 수 있다.

많은 민원인들이 국민고충처리위원회에 법적인 강제력이 주어져야 한다고 한다. 심지어 정부 당국자들까지도 그와 같은 이야기를 한다.

그러나 강제력을 가지기 위해서는 절차가 엄격하게 되고 시간이 오래 걸리게 되며 심지어 비용도 들게 된다. 법원의 예를 생각하면 될 것이다. 그런데 국민고충처리위원회는 사안의 처리 절차가 법원과 같이 까다롭지 않을뿐더러, 신속하게 처리하고 민원들이 부담하는 비용도 없다.

소리 없는 다수의 국민들이 비용을 들이지 않고도 하소연할 곳이 있고, 문턱이 높지 않아 절차에 지치지 않아도 된다.

행정 기관이 권고를 받아들인다면 강제력 동원 없이도 자기 시정의 행정 관행이 자리 잡는 민주적인 모습이 아니겠는가.

위원회가 고심했던 사안 하나를 예로 들어 보자. 어느 노인 분이 알아볼 수도 없게 흘리듯이 쓴 편지를 보내왔다. 여식이 장애인이어서 혼사를 치르지 못하고 데리고 살고 있는데 중풍이 와서 농사도 지을 수 없고, 죽고 나면 그 여식이 어찌 될까 걱정되어 땅문서들을 정리하다가 선대로부터 물려받은 임야를 발견했다고 한다. 매각하려고 보니 국가가 길을 내어 팔기도 어려우니 국가가 보상해 달라는 것이었다.

그러나 행정 기관에서는 민법 제249조를 들어 20년 이상 미불용지는 보상하지 말고 국가가 시효 취득하도록 하라고 지침을 내려 보냈다는 이유로 보상이 안 된다고 하니 딸아이가 걱정돼 눈을 감을 수 없다는 것이었다.

정부의 지침은 국가 재산을 잘 관리하라는 취지였으나 사유 재산권 침해임은 분명한 것이었다. 결국 위원회는 국가가 도둑이 아닐진대 보상도 없이 시효 취득을 한다는 것은 부당하다고 판단, 사안마다 살펴 가며 보상을 하라는 결정을 내렸다. 다행스럽게도 얼마 지나지 않아 대법원에서 20년 이상된 미불용지라 할지라도 국가가 정당한 보상을 하지 아니한 이상 시효 취득의 요건인 자주 점유를 인정할 수 없다며 판례를 변경, 더 이상 시비할 필요가 없어졌다.

　작은 목소리지만 그 노인의 소리는 억울함을 호소하고 있는 이유 있는 주장이었다. 그런데 때로 이러한 목소리에 강제적인 방법 없이 힘이 실리려면 시간이 걸리곤 하는 것이다. 우리에게 이런 작은 목소리를 들어 주는 기관이 있다는 것을 자랑스럽게 생각한다. 그런데 사회는, 또 정책 당국자들은 이 기관의 목소리를 천천히 들어 줄 여유가 없는 것인가. 법적인 강제력만 힘으로 여기고, 저 밑으로부터 나오는 상식에 호소하는 목소리는 힘으로 느끼지 못한다는 말인가.

　참여 정부는 소외된 자들을 끌어안고 가겠다고 한다. 그렇다면 소외된 자들의 목소리를 듣고 있는 기구들을 외면할 것이 아니라 이 기구의 목소리가 울려 퍼지지 못하고 있는 사유를 파악해서 국민의 작은 목소리에 귀 기울일 수 있는 방도를 찾아야 하는 것은 아닐까.

〈서울신문 2003. 10. 07.〉

청와대 토마토 잘 키우려면

김석준

국회의원 · 전 이화여대 교수

청와대가 '토마토 날'(토요일마다 토론하는 날)을 운영하기로 했다고 한다. 직원들의 업무 효율 향상을 목적으로 한 것이라고 하니 반가운 소식이다. 이름부터 신선하고 첫 행사 이후 '엔도르핀을 돌게 한다'는 내부 평가도 나왔다니 다행이다. 청와대는 '토마토' 첫 주제로 이라크 파병 문제에 대해 수석실별로 토론했다. 이에 앞서 노무현 대통령이 미국 대통령 고위 보좌진들이 근무하는 백악관 서쪽 별관을 무대로 한 NBC 드라마 '웨스트 윙(The West Wing)'을 즐겨 본다는 보도도 있었다. 청와대의 학습 열기가 뜨겁게 느껴진다.

대통령 비서실이 권부가 아니라 학습하는 조직이 되겠다는 것은 바람직하다. 그러나 제대로 된 학습이어야 한다. 토론을 위한 토론이나 과시하기 위한 행사여서는 곤란하다.

토마토 행사에서는 잘하는 팀에는 시상을 한다는데, 과연 누가 누구에게 시상을 한단 말인지 한번 따져 볼 일이다. 자기들끼리 말 잘하는 사람에게 시상을 한다는 것 같은데, 이것이 국민과 무슨 관계인가. 그렇지 않아도 말만 무성하고 실천은 없다는 비판이 많다. 말도 격에 어긋나고 부적절해 많은 물의를 일으켰다. 진행 중인 국책 사업을 되돌리고 사회 갈등을 부추기는 말에 국민은 지쳤다.

방송 매체들이 '토론 문화'에 맞춰 프로그램을 개편했지만 이른바 '코드'를 확산시킨 것 외에 어떤 공헌이 있는가. 편향성 논란을 빚고 있는 KBS의 송두율 교수 관련 특집이 그 한 예다.

지식 정보 사회에서 학습 조직으로의 변화는 필연적이다. 치열한 국제 경쟁에서 살아남기 위해서는 국가 조직도 예외가 아니다.

그런데 노무현 정부는 출범 이후 기존 청와대와 국가 경영 시스템을 해체했다. 지난 40여 년 간 청와대는 나름대로 경쟁력을 갖춘 학습 조직이었다. 정보의 획득, 배분, 해석, 축적이라는 네 가지 학습 과정이 제도와 시스템 및 전문가들을 중심으로 축적돼 왔던 것이다.

그러나 노무현 정부 들어서 모든 채널이 해체되고 경험 있는 전문가들은 운동권 출신 386세대로 교체됐다. 기능하지 않는 책임 총리제를 전제로 한 대통령 프로젝트 중심의 청와대 시스템은 제대로 작동하지 못했다. 각종 위원회와 태스크포스를 축으로 토론은 무성하나 실천은 뒤따르지 않았다.

토론은 팀 방식에 의한 정보 획득의 수많은 방법 중 내부 채널의 하나일 뿐이다. 내부 채널은 비서실장, 정책실장, 정책 보좌관, 수석 비서관, 비서관, 행정관으로 이어지는 라인이다. 이들 간의 토론은 계층 조직의 경직성을 보완할 수 있다는 장점이 있으나 자칫하면 비효율로 이어질 우려가 크다. 특히 비전문가들일 경우에는 대부분 그런 함정에 빠진다.

전문성보다 코드가 중시되는 조직에서는 공식 직급과 무관하게 비공식 실세가 토론 과정을 장악하는 '코드 독재'로 나타난다. 386 실세의 아마추어적 국정 운영이 논란이 되는 것은 그 때문이다.

대통령은 여야의 정치 지도자, 국회의원, 국무총리, 장관, 국정원장, 행정부, 전문가 등 공식 외부채널을 활용해야 한다. 또한 경제 단체, 시민 사회 단체, 이익 집단, 언론 등 비공식 외부 채널과의 관계도 활성화해야 한다.

그러나 지금의 청와대는 정보 획득의 공식·비공식 채널 모두가 막혀 제대로 작동하지 못하고 있다. 심지어 적대 관계를 조성해 정보가 왜곡되고 고립되는 상황을 자초하고 있다. 정보 획득이 이러하니 그 배분이나 해석, 그리고 축적이 잘될 턱이 없다.

학습 조직에서는 사람이 가장 중요하다. 아마추어로는 한계가 있다. 손오공이 삼장법사의 손바닥에서 벗어나지 못하는 것과 같은 이치다.

청와대의 학습은 일을 해 가면서 그 경험과 정보를 축적해 경쟁력 있는 국가 경영의 중추 조직이 되도록 하는 것이어야 한다. 이 점에서 노 대통령은 제대로 학습하고 제대로 일하는 비서실이 되도록 대대적인 물갈이를 해야 한다. 코드 인사가 아닌 경륜과 능력에 따른 인사여야 한다. 그럴 때 제도화된 대통령부로서의 미국 백악관의 모습을 그린 '웨스트 윙'의 스토리가 제대로 이해될 수 있을 것이다.

〈동아일보 2003. 10. 07.〉

장관은 선거용이 아니다

박효종

서울대 교수, 국민윤리교육과

내년 총선에서 승부수를 걸기 위해 정부·여권에서 현직 장관들까지 차출하기로 하였다는 언론 보도가 나오고 있다.

물론 이것은 내년 총선에 임하는 정부와 여권의 심정이 매우 절박하다는 하나의 반증일 수 있으나 거두절미해서 말한다면 이러한 보도가 오보이기를 바라는 마음 간절하다.

민주주의 사회에서 선거가 갖는 중요성은 두말할 나위가 없다. 선거 승패에 의해서 민의를 가늠할 수 있고 정권도 장악할 수 있으며 혹은 그렇지 않더라도 정국 주도권을 잡을 수 있다.

또 선거에 총력을 기울이는 것이 민주 사회 정치인이 비민주 사회에서 활동하고 있는 정치인과 다른 행태를 보이는 소이이기도 하다. 그렇지만 한편으로 곰곰이 생각해 볼 문제가 있다.

선거는 선거 그 자체를 위해 존재하는 것이 아니다. 선거란 그 자체로 목적적 가치가 아니라 국정을 운영하기 위한 수단적 가치가 아닐까. 즉, 국리 민복을 위한 나름대로의 국정 비전을 실현하는 방편이 아니겠는가. 선거의 승리가 중요하지 않다는 것이 아니라 선거 승리 뒤에 무엇을 할 것인가 하는 문제가 더 중요하다는 뜻이다. 이 사실을 혼동한다면 '마차를 말 앞에 세우는 것'처럼 앞뒤가 뒤바뀌는 셈이다.

노무현 정부는 지난 대선에서 이긴 다음 국정을 주도하고 있으나 내외의 여건들이 한결같이 힘들고 도전적이다. 그런데 내각에서 거명되는 인물들을 보면 '강효리' 장관을 비롯하여 인기가 '짱'이라고 평가받는 장관 혹은 사람들에게 많이 알려져 지명도가 높거나 실적도 괜찮고 지역 연고가 있는 장관들이다.

이런 장관들이 국회에 나갈 경우 의정 활동을 더 잘할 수도 있을 것이다. 하지만 문제의 핵심은 장관의 업무는 그 자체로 고유한 역할인데 단순히 정부·여권의 힘을 보태 주어야 한다는 논리로 선거에 나선다는 것이 국정의 무책임성을 보여 준다는 점에 있다.

물론 지금의 노무현 정부가 소수 정권으로 국정을 운영함으로써 봉착하거나 체감하고 있는 어려움은 한두 가지가 아닐 것이다. 그 가운데 하나가 변변한 여당이 없다는 점이다. 그래서 근사하고 떳떳한 여당을 가지고 싶어 하는 마음은 굴뚝 같을 것이다.

그러나 길이란 급할수록 돌아가야 한다. 절박할수록 정도를 걸어야 하는 법이다. 정도란 무엇인가. 그것은 자명하다. 국가가 직면한 현안 문제의 슬기로운 해결을 위해 고뇌를 거듭하는 모습을 보여 주는 일, 우리 사회에 만연하고 있는 갈등 구조와 대립 구도를 치유하기 위한 통합과 화해의 노력에 나서는 일, 바닥을 기고 있는 경제 살리기에 나서는 일이다.

이런 일들은 내년 총선에서의 승리와 직접적으로 관계가 없는 것 같지만 사실은 그렇지 않다.

지금 가뜩이나 산적한 국가 현안들이 많은데 이들을 내버려 두고 총선에만 신경을 쓴다면 부질 없는 '승리 이데올로기'에 빠져 있다는 증거이고 '염불보다 잿밥'에 신경을 쓴다는 비난으로부터 자유로울 수 없다.

총선에 과잉 관심을 보이는 것은 과거 정권들에서 비롯된 잘못된 관행이다. 당선 가능성이 조금이라도 있다고 생각되는 사람이라면 국회의 한 석을 더 차지하기 위해 총동원령을 내렸던 것이다.

그러나 의석수가 적어도 순리적인 정치를 하려는 정부의 힘이 강한 법이다.

이 점에서 노무현 정부는 달라야 한다. 성공적인 국정 운영이 총선 승리보다 중요하다는 사실을 온몸으로 보여 주어야 한다. 이미 노 대통령도 내각을 구성하고 장관을 임명하면서 임기 내 같이할 장관의 의미를 강조한 바 있다.

별 잘못도 없는데 1년 임기의 장관이란 너무나 무책임한 일이고 국력 낭비이다. 업무 파악과 업무 장악에도 시일이 상당히 소요되는 법인데, 1년 단명 장관으로 무엇을 어떻게 하겠다는 말인가. 부디 초심을 유지하면서 국정 챙기기에 우선순위를 두기를 기대한다.

〈세계일보 2003. 12. 04.〉

정치 개혁 미적거리는 정치권

심지연
경남대 교수, 정치언론학부

특검법 통과로 대통령 측근에 대한 비리 혐의는 특검에서 전담하고 불법 대선 자금은 검찰이 담당하는 식으로 수사 주체에 대한 정리가 마무리되었다. 그리하여 이제는 어느 편에도 불리하지 않은 균형 잡힌 수사가 이루어질 것이라고 보는 것이 대다수 국민의 생각이고, 이를 계기로 혼탁한 선거 관행이 근절되기를 바라는 마음 또한 간절한 실정이다.

그리고 차제에 정치권이 이를 실현하기 위한 법 개정에 나서 줄 것을 국민은 바라고 있다.

이러한 마당에 '불법 대선 자금에 대한 검찰의 수사를 피하기 위한 방탄 국회'라는 비판을 감수하면서까지 야 3당은 10일부터 30일간의 회기로 임시 국회를 소집했다. 예산안과 민생 법안 처리, 특히 한·칠레 자유 무역 협정 조인과 이라크 파병 동의안 처리를 위해 불가피한 측면도 없지 않지만 임시 국회를 보는 국민의 시선은 차갑기만 하다.

부정과 비리의 책임을 상대방에 떠넘기기 바쁠 뿐만 아니라, 어느 당도 불미스러운 과거와의 단절을 위한 정치 개혁에 앞장설 움직임을 보이지 않고 있기 때문이다. 특히 한나라당은 열흘씩이나 국회를 공전시켜 놓고도 기대에 부응하는 조치를 취하려 하지 않고 있기 때문에 국민의 분노를 사고 있다.

지금까지 우리의 정치권은 선거가 끝나자마자 정치 자금 문제로 검찰에 소환당하는 수모를 겪으면서도 제도적으로 이를 방지하기 위한 노력을 기울이기는커녕 정치 보복이나 정치 탄압이라는 변명으로 묵살해 왔다. 그런 데다가 이 순간에도 국회는 불법 자금 수수 혐의를 받고 있는 의원에 대한 체포 동의안을 처리하려는 기미조차 보이지 않고 있어, 방탄 국회라는 비난이 전혀 근거가 없는 말은 아니라는 것이 입증되었다. 여기서 문제는 기왕에 국회를 소집했으면, 정치 자금 문제로 정치인과 기업인들이 줄줄이 소환되는 악순환의 고리를 끊기 위한 제도적인 장치를 시급히 마련해야 함에도 불구하고 이를 소홀히 하고 있다는 점이다.

이처럼 정치권이 잘못된 제도와 관행을 스스로 고치려 하지 않는 상황에서 국회의장 자문 기구로 출발한 범국민정치개혁협의회가 선거법과 정당법의 개정안 마련에 나섬으로써 정치권의 위상은 더욱 추락하고 말았다. 이는 정치권에서 제 할 일을 다하지 못하고 있기 때문에 나타난 현상으로, 이것이 시사하는 바는 작지 않다고 할 수 있다.

첫째로, 정당이 아닌 시민 단체가 정치 개혁을 주도함으로써 정당 정치가 실종되는 사태가 발생한다는 것이다. 개혁 논의에 있어 정당의 주도권 상실은 여론을 수렴하여 국정에 반영하는 매개 기능을 제대로 수행하지 못한다는 것이며, 이로 인한 정당 정치의 위축과 실종은 국민에 책임을 지는 정당과 정부가 존재하지 않게 된다는 것을 의미한다. 그리고 최종적으로는 선동의 정치가 판을 치는 혼란 상태로 이어질 우려가 있기 때문에 바람직한 현상이라고 할 수만은 없다.

둘째로, 정당에 대한 불신에도 불구하고 현실적으로 이를 대체할 수 있는 단체나 집단이 존재하지 않는다는 사실이다. 그리고 비정치권에서 마련한 정치 개혁안이라고 해서 문제점이 전혀 없다고는 할 수 없기에 정치권의 분발이 더욱 요청되는 것이다. 예를 들어, 비례 대표제의 대폭 확대와 같이 유권자의 판단을 어렵게 하는 내용이 개혁의 범주에 들어 있는데, 지역구 후보 몇 명에 대한 평가도 어려운 판에 1백 명씩이나 되는 인물을 어떻게 평가하라는 것인지 알 수가 없다.

따라서 이제라도 늦지 않았으니 정치권은 선거철마다 반복되는 불법 정치 자금 문제만이라도 종식시킬 수 있는 방안을 마련하는 데 주도적으로 나서지 않으면 안 된다. 방탄 국회라고 할망정, 정치 개혁이라는 할 일은 했다는 평가만은 역사적으로 남겨야 하기 때문이다.

〈조선일보 2003. 12. 11.〉

민주주의를 위한 '작은 반란'

조지형

이화여대 교수, 인문과학부

1년 전 노무현 후보는 국민이 보내 준 돼지 저금통으로 깨끗한 정치를 열겠다고 공약했고, 국민은 그를 믿었다. 당시 그는 부패한 정치계로부터 거리가 먼 신선한 '아웃사이더'로 보였다. 보스 정치와 금권 정치로 물든 부패 정치를 개혁하고자 우드로 윌슨도 1912년의 대선에서 국민 개개인이 보내 주는 1달러 성금으로 깨끗한 혁신 정치를 열겠다고 '1달러 캠페인'을 벌여 당선됐다. 하지만 아웃사이더였던 윌슨도 기업과 부유한 사람들로부터 많은 돈을 조용하게 뒤로 거둬들였다.

우리의 상황을 약 1세기 전의 미국 상황과 비교해 위안을 삼으려는 것이 아니다. 그렇다고 윌슨처럼 노무현 대통령이 위대한 대통령이 될 수 있거나 혹은 절대로 될 수 없다고 말하려는 것은 더더욱 아니다. 깨끗한 정치는 설령 그 사람이 대통령이라 하더라도 한두 사람을 선출함으로써 단기간에 성취될 수 있는 성질의 것이 아니라는 것이다.

사실 불법 선거 자금 조성에 크고 작게 우리 모두가 공범이다. 지금까지 공공연하게 알려져 있던 불법 선거 자금이 드러나게 될 때까지 검찰은 정치인의 하수인으로 방관했고 선거관리위원회는 거리를 뛰어다니며 겉관리만 했다. 상황적으로 불법 자금을 건네줄 수밖에 없었던 피해자로 비춰지고 있지만 기업들은 정치인들에게 일종의 정치 보험을 들어 놓은 정치적 공범이다.

이 과정에서 정작 가장 큰 피해를 본 것은 국민이다. 더러운 돈을 받은 정치인들은 기업과 극소수 부유층의 이익을 대변하게 마련이고 노사 정책·환경 정책·대외 정책 등에서 국민을 배신하거나 호도할 것임에 틀림없다. 이것은 민주주의가 아니라 금권 정치다. 그럼에도 엄청난 액수의 불법 정치 자금이 횡행하는 것을 지난날 숱하게 목격하고도 '자비로운' 국민은 부패한 정치인들을 '용서'하고 다시 지방 의회와 국회로 보냈다. 아이러니컬하게도, 그것도 깨끗한 정치의 실현을 위해.

더러운 정치 자금은 더욱 파렴치하고 추한 정치 행위를 야기하게 마련이다. 1972년 리처드 닉슨은 돈세탁을 거친 더러운 불법 선거 자금을 이용해 워터게이트 호텔에 마련된 민주당 전국선거위원회에 침입해 도청을 기도했다. 그리고 이 파렴치한 정치 행위로 닉슨은 대통령 직에서 사임했다. 이처럼 더러운 뒷돈을 받은 정치인들은 자신들과 뒷돈을 준 사람들을 위해 '뒤'에서 정치 공작과 음모를 꾸밀 것이다.

누구도 이야기하길 주저하고 있지만, 오늘의 상황은 우리가 국체로 삼은 민주주의의 위기다. 국민이 아니라 돈이 선거하는 가운데 민의가 무참히 학살당했다. 그것도 우리 사회 민주화의 중요한 추동력이었던 민주화 세력들에도 이 같은 부패가 피해 갈 수 없다는 점에서 더욱 그렇다. 부패가 체제적으로 깊숙이 확산된 속에서 국민은 기가 막힌 자금 수수 방법에 경악하면서도 질식하고 있는 민주주의의 절규는 듣지 못하고 있다. 그런데도 일부 부패한 정당이나 정치 집단은 자신의 생존을 위해 여러 가지 이유를 들어 이를 저지하려 하거나 국민을 기만하려 하고 있다.

미국이 독립할 때 미국의 건국 시조들이 가장 고심했던 정치 문제는 공화국에서 어떻게 부패를 억제할 것인가였다. 전적으로 신뢰하기에 인간은 너무나 나약한 존재다. 건국 시조들이 결국 의존했던 것은 상호 견제의 정치 시스템이었다. 정치 시스템의 각 부분이 견제의 제 몫을 다할 때만이 비로소 부패가 억제될 수 있다는 것이다.

그러나 때로 정치 시스템조차 제대로 작동하지 않을 때가 있다. 오늘의 우리처럼. 토머스 제퍼슨은 '예전이나 지금이나 (국민의) 작은 반란은 좋은 것이며 물질 세계에서의 폭풍우와 같이 정치 세계에 필요하다'고 지적했다. 정치 시스템의 투명성과 건전성에 민감하게 반응하고 국민의 분노를 의연히 과시할 작은 반란은 썩은 정치인들과 부패 불감증에 걸린 관료들에게 항거할 것이기 때문이다. 지금으로서는 다가올 내년 선거를 통해 새로운 시스템을 작동시킬 '작은 반란'을 기대할 수밖에 없다.　〈중앙일보 2003. 12. 16.〉

경제

분배와 성장

김형기

경북대 교수, 경제통상학부

'분배냐 성장이냐.' 이는 지난 대선에서 뜨거운 쟁점 중의 하나였다. 성장과 분배의 균형, 그리고 복지를 강조한 노무현 후보가 대통령에 당선됨으로써 지금 한국에서는 분배와 성장의 관계를 둘러싼 이슈가 새삼스럽게 떠오르고 있다.

'성장 없는 분배'는 정체 경제 상태에서 고정된 국민 소득의 분배를 둘러싼 계층 간 갈등을 크게 증폭시킬 수 있다. 따라서 인구가 증가하고 일자리가 늘어나야 하며 소득 향상 욕구가 강한 사회에서는 성장 없는 분배를 사실상 생각할 수 없다.

마찬가지로 '분배 없는 성장'도 상정할 수 없다. 성장의 과실을 사용자들이 독식하여 노동자들에게 임금 인상으로 분배되지 않는다면, 결국은 수요 부족과 과잉 생산으로 인한 경제 침체가 초래되고, 부익부 빈익빈으로 인한 사회 갈등이 심화되어 성장이 지속 가능할 수 없기 때문이다.

경제 활동 인구의 거의 대다수가 임금 노동자인 자본주의 경제에서는 거시 경제적 순환의 지속과 사회 통합의 유지라는 필요성 때문에 성장과 분배는 어떤 방식으로든 연계되지 않을 수 없다. 다만 성장 쪽에 더 기울어진 경제와 분배에 더 무게 중심을 두는 경제를 생각해 볼 수 있다.

성장을 중시하는 경제에서는 기업이 생산한 부가 가치 중 더 많이 투자하고 노동자들에게 보다 적게 분배하려고 할 것이며, 사회 복지 지출도 가능한 한 줄이려 할 것이다. 이러한 경제에서는 노동자들의 삶의 질이 정체되거나 악화하는 가운데 당분간 성장이 계속될 수 있다.

그러나 저임금을 받아 생활고에 시달리고 자기 계발의 여유가 없는 노동자들로부터 생산성과 품질 향상을 위한 적극성과 창의성 발휘를 기대할 수 없다. 따라서 이러한 경제는 장기적으로는 성장이 둔화되고 침체에 빠지게 된다.

분배에 더 무게 중심을 두는 경제는 경제 성장을 둔화시킬 수도 있고 촉진할 수도 있다. 고생산성에 의해 뒷받침되지 않는 고임금이 지급되면 고비용-저효율로 인해 기업의 수익성이 떨어져 투자가 위축되고 경제 성장이 둔화할 수 있다. 이처럼 경제 성장이 둔화하면 고임금 지급이 불가능하게 된다. 여기서는 성장과 분배 간에 상충 관계가 성립한다.

이와는 반대로 분배의 개선은 성장을 촉진할 수 있다. 대량 생산 경제에서 고생산성에 상응하여 고임금이 지급되면 노동자들의 대량 소비가 나타나 대량 생산과 대량 소비가 결합되어 지속적인 고성장이 가능하다. 고성장은 다시 고임금을 가능하게 한다. 이 경우에는 성장과 분배 사이에 선(善)순환 관계가 형성된다.

2차 대전 이후 30년 동안 서구 선진 자본주의 국가들이 누린 '황금 시대'는 바로 이런 성장과 분배 간의 선순환 관계의 산물이었고, 한 국에서 1987년 노동자 투쟁 이후 고임금에도 불구하고 10년 동안 지속된 고성장은 상당 부분 고임금이 초래한 대량 소비에 의해 뒷받 침되었다. 성장과 분배 간의 선순환 관계가 지속되려면 임금 상승이 생산성 상승으로 연결되어야 한다는 점에 유의해야 한다. 만약 임금 이 상승해도 생산성 상승이 그것을 따라가지 못하거나 심지어 둔화 한다면 기업의 수익성이 저하되어 경제가 침체할 수 있다. 1970년 대 중반 이후 1980년대까지 선진 자본주의 국가들이 겪은 경제 위 기는 주로 이런 요인에 의해 초래되었다. 21세기 지식 기반 경제에 서는 분배의 개선과 복지의 향상이 경제 성장의 새로운 원천이 될 수 있다. 고임금과 고복지는 노동자들의 지식과 숙련을 향상시켜 고 부가 가치 창출을 가능하게 하여 높은 경제 성장을 달성할 수 있기 때문이다.

지식 기반 경제에서 성립하는 성장과 분배 간의 이러한 새로운 선 순환 관계를 인식하게 되면, 1960~1970년대와 같은 대중 기만적인 '선(先) 성장 후(後) 분배' 정책은 시대착오임이 분명해지고 '성장이 냐 분배냐' 하는 이분법적 논쟁도 부질없는 것임을 알게 될 것이다.

〈한국일보 2003. 01. 05.〉

이젠 '생산성 향상'이다

김중수

경희대 교수, 아태국제대학원 · 전 KDI원장

잠재 성장률 하락 우려 목소리 커, 기술 투자 등 확충 성장 원천 삼아야

최근 우리 경제의 적정 성장률 수준에 대한 사회적 관심이 고조되고 있다. 과거 7~8% 수준의 잠재 성장률이 최근 5%대 초반 수준으로 낮아지고 있다는 분석에 우려의 목소리마저 제기되고 있다.

물론 세계에서 실질 성장률이 5%를 초과하는 경제가 별로 없으며, 선진 경제의 잠재 성장률이 2~3% 수준임을 고려하면 결코 낮은 것이라고 할 수는 없다.

그러나 선진 경제로의 진입 시기를 앞당기기 위해 장기적 지속 가능 성장률인 잠재 성장률 제고를 정책 목표로 삼는 것은 바람직하다. 그러나 무릇 모든 정책 결정에 적용되는 논리이지만, 처방이 소기의 효과를 나타내기 위해서는 현실 진단이 정확해야 한다.

노동·자본의 양만으론 한계

전통적으로 잠재 성장률 결정 요인은 생산 요소 투입과 생산성 증가로 구분된다. 노동과 자본을 많이 투입하면 성장률은 높게 나타난다.

그러나 노동과 자본을 계속 늘릴 수 있는 경제는 없으므로, 투입된 생산 요소의 효율적 활용에 더 노력하게 되고, 생산성 향상을 주요 성장 원천으로 삼게 된다.

생산성을 높이기 위해서는 생산 규모를 확대해 평균 비용을 낮추고, 기술 혁신으로 인적·물적 자원의 질을 제고하고, 저성장 부문에 고용된 자원을 고성장 부문으로 이동시키는 방안들이 활용된다.

특히 폴 크루그먼 교수가 "아시아 경제가 고도성장의 기적을 이룩한 것이 신비롭지 않다"며 이 국가들의 경제 성장 전략을 비판한 이후 아시아 경제도 생산성 향상에 주목하게 됐다.

서구 선진국은 경제 효율성 증가에 의거해 성장을 이룩한 데 반해, 동아시아 경제는 과거 사회주의 경제처럼 노동·자본과 같은 생산 요소의 투입 증가에 의존해 성장했기에 곧 성장 한계에 도달할 것이라는 주장이었다.

마치 아시아 경제는 생산성 향상의 뒷받침 없이 성장한 것처럼 분석한 점 등은 약간 과장된 표현이겠으나 생산성의 중요성을 강조한 점은 의의가 있다고 할 수 있다.

우리의 경우에도 노동과 자본 등 생산 투입 요소의 성장 기여율이 1980년대에는 66%였으나 1990년대에는 53%로 하락했으며, 이는 총 요소 생산성의 기여도가 상대적으로 증가했음을 보여 주고 있다.

우리 경제의 성장 잠재력 추이를 전망해 보면, 자본과 노동의 성장

기여도는 앞으로도 감소할 것으로 예상된다. 우선 저축률이 과거 수준을 회복해 높은 투자와 자본 축적이 경제 성장을 주도할 수 있을 것으로 보기는 어렵다.

또한 1980년대와 1990년대의 노동 투입을 비교해 볼 때 연간 고용 증가율은 2.8%에서 1.5%로, 주당 근로 시간은 58.2시간에서 52.7시간으로 감소 추세에 있음을 알 수 있다.

앞으로 주 5일제가 확산되면 노동 투입의 성장 기여도는 계속 하락할 것으로 예상된다. 여성 경제 활동 참가율이 매년 1%포인트씩 증가한다고 해도 총 고용 증가율은 0.4% 미만, 경제 성장 기여율은 0.2% 수준에 그칠 것이다. 따라서 생산성의 획기적 향상만이 잠재 성장률 제고 방안이 될 것이다.

금융 자본 시장 자유화도 관건

현재 추정된 5%대 초반의 잠재 성장률을 달성하기 위해서는 매년 2% 정도의 생산성 증가가 이뤄져야 한다.

선진 7개국(G7)의 경우 총 요소생산성 연평균 증가율은 1960~1990년 기간 2% 미만이었으며, 단지 1950~1960년대 고도 성장기의 일본과 서독의 경우 4% 수준을 보인 바 있다.

생산성 향상을 위해서는 다음과 같은 정책 노력을 강화해야 한다.

첫째, 노동 시장의 유연성을 확대하고 금융 자본 시장의 자유화를 촉진함으로써 인적·물적 생산 투입 요소들을 고성장 부문으로 유도해야 한다.

둘째, 기술 개발 투자를 확충해 생산 요소의 질적 제고를 도모해야 한다.

셋째, 경제 개방을 확대해 경쟁적 분위기를 조성해야 한다. 경제 국제화는 외국 기업과의 경쟁을 유발해 국내 기업의 생산성 증대 노력을 강화시키는 한편 경제 행위의 투명성과 책임성을 높이는 역할도 수행한다.

경제 지대(地代)를 추구하는 정치나 이익 집단의 폐해를 줄이는 긍정적 효과도 수반한다. 이러한 방향으로 정책을 추진해야만 2%대 이상의 생산성 증대를 이뤄 5%대 이상의 잠재 성장률 달성도 가능할 것이다. 〈중앙일보 2003. 02. 14.〉

아일랜드의 성공에서 배우자

이진순

숭실대 경상대학장 · 전 KDI 원장

노무현 정부의 2대 과제는 국가 경쟁력 강화를 통해 최소한 매년 30만 개의 새로운 일자리를 창출하는 것과, 사회 정의와 공정한 사회 건설을 통한 국민 통합이다. 나는 동북아 중심 국가로서 한국의 위상을 확보하는 것이 노무현 정부의 역사적 책무이며, 이의 성공적 실현을 위한 전략으로서 사회적 파트너십에 바탕해 성장과 분배의 선순환 구조 정착에 성공한 아일랜드 모형을 채택할 것을 권하고자 한다.

아일랜드는 적대적 노사 관계 등의 악순환 때문에 1980년대까지만 해도 1인당 소득이 유럽 연합 평균의 65%에 불과했다. 그러나 87년 사회적 파트너십을 통해 기업 여건을 획기적으로 개선함으로써 외국인 직접 투자 주도의 선순환 구조로 전환하여 고도 성장을 지속한 결과 2001년 1인당 소득이 유럽 연합 평균의 130%에 이르게 되었다.

동북아 중심 국가 도약의 관건은 선진 다국적 기업의 동아시아 지역 거점 유치를 둘러싼 중국과의 경쟁에서 한국의 비교 우위 확보 여부에 달려 있다. 아직 대다수 산업 분야에서 국내 기술 수준과 지식은 선진국에 비해 크게 뒤떨어져 있다. 그래서 서구 다국적 기업 유치를 통해 해외 지식의 국내 유입을 확대해야만 한다. 아일랜드의 외국 기업 유치 경험은 다국적 기업 활동이 토착 기업의 기술 수준을 높이는 데 크게 기여할 수 있음을 보여 준다. 따라서 우리 경제 전반을 한 단계 끌어올려 동북아 분업 구조상 중심 국가로 발돋움하기 위한 가장 효과적인 방안은 선진 다국적 기업의 공격적인 유치다.

공격적 외국인 직접 투자 유치를 위해서는 우선 외자 유치 전담 기구로서 대통령 직속으로 '외국인 투자청'을 설립하고, 기업 환경을 획기적으로 개선해야 한다. 기업 입지로 한국의 비교 우위를 확보하기 위해서는 그동안 제시되었던 것 이외에 다음 세 가지 정책을 중점적으로 추진하여야 한다.

첫째, 관치 경제의 잔재를 청산하기 위한 정부 개혁과 '조직화된 경제에 적용하는 법'이라는 의미에서 '경제법' 청산이다. 우리나라에 필요한 정부 개혁의 초점은 '작은 정부'가 아니다. 정부가 종래 관치 경제 아래 민간 부문을 통제하던 기능을 청산하고 시장이 원활하게 기능하도록 지원하는 기능 중심으로 정부 기능을 전면 개편해야 한다. 곧, 관치 경제 아래 통제 기능을 담당하던 국이나 과를 폐지하고, 여기에 종사하던 공무원들을 보건복지부 등 시장 실패를 교정하기 위한 중앙 부처나 지방 자치 단체로 재배치해야 한다.

둘째, 교육과 연구 개발 시스템의 효율성을 높여야 한다. 한국에

터를 잡는 다국적 기업의 목적이 비용 우위 확보보다는 생산 기술 활용에 있는 만큼, 이들을 유치하기 위해서는 비용 지원 위주의 유치 전략에서 벗어나 기술·기능 인력 공급, 국내 연구 개발 시스템 개방 등을 통해 이들이 매력을 느낄 수 있는 지식 집약적 생산 여건을 조성하는 것이 긴요하다. 산업계의 수요를 충족하는 연구 개발 시스템을 구축해야 한다. 우리의 연구 개발 자원 투입은 경제 협력 개발 기구(OECD) 국가 중 최상위권이나 연구 개발 성과는 최하위권이라는 사실은 우리의 연구 개발 체계에 구조적 문제가 있음을 시사한다. 연구 개발 정책 체계를 지역과 산업 현장의 수요 중심으로 전면 개편하는 한편, 산업 특성, 기업의 기술 능력, 연구 기반 등을 고려한 선택과 집중 전략을 채택해야 한다.

교육·인력 개발 체제 전반에 걸친 과감한 개혁도 중요한 과제다. 자율, 분권, 개방화 조처를 통해 중앙 정부 주도의 공급자 중심 체제에서 지역 주도의 수요자 중심 체제로 바꿔야 한다. 또한, 싱가포르처럼 국가 전략 차원에서 외국 우수 대학원을 유치하여 고급 전문 인력과 첨단 과학 기술 기반의 허약함을 해소할 필요가 있다. 초·중등 교육 부문에서는 자립형 사학 제도, 자율 학교 제도를 일찍 정착시켜 고교 평준화 정책에 따른 문제를 보완하고, 학교 선택권을 단계적으로 확대하여 학교 간 차별화 경쟁과 혁신 노력을 유도해야 한다. 산업계 수요에 맞는 인력 훈련 및 연구 개발을 촉진하기 위해 아일랜드형 '산업 기술 포럼'을 설치할 것을 권한다.

셋째, 국민에게 인간다운 최저한의 생활을 보장하기 위한 사회 보장 확충과 협력적 노사 관계를 짜야 한다. 노사 관계도 국가 경쟁력 강화 차원에서 노동 시장 유연화와 성과급 체제로 개편하되, 직업 훈련 강화와 노동자의 이윤 분배 및 지분 참여를 장려해야 한다.

국가 경쟁력 강화를 위한 이러한 경제·사회 개혁은 국민의 적극적 참여와 동의가 있어야만 성공할 수 있다. 그래서 청와대에 설치되어 있는 '국민경제자문회의'를 아일랜드의 '국가 경제·사회 위원회'(NESC)를 모델로 하여 구성과 기능을 전면 개편할 것을 권고한다. 곧, 노·사·정, 실업자 단체, 시민 단체, 농민 단체가 지명한 대표자 등 사회적 파트너들이 참여하여, 동북아 중심 국가 위상 확보가 선진국 도약의 관건이며, 우리의 생존 전략이라는 공통 인식에 기초하여 대화와 타협을 통해 향후 5년 동안 종합적인 경제·사회 전략에 대한 사회적 합의를 끌어내야 한다.

대통령 비서실 주도로 사회 파트너들을 설득해 저임금에 바탕을 둔 가격 경쟁력이 아닌 고숙련과 지식에 기초한 품질 경쟁력을 추구하는 '고차원 국가 경쟁력 강화 전략'을 채택해야 한다. 이를 위해 우선 규제 혁파, 산업 평화 정착, 인적자원 질 개선, 법인세 인하 등을 통해 기업 여건을 획기적으로 개선함으로써 높은 기술 산업의 선진 기업을 유치하여, 이를 핵으로 고기술 기업들을 지역별로 집적시켜야 한다. 이를 통해 고급 일자리를 창출하고, 과세 기반이 확대됨에 따라 세수가 늘고, 이를 재원으로 공공 직업 훈련과 사회 복지를 확충하는 성장과 분배의 선순환 구조를 짜야 한다.

〈한겨레신문 2003. 02. 18.〉

에너지 절약 생활화할 때

정장섭
한국중부발전(주) 사장

국민 소득과 생활 수준이 향상되면서 고급 에너지인 전기와 가스 소비가 급격히 증가하고 있다. 지난해 12월 중 전력 소비량은 전년 동기 대비 8.2%가 늘어난 248억Kwh로 월간 소비량으로는 최대치를 기록했다. 근래에 들어서 전체 에너지 소비 증가율은 2~3%대에 불과하지만 전기와 가스 소비는 10%에 가까운 급격한 증가 추세를 보이고 있다.

겨울철에 가정·상업 분야 등 생활 에너지 소비가 하절기의 세 배 가까이나 되며 이는 대부분 난방 에너지 소비의 급격한 증가와 전기 난방기의 보급 확산이 원인이다. 따라서 그동안 여름철 냉방 부하로 대두되던 전력 피크가 요즘에는 겨울철에도 문제가 되고 있다.

국내 에너지 소비만이 문제가 아니다. 이미 지난해 말부터 미·이라크 전쟁 우려와 베네수엘라 파업으로 인한 원유 생산 감소 등 국제적으로 야기된 문제들은 우리 경제를 더욱 힘들게 하고 있다.

국제통화기금 관리 체제 이후 배럴당 10달러선으로 유지되어 우리 경제의 회생에 큰 도움을 주었던 국제 유가가 최근 두바이 유 기준으로 벌써 29달러를 넘어섰다. 정부에서는 미·이라크 분쟁으로 인한 긴장 상태가 지속되고 고유가 상황도 지속될 것이라는 예상 하에 3단계 에너지 절약 시책을 추진하고 있다.

배럴당 두바이 유가가 10일 평균 29달러 미만일 때를 1단계로 설정하여 이때는 에너지 소비자들의 자율적인 절약을 유도하게 된다.

산업 부문에서는 고효율 기자재 설치, 전기 부하의 적정 관리, 연료 대체 등이 실시되고 있으며, 건물·주택 부문에서는 적정 실내온도의 준수, 불필요한 가전 제품 및 전열기의 사용 억제, 대체 에너지의 사용 확대 등이 요구된다.

또한 전기와 가스 절약을 위해 정부와 에너지관리공단은 전기 및 난방 에너지 절약 10% 이상 실천 가정에 일정 금액을 현금으로 보상하는 캐시백(Cash Back) 제도와 중앙 공급식 냉난방 건물에서 가스 15% 절약시 20원/Nmm^{3}을 지원하는 15/20 가스 인센티브 등 다양한 제도들을 현재 시행하고 있다.

유가가 29달러 이상 35달러 미만인 2단계는 에너지 절약 정책이 제한적으로 강제 시행된다. 차량 10부제, 옥외 조명 사용 금지, 승강기 운행 제한 등 더 강제적인 정부의 에너지 절약 대책이 시행될 것이다. 이와 같은 2단계 대책들의 시행 효과는 크게 나타날 것으로 보이는 반면 국민의 생활은 그만큼 불편이 따를 것으로 예상된다.

유가가 35달러를 넘어선 3단계는 에너지 소비 절약 차원을 넘어 에너지 대량 소비처에 대한 일부 사용 제한, 에너지 공급에 대한 대책이 있다.

그러나 이러한 단계별 에너지 절약 대책도 중요하지만 에너지 소비자들인 국민과 기업의 에너지 절약에 대한 실천이 우선이며 각 기업과 개인이 실천하는 에너지 절약의 효과는 우리가 흔히 생각하는 것보다 훨씬 크다.

한 예로 우리 국민 모두가 겨울철에 내복을 입고 실내 온도를 섭씨 2도 낮추면 4500억 원이 절약된다. 그러나 실제 효과는 더욱 크다. 겨울철 실내 온도를 섭씨 1도 낮췄을 때 절감되는 에너지양은 1백만Kw 발전소의 겨울철 5개월 발전량과 같다.

이렇게 간단한 에너지 절약 실천 하나가 국가적으로는 에너지 비용 절감, 발전소 건설 예산 절감, 환경 개선 등 일석삼조의 큰 효과를 낸다.

우리는 지금 고유가 시대를 맞아 불편을 감수하고 우리 사회 전 분야에서 에너지 절약을 실천해야 한다. 물론, 생활에 불편을 초래하는 절약 실천 외에도 대체 에너지 및 에너지 절약 신기술 개발, 사회 간접 자본의 고효율화 및 고효율 시스템의 도입 등 장기적인 에너지 저소비 사회를 향한 발걸음도 같이해야 한다.

〈문화일보 2003. 02. 19.〉

한·미 투자 협정의 진실

이해영

한신대 교수, 국제관계학부

스크린 쿼터 문제를 둘러싸고 다시금 한미 투자 협정 논란이 불거지고 있다. 일부 경제 관료, 경제 신문, 관변 연구소가 대변하고 있는 경제 실익론의 핵심은 협정을 체결할 경우, 외국인 직접 투자는 32억~70억 달러, 국내 총생산은 1.38%~3% 증가할 것이라는 계산이다. 국내 총생산 3% 증가라면 1인당 국민 소득을 1만 달러라고 했을 때, 4인 가족 기준으로 가구당 1,200달러의 소득 증가가 있다는 말인데, 단지 협정 하나 맺고 가만히 앉아 이 정도 효과를 본다면 도대체 누가 이 좋은 것을 마다할 텐가. 그런데 보도 자료에 근거해 그 근거를 따져 보면 석연찮은 구석이 한둘이 아니다.

첫째, 보도 자료는 협정이 체결되면 외평채 가산 금리가 4월 기준 120에서 100, 95, 90으로 하락할 것이라는 아주 '강한 가정'에 기초해 시나리오를 쓰고 있다. 쉽게 말해 협정을 체결하면 외평채 가산 금리가 '반드시' 하락할 것이라는 그 어떤 논리적 근거 제시도 없이 단지 '그렇게 되면 이렇게 될 것'이라는 식의 숫자놀음을 하고 있다는 말이다. 일반 채권과 마찬가지로 외평채 금리의 등락 역시 시장의 수급 상황에 좌우되고, 특히 우리의 경우 북핵 문제에 의해 결정적 영향을 받고 있다.

둘째, 정부가 제시한 수치는 덧셈은 알고 뺄셈은 모르는 것과 다름없다. 2002년 한국의 대미 직접 투자액은 약 4억 9천 달러인 데 반해 미국의 대한 투자액은 45억 달러이다. 대략 10배 차이가 난다. 대미 투자가 최고조에 달했던 2001년의 경우에도 14억 달러 대 39억 달러로 약 3배 차이가 난다. 설사 한국과 미국의 수익률이 같다고 하더라도 미국이 당연이 한국보다 3~10배 더 이익을 보았을 것이다. 흔히 한미 투자 협정을 한미 자유 무역 지대로 가기 위한 전 단계라고 한다. 그런데 미 국제무역위원회 자료에 따르면 한미 자유 무역 지대 체결시 미국의 대한 수출은 54%, 한국의 대미 수출은 21% 증가할 것이라 한다. 이 추정치를 2002년 대미 무역 수지(230억 달러 수입 대 328억 달러 수출)에 적용해 보면, 345억 달러 수입 대 398억 달러 수출로, 한국의 대미 무역 흑자 폭이 98억 달러에서 53억 달러로 45억 달러 감소하게 된다. 이는 현 한국 국내 총생산의 -1%에 해당한다.

셋째, 다자간이건 양자간이건 신자유주의 투자 협정의 최대 문제점은 그것이 인수 합병, 공장 설립형 투자 즉 직접 투자뿐만 아니라 '주식'까지를 투자의 범위에 포함시키고 있다는 점이다. 대한 자본 유입 중 주식 투자는 2000년 65%, 2001년 70%를 차지하고 있다. 이는 세계 전체 평균 15%, 18%에 비해 월등히 높은 수준이다. 외국인 주식 투자 가운데 금액 기준 전체의 93%(2000년 2월)가 투기 자본이며, 국내 거래소 및 코스닥 주식 투자 잔액 중 미국 자본이 55%(457억 달러, 2002년 8월)로 1위이다. 이 미국계 자본이 주축이 된 국제 투기 자본이 한국 시장에서 거둬들인 이익은 이미 수백억 달러를 넘어섰다. 정부의 실익론은 '외국 자본＝좋은 자본' 식의 아주 순진한 가정에 기반해 있다.

넷째, 일부 경제 신문은 '소득 2만 달러를 향해 다시 뛰자!'면서 한미 투자 협정을 내걸고 있다. 그렇지만 미국과 투자 협정을 체결하고 있는 45개국(2000년) 가운데 한국보다 국내 총생산이 상위인 나라는 단 하나도 없다. 미국과 현재 투자 협정을 체결한 나라는 제3세계 최극빈국이거나 아니면 사회주의 붕괴 이후의 체제 전환국들로서, 국민 소득이 우리의 절반 미만인 나라가 대부분이다. 아태 지역의 경우 방글라데시, 아이티, 몽고, 스리랑카를 들 수 있다. 그래서 국민 소득 2만 달러와 투자 협정을 연결하는 것은 완전히 경제 소설에 불과하다.

한미 투자 협정은 경제적으로 보더라도 실익이 없는 조약이다. 그것은 단지 투기 자본의 이익만을 보장해 줄 뿐인, 투자 협정이라기보다는 차라리 투기 협정이며, '주한 미국 자본 지위 협정' 즉 소파의 경제편이라고 불리는 편이 진실에 가깝다.

또 하나 총액 규모 5억 달러에 불과한 한국 영화 시장에 대해 미국이 그토록 강하게 집착하는 것은 한국 영화를 '시범 케이스'로 삼아 언젠가 재개될 다자간 투자 협정(MAI) 협상에서 프랑스 등 유럽 문화계를 제압하고, 진행 중인 세계 문화 협정을 저지하기 위함이라는 점을 지적해 둘 필요가 있다. 제대로 '실익'을 챙기는 참여 정부를 기대하는 것은 과연 나만의 바람일까.   〈한겨레신문 2003. 06. 30.〉

경제 새 패러다임 짜야

이종훈

중앙대 명예교수 · 시민사회포럼 회장

지난 2월 참여 정부가 출범하면서 국정 목표의 장기 비전으로 '동북아 중심 국가 건설'이라는 큰 그림을 제시하였으나 얼마 후 중국과 일본의 눈치를 보면서 이를 슬그머니 '동북아 경제 중심'으로 낮춘 바 있다.

4개월 동안 참여 정부의 경제 정책의 흐름을 보면 국정의 장기 비전과는 거리가 먼 정책 혼란을 거듭하면서 국민들의 지지마저 잃어가고 있다. 출범 당시에는 성장과 복지의 조화, 생산과 분배의 균형을 강조하는 등 경제 정책의 어설픈 이상론을 펴다가 세계 경제와 국내 경제의 불황이 심화되면서부터는 경기 부양책에 매달리는 등 혼선과 변신을 거듭하고 있다.

최근의 정책 기조는 재정의 조기 집행과 금리 인하와 추경 예산의 편성 등으로 추락하는 경제 성장률을 끌어올리겠다는 것이다. 그리고 혼란을 부추기고 있는 춘투와 하투를 바로잡기 위해서는 이상론보다 노사 정책 자체를 먼저 다듬어야 한다고 생각하는 것 같다.

그러나 이러한 정책 의지만으로는 오늘의 경제 혼란과 실망을 해소시킬 수 없다는 데 문제의 심각성이 있다. 조직과 권위와 금권에 의해서라기보다 서민과 미래 세대의 여망에 의해 출범한 정부인 만큼 발전에 대한 기대가 너무나 컸기 때문에 좌절과 실망도 빨리 왔는지 모른다.

참여 정부는 1백 일간의 값비싼 경험 철학을 거울삼아 정부와 기업과 국민이 하나가 되는 총화의 힘을 이끌어 낼 수 있는 리더십을 발휘하는 것이 절실하며, 그 힘으로 오늘의 난관을 헤치고 내일을 개척하는 자세를 보여 주어야 한다. 마침 최근 노 대통령은 추상적이며 손에 잘 잡히지 않는 국정 목표보다는 설명하기 쉬운 목표로서 '국민 소득 2만 달러 시대를 열자'를 강조함으로써 참여 정부 국정 목표의 청사진을 제시하였기 때문에 그 실현 방법과 의지가 주목된다.

우리는 소득 1만 달러 시대를 1995년에 달성하였다. 일본은 7년 만에, 싱가포르는 6년 만에 다시 2만 달러 시대를 열었다고 강조하면서 우리도 곧 2만 달러 시대를 맞이할 것으로 기대했으나, 8년간 1만 달러를 계속 턱걸이하는 제자리걸음을 반복하고 있는 실정이다.

1만 달러 시대도 손쉽게 이룩한 것은 결코 아니다. 값싸고 풍부한 노동력과 잘살아 보겠다는 동물적인 근성(헝그리 정신)으로 외국 자본과 외국 시장과 외국 기술을 엮어 피땀으로 이룩한 결과인 것이다. 국제 질서는 선진국(미국)→중진국(일본)→후진국(한국)이라고 하는 3각 국제 분업의 보완적이며 의존적인 틀이 있어 근대화를 쉽게 이룩했다. 그러나 이제는 미국과 일본은 물론이고 중국과 러시아

와 경쟁을 해야 하며 국내적으로는 먹고살 만하니까 생산성은 떨어지고 제 목소리는 커지는 등 새로운 국내외적인 함정 속에서 현대화를 해야하는 기로에 서게 되었다.

따라서 소득 2만 달러 시대는 자동으로 오는 것이 결코 아니며 저절로 문이 열리는 것도 아니다. 2만 달러 시대는 1만 달러 시대보다도 더 어렵고 힘들며 그 문이 큰 만큼 정교하고도 더 큰 열쇠가 있어야만 열 수 있는 것이다.

참여 정부가 구호를 크게 외친다고 2만 달러 소득이 실현되는 것은 아니기 때문에 먼저 그 열쇠부터 만들어야 한다. 새로운 각오와 다짐으로 경제와 산업과 기업의 구조를 업그레이드시켜 국가 경쟁력을 끌어올리고 국가 위험도를 끌어내리려는 대대적인 범국민 운동을 전개해야만 가능한 것이다.

특히 정부와 정치권이 솔선수범의 자세를 보이고 경제 구조의 형식적인 고도화나 구조 개혁이 아니라 그 자체를 정보화하고 기술화하며 지식화하는 소프트화 전략(0.5차화 전략)으로 먼저 국민 경제의 새로운 패러다임을 만들어야 한다. 외국 자본과 베끼는 기술이 아니고 생산적 투자 확대와 기술 개발과 혁신으로 새로운 발전 틀을 만들고 21세기를 창조하려는 새로운 국민적인 의식과 문화를 창출해야 한다. 〈세계일보 2003. 07. 06.〉

'한국 기업 구하기'

이윤호

LG경제연구원 원장

실종된 한 명의 일병을 구하려 여덟 명의 구조대원이 생명을 거는 「라이언 일병 구하기」라는 영화가 있었다. 지금 우리에겐 '라이언 일병'보다 훨씬 화급하게 구해야 할 대상이 있다. 바로 우리 기업들이다.

발달한 경제일수록 경제 활동은 기업을 중심으로 이루어진다. 기업 없이는 일자리도, 투자도, 상품과 서비스의 생산도, 부가 가치의 창출도 기대할 수 없다. 그런데 최근 우리 기업의 위기를 알리는 조짐이 사방에서 나타나고 있다.

우선 생산·투자·소비가 동반해서 급감하고 있다. 이는 기업 활동의 심각한 위축과 이에 따른 기업 수익의 감소를 예고해 주고 있다. 특히 계속되는 투자 부진은 우리 경제가 현상 유지나 할 수 있을지, 걱정케 하는 상황이다.

사상 최대의 이익을 냈다는 2002년을 살펴보아도 위기감은 크게 줄지 않는다. 지난해 12월 결산 비금융 상장 기업 547개사는 31조 원의 경상 이익을 냈지만 IMF 사태 이전인 1996년 환율과 금리를 적용할 경우 그 규모는 12조 원 규모에 불과하다.

이러한 계산 결과는 IMF 위기 이후 구조 조정으로 과연 우리 기업들 체질과 경쟁력이 향상되었는지 의구심을 갖게 한다. 즉, 31조 원의 경상 이익은 경쟁력 강화에 따른 것이라기보다는 이자 하락에 따른 금융 비용 감소, 환율 하락에 따른 환차익, 유가 증권 수익 등에 크게 힘입었다는 추론이 가능하다.

더욱 심각한 것은 우리의 기업 환경이 기업 의욕과 기업가 정신을 죽이고 있다는 것이다. 중국의 부상이나 고비용·저효율의 구조적인 문제에 더해 법과 원칙을 무시한 전투적인 노동 운동과 노조의 경영 참여 주장, 한·칠레 자유 무역 협정(FTA) 비준을 둘러싸고 드러난 정치권의 조정 능력 부족과 집단 이기주의, 그리고 대외(對外) 폐쇄성 등이 그것이다.

여기에다 기업의 목적을 이익 추구보다 사회 발전이라고 보는 국민들의 사회주의적 기업관, 부자와 기업인을 죄인시하는 반자본주의와 반기업 정서, 기업 활동 촉진보다 규제에 초점이 맞춰진 기업 정책, 성장보다 분배와 약자 보호를 우선시하는 국민들의 평등주의 정서와 정부의 정책 기조 등이 이 땅의 기업 환경을 척박하게 만들고 있다. 기업인들은 이 땅에서 기업을 경영한다는 것에 대해 점점 더 부정적이고 냉소적으로 되어 가고 있다.

반기업적인 풍토가 개선되리라는 확고한 믿음을 심어 주지 않는 한 창업은 지지부진할 것이며 기업들은 하나 둘 문을 닫거나 해외 이전을 모색할 것이다. 일자리도 점점 줄어들 것이다. 제조업 공동화 현상은 참여 정부의 가장 골치 아픈 과제로 전면에 떠오를 것이다.

일자리를 원하고 생활 수준을 올리길 원한다면 획기적인 발상의 전환, 정책 전환이 필요하다. 기업에 활기를 불어넣어 주는 정책이 최고의 경제 활성화 정책이자, 일자리 창출 정책이며 이것이 바로 최고의 복지 정책임을 꿰뚫어 볼 줄 알아야 한다. 전환의 방향은 단순하고 명료하다. 친시장적, 친기업적이어야 한다는 것이다.

그렇다고 기업의 잘못을 눈감아 주자는 이야기는 결코 아니다. 투명성 확보와 불공정 경쟁 행위 방지, 환경 보호를 위한 기업 규제는 강화하되 기업의 조직 형태나 기업이 영위하는 사업의 종류, 수, 장소에 대한 규제는 과감히 철폐하자는 것이다.

즉, 기업 활동의 자유를 최대한 보장하고 평가와 감시는 시장에 맡기자는 것이다. 기업들은 분식 회계, 불투명한 경영, 부와 경영권의 부당한 세습과 같은 과거의 악습을 스스로 타파하여 기업 살리기에 화답해야 할 것이다.

이 땅의 기업들은 지금 밝은 미래보다는 어두운 미래를 더 많이 보고 있을 것이다. 기업이 희망을 갖지 않는 한 우리 경제에도 희망은 없다. 지금은 기업의 역할과 중요성을 이해하고 규제 완화, 세금 감면 등 가능한 한 많은 방법을 찾아 기업 살리기에 나서야 할 때다.

기업이 잘되지 않고 국민 소득 2만 달러의 꿈을 이룰 방법이 있는지 정부도 국민도 깊이 생각해 볼 일이다. 〈조선일보 2003. 07. 07.〉

차세대 성장 동력 산업 육성 시급

박중구

서울산업대 교수, 에너지환경대학원 · 전 산업연구원 신성장산업실장

한국 경제는 지금 선진경제(Developed Economy)로 도약할 수 있느냐의 기로에 서 있다. 1995년 1인당 국민 소득 1만 달러를 달성한 뒤 8년이 지났다. 그러나 지금까지도 그 수준을 벗어나지 못하는 '1만달러의 함정'에 빠져 있다. 일본이 지난 1981년에 1만 달러를 달성하고 6년 뒤인 1987년에 2만 달러를, 5년 뒤인 1992년에 3만 달러를 달성한 것과 비교하면 우리는 상당히 뒤처져 있다.

최근 국내외의 급변하는 경제 환경 속에서 국내 잠재 성장률의 하락 추세는 일본의 1980년대 고도 성장 종료 시기와 비슷한 양상을 보이고 있다. 제조업 수출 경쟁력의 하강 조짐도 장기화되고 있다. 이 같은 제조업의 침체와 국내 제조 업체의 해외 탈출을 방치하면 우리도 일본과 같이 극심한 경기 침체에 직면할 수 있음을 주의해야 한다. 이를 극복하기 위해서는 차세대 성장 동력 산업을 발굴하고

육성하는 전략이 매우 절실한 문제다. 지금이 바로 그때다.

미국은 1980년대까지 제조업의 경쟁력이 약화되고 서비스업이 경제 성장을 주도했다. 그러나 1993년 이후엔 제조업과 서비스업이 선(先)순환 체제를 구축함으로써 제조업이 경쟁력을 되찾고 성장을 견인하는 원동력이 되었다.

산업연구원에서 경제 협력 개발 기구(OECD) 국가의 대(對) 개발도상국 수출 변화 추이(1990~1999)를 분석한 결과 일반 기계, 자동차, 화학 제품 등 주력 기간산업 제품군의 수출 비중이 10년간 꾸준히 증가한 것으로 나타났다. 이는 OECD 국가들의 경제 성장에 있어서 주력 기간산업이 여전히 강력한 성장 엔진의 역할을 다하고 있다는 점을 의미하고 있다.

우리 경제에 있어서도 국내 총생산(GDP) 규모나 산업 성숙 정도를 볼 때 국내 주력 기간산업의 역할은 10년 뒤에도 변함없이 경제 성장을 견인할 것으로 전망된다. 다만 끊임없는 기술 혁신을 통해 주력 기간산업의 역동성을 유지할 필요가 있다.

기술 혁신과 산업의 역동성을 유지하기 위해서는 ▲핵심 부품 소재의 원천 기술 확보와 마케팅 역량 강화 등 질적 성장 추구 ▲주력 기간산업에 정보 기술(IT), 생명 기술(BT) 등 신기술 접목을 통한 수요 창출 및 경쟁력 확보 ▲안정적 노사 관계 유지, 우수 인력 공급 등 기업 환경 개선 ▲산업별 차세대 성장 동력을 발굴, 정부와 기업의 역량 집중 등의 노력이 필요하다. 여기서 차세대 성장 동력 산업으로는 지능형 연료전지(하이브리드) 자동차, 홈 네트워크, 인텔리전트 SOC, 나노섬유, 한국형 액화 천연가스(LNG)선, 액정 디스플레이(LCD), 바이오칩 등 총 55개 제품(분야)을 꼽을 수 있다.

국내 산업의 연구 개발은 상용화에 가까운 개발 연구 비중이 약 85%로 높은 반면, 응용 및 기초 연구의 비중은 각각 13%, 2%로 낮은 수준이다. 이런 구조로는 기술 수명 주기상 후발 개도국의 빠른 추격을 받게 되며, 선진국과의 근본적인 격차를 줄일 수 없다고 확신한다. 따라서 기술 개발 대상을 보다 본원적인 기술 개발로 이전하는 것이 필요하다.

또한 공공 부문 주도의 산·학·연 공동 연구가 산업계 중심으로 재편되어야 한다. 세계 R&D(연구 개발) 투자의 1~3위 국가인 미국, 일본, 독일은 산업계 중심의 연구를 유도하기 위해 각각 회사 형태, 재단 법인, 협회 조직 등을 만들어 이용하고 있음을 참고할 필요가 있다.

기술 혁신형 중소기업을 중점 육성하고 벤처 기업 확인 제도를 민간 평가 체제로 전환하며, 인수 합병(M&A) 및 코스닥 시장 활성화 등의 중소기업 혁신 기반을 확충해야 한다.

기업 지배 구조를 합리적으로 개선하고 지주 회사를 활성화하는 등 선진적 회사 제도를 도입해야 한다. 시장 기능 중심의 구조 조정 시스템과 법적 퇴출 제도도 정비해야 한다.

〈서울신문 2003. 07. 11.〉

말만으론 2만 달러 갈 수 없다

노부호

서강대 교수, 경영학부

2만 달러 국민 소득의 시대를 열자는 말이 지금 우리에게 하나의 화두가 되고 있다. 어느 조직이든 성공하려면 누구나 공유하는 전략적 과제를 비전으로 가지고 있어야 한다. 하지만 더 중요한 것은 말이 아니라 그 비전을 어떻게 실천하느냐 하는 행동이다.

어떻게 행동할 것인가. 우선 우리가 추구할 구체적인 목표를 설정해야 한다. 우리는 1960~1970년대에 수출이라는 목표를 설정하고 달성함으로써 후진국에서 중진국으로 도약했다. 수출 외에도 상위 3천대 기업의 경제적 부가 가치(EVA)라든지 외국인 직접 투자액(FDI) 같은 중요하고 구체적인 목표 지표 2~3개를 설정할 필요가 있다.

이렇게 구체적 목표가 설정되면 정부·기업·국민의 관점에서 이를 달성할 수 있는 행동에 대한 아이디어를 끌어내야 한다. 정부가

할 수 있는 행동적 조치들 중에는 규제 완화, 노사 관계의 유연성 제고, 법인세 인하 등 기업하기 좋은 환경을 만드는 조치들이 포함돼야 할 것이다.

기업 측면에서는 보다 인간적인 경영을 통해 노사 관계를 개선하는 조치들이 취해져야 하고, 국민들 관점에서는 집단 이기주의적 태도를 지양하고 보다 개방적인 태도를 가져야 한다. 이렇게 각 분야가 힘을 합쳐 비전·목표·행동을 일관성 있게 엮어 나가야 한다.

국가 경영을 기업에 비유하자면 최고 경영자가 비전을 종업원과 어떻게 공유하느냐 하는 것이 무엇보다 중요하다. 예를 들어 삼성전자는 1993년 '질(質) 경영'을 선언하면서 세계적 기업으로 커 나갈 수 있었다. 그 성공 비결은 철저한 행동 지향적 조치와 구체적인 언어로 질 경영의 비전을 종업원과 공유했던 점이다.

삼성은 12시간 애프터서비스 체제를 유지하고 제품 교체까지 해주면서 많은 인력과 자금을 투자하였다. 일부에서 이렇게 하다간 회사가 망하는 것이 아닌가 하고 우려하자, 이건희 회장이 "회사 돈이 고갈된다면 내 개인 돈을 낼 테니 걱정하지 말고 하라"고 한 기사를 읽은 적이 있다.

이처럼 톱은 보다 구체적이고 행동 지향적인 언어로 이야기할 때 추진력이 생기는 것이다. 예컨대, 그냥 기술 개발 열심히 하라고 말하는 것이 아니라 "연구실은 24시간 불이 켜져 있어야 한다"라든지 "기술 개발에 돈을 아끼지 말라"고 말해야 추진력이 생긴다. 국가 경영도 마찬가지다.

2만 달러 시대의 비전을 국민과 공유하기 위해 요구되는 구체적이고 행동 지향적인 언어는 무엇일까. 2만 달러 달성의 핵심적 요소인 규제 완화와 노사 관계, 외국인 직접 투자 등에서 국민과 공감대를 형성할 수 있는 구체적인 언어를 개발할 필요가 있는 것이다.

비전이 철저하게 시행되기 위해서는 지금 당장 실천하지 않으면 큰일 난다는 긴박감을 가져야 한다. 긴박감은 위기와 도전 의식이 있어야 조성된다.

지금 우리는 중국이 전 세계 생산 기지로 바뀌면서 블랙홀처럼 우리 산업을 공동화시키고 있고 집단 이기주의에 의한 사회 분열과 이공계 기피 현상 등으로 미래 성장 잠재력이 약화되는 위기적 상황에 처해 있다.

우리는 또 도전 의식을 가져야 한다. 우리보다 별로 나을 것이 없다고 생각되는 일본의 국민 소득이 3만 달러인데 우리는 아직도 1만 달러라면 우리는 왜 안 되는가 하는 도전 의식을 가져야 한다.

위기가 코앞에 와 있는 지금 우리는 행동하지 않으면 파멸이다. 그런 의미에서 우리는 역설적으로 2만 달러 달성에 필요한 긴박감을 가질 수밖에 없는 좋은 여건에 놓여 있다 할 것이다.

우리에게 주어진 시간은 많지 않다. 2만 달러 시대로 가자는 비전은 국민적 공감대를 형성할 수 있는 시의 적절한 것이고, 국민·기업·정부가 혼연일체가 되어 추진해 나간다면 다시 한 번 중진국에서 선진국으로 경제적 도약이 가능할 것이다.

〈조선일보 2003. 08. 02.〉

WTO 각료 회의가 남긴 숙제

이정환

전 농촌경제연구원 원장

멕시코 칸쿤에서 열렸던 세계 무역 기구(WTO) 각료 회의는 결국 최종 합의에 이르지 못한 채 끝났다.

투자·경쟁 정책·정부 조달·무역 촉진 등 이른바 싱가포르 이슈에 대한 합의 실패가 직접적 원인이 되었지만 농업 협상에서의 첨예한 대립도 결렬의 중요한 요인이 된 것으로 추정된다. 최종 각료 선언문도 몇 가지 중요한 분야에 대해 더 협상이 필요해 최종 합의를 유보한다고 밝히고 있다.

이번 협상은 세계 무역 협상에 새로운 이정표로 기억될 것 같다. 지난번 우루과이 라운드(UR)에서는 미국과 유럽 연합(EU)이 비밀 협상을 통해 합의안을 도출한 후 두 거인이 협상을 주도하고 나머지 국가가 따라가는 형식으로 진행되었다.

이번에도 회의 개시 직전 미국과 EU가 전격적으로 합의안을 발표하고 이를 기초로 의장 초안이 마련돼 다시금 양대 세력의 주도로 합의가 이루어질 것으로 예상되었다. 그러나 개도국 그룹의 강력한 저항에 부닥쳐 결국 합의에 실패함으로써 앞으로 세계 무역 질서 논의가 미국·EU, 그리고 개도국 그룹의 3극 체제로 진행될 것임을 예고하였다.

또한 이번 협상에서는 세계 각국이 자국의 이익을 챙기기 위해 변화무쌍한 합종 연횡을 연출해 춘추 전국 시대의 모습을 연상케 하였다.

전통적 수출국 모임인 케언스 그룹이 사실상 와해되고, 이 중 개도국인 브라질 등 10개국과 종래부터 개도국의 대표격인 인도와 이집트, 그리고 지난해 WTO에 가입한 중국 등이 G-21이라고 불리는 개도국 그룹을 형성, 미국과 EU를 본격적으로 견제하기 시작하였다.

G-21은 싱가포르 이슈의 논의 자체에 반대할 뿐만 아니라 미국과 EU가 국내 농업 보조 수준을 대폭 감축할 것을 강하게 요구해 미국과 EU 중심의 합의 도출을 어렵게 하였다.

우리나라가 속해 있던 NTC그룹도 EU가 미국과 손잡는 대신 불가리아·대만·이스라엘 등이 참여해 수입국 입장을 대변하는 G-9을 형성하였고, 그 밖에 인도네시아를 주축으로 하는 SP-25, 여기에 케언스 10개국이 참여하는 SP-35, 아프리카와 카리브 연안 후진국들의 모임인 ACP-78 등이 나름대로 목소리를 높이고 이것이 협상에 적지 않은 영향을 주게 되었다.

각료 회의의 결렬은 우리 농업에 두 가지 중요한 시사점을 던져 준다. 첫째는 관세나 보조금 감축의 구체적인 방식, 곧 세부 원칙(modalities)이 제시되지 않은 채 내년에 쌀 협상을 해야 한다는 점이다.

이에 따라 쌀 협상은 아무런 지침이 없는 상황에서 주요 무역 상대국과의 양자 협상에 전적으로 의존할 수밖에 없게 되었다. 무역 상대국이나 우리나 양자 모두 얼마나 요구하고 얼마나 내주어야 할지 판단할 수 없는 상황에서 합의를 도출해야 하는 상황이 되었으므로 더욱더 치밀한 준비와 결단이 필요하게 되었다.

둘째는 이번에 합의에 실패하였지만 각료 회의는 WTO 일반 이사회와 사무국이 긴밀히 협조해 올해 12월 15일 안에 고위급 일반 이사회를 소집할 것을 요구하고, 당초의 기한 내에 성공적인 타결이 이뤄지는 데 필요한 조치를 강구하도록 위임하였다.

따라서 농업 협상이 WTO 일반 이사회 산하의 농업 위원회에 다시 부쳐져 논의될 것이므로 협상 준비에 더욱 박차를 가해야 함은 물론 국내 대책 수립에 조금도 흔들림이 있어서는 안 된다는 것이다.

이번 각료 회의에 상정되었던 초안이 관세를 큰 폭으로 감축할 뿐만 아니라 개도국들에도 품목별 국내 보조에 한계를 설정하고 있었기 때문에 수입 피해에 대응한 소득 보전 등 국내 대책 수립에 엄격한 제약이 걸리게 돼 우리에게 매우 아픈 것이었음을 주목해야 한다.

반면 선진국에 허용된 관세 상한 예외 조항, 개도국의 특별 품목 조항, 변형된 블루박스 보조금 허용 조항 등 우리가 매우 유용하게 활용할 수 있는 조항을 포함하고 있었음에 유의해야 한다.

또한 빈 칸으로 남겨졌던 숫자가 어떻게 결정되는가에 따라 우리에게 미치는 영향이 전혀 다를 수 있음을 간과하지 말아야 한다. 이제 숨을 고르고 시야를 넓혀 복잡해진 협상 구도를 효과적으로 활용하는 제갈공명의 지모와 전술이 더더욱 필요하게 되었다.

〈중앙일보 2003. 09. 15.〉

국책 사업 효율성 높이려면

이달곤
서울대 행정대학원장

새만금 사업, 경부고속철도, 서울외곽순환도로, 경인운하 등과 같은 주요 국책 사업이 계속 흔들리고 있다. 이익 집단의 이의 제기나 시민의 가치 기준 변화에서 비롯된 것도 있고, 정권이 바뀌면서 사업의 타당성에 대한 의문 제기에서 비롯된 것도 있다.

정책 변화는 어쩔 수 없거나 자연스럽기도 하다. 애초 비합리적으로 결정된 사업도 적지 않다. 또 사업 성안 때 간단하게 보았던 환경 문제가 중요성을 더해 가고, 주민의 권리 의식이 심화되면 정책의 내용과 추진 방법이 바뀌어야 한다.

정책 집행 과정의 혼선은 앞으로 더 심화될 것 같다. 정부의 전문성과 결정권에 대한 평판이 떨어지고 있어 이의 제기와 저항은 더욱 빈번해질 것이다.

그러나 이러한 혼선을 마냥 방치할 수만은 없다. 분명히 손실이 더 큰 상황이다. 연기·재검토·방치는 정부의 건전한 선택이 아니다. 중진국에서 시간 관리와 속도는 치국책의 제1요건이다. 상황이 지속되면 어떤 대형 사업도 추진하기 어려워질 것이다.

거론되고 있는 국책 사업들은 개별적으로 달리 다루어져야 하겠지만, 이러한 사업을 현재의 형태로 추진하기까지는 수많은 전문가와 이해 당사자, 그리고 정부 부처가 수년에 걸쳐 고민하였다는 점을 상기하여야 한다.

추진 과정에서 국민의 가치 판단에 변화가 있었다면 기본 정책 노선을 가능한 한 존중하면서 새로이 발견된 문제점을 보완하는 기본 원칙을 세워 나가야 한다. 이의가 제기된다고 기본 틀을 바꾸기 시작한다면 전진은 불가능하다.

물론 대범한 보완이 뒤따라야 한다. 최고의 공법은 물론이거니와 사업을 원상으로 돌릴 경우 발생하는 손실에 버금가는 추가 투자를 각오해야 한다.

아울러 정책 갈등에는 국회가 나서야 한다. 이해 당사자가 정부에 제기하는 문제를 행정부에 맡겨 두어서는 안 된다. 행정부는 책임의 당사자가 아닌가? 그리고 한국의 관료제는 사회적 갈등을 해소시키기에는 아직도 경직성이 강하다.

이러한 활동에 이어서 대통령을 정점으로 하는 집권층에서는 정책 노선을 구체화하는 데 박차를 가해야 한다. 정책 노선이 분명해지면 국가적 관점에서 사회·경제적 갈등 해소책을 찾는 것이 쉬워진다. 또한 대통령의 결정 과정에서 전문가의 위상을 높여 나가야 한다.

이익 집단이나 정치 성향의 집단을 중시하면 공익을 구현하기 어렵다. 전문가들의 분야별 전문성 위에 국가적 관점을 제시할 수 있는 집권층의 결단이 시급하다.

현재 제기된 문제를 이러한 차원으로 접근하면서, 앞으로 제기될 문제에 대응해 다음과 같은 방책을 생각해 볼 수 있다.

먼저, 주요 국책 사업을 효과적으로 관리하기 위해 국책 사업 관리 기본법을 만들 필요가 있다. 이 법에서는 주요 국책 사업의 국회 동의, 정책의 기본 구상 및 효과적 집행과 성과 평가에 대한 기준 등과 정책 결정 과정 및 변경에 관련된 절차적 규정을 둘 수 있을 것이다.

이러한 입법적 조치는 정권의 변경과 국회의 구성 시기가 서로 엇갈리므로 사업의 계속성을 확보하는 데 유리하고, 이해관계 집단 간의 갈등을 타협과 협상으로 푸는 데 도움이 된다.

국책 사업의 결정과 집행 과정에 대한 대대적인 수술도 필요하다. 먼저 사업을 조사하고 성안하는 데 필요한 예산을 대폭 높게 책정하여야 한다. 일부 선진국에서는 이 단계에 필요한 예산을 사업 예산의 10%까지 사용할 수 있도록 하고 있다. 이 단계에서 이해관계 집단을 구체적으로 파악, 적극 참여하게 해 대립적 견해가 모두 토론될 수 있도록 해야 한다.

이렇게 제대로 만들어진 정책에 대해서는 명백하고 현존하는 문제가 발생하지 않는 한 역전하라는(U-turn) 요구를 할 수 없을 것이다. 그리고 일단 장고한 후 결정된 정책은 단기간에 집행 완료하는 재정 운용 전략이 필요하다.

선진국 중에서도 지혜로운 국가에서는 정책을 결정하기 이전까지는 장고를 하고 일단 결정하고 나면 선택과 집중의 원칙에 부합하는 투자를 통해 단기간에 사업을 완료하는 정책 관리 역량을 구축하고 있다.　　　　　　　　　　　　〈중앙일보 2003. 09. 22.〉

동북아 주도 위한 투자를

박영철

서울대 초빙교수, 국제대학원

노무현 정부의 동북아 중심 경제 추진 전략은 대외적으로는 한국과 중국, 일본이 참여하는 동북아 평화·경제 협력체 창설을 주도하는 것이며 대내적으로는 동북아 물류 금융 센터로서의 면모를 갖출 수 있도록 경제 체제를 개혁하고 정비하는 것으로 요약할 수 있다.

만일 3국의 공동체가 형성된다면 한국은 중국과 일본의 협조를 얻어 북한의 개발과 개방을 유도할 수 있고, 중국과 일본을 통합하는 거대한 시장에 참여하는 이득을 얻을 수 있다.

그러나 이와는 대조적으로 중국이나 일본은 공동체 참여로부터 얻을 가시적인 이득이 별로 없을 것으로 보인다. 중국의 입장에서 볼 때 3국 간의 협력으로 동북아의 평화가 정착될 것으로 기대할 수도 없을 것이며 3국 공동체의 필요성을 주장하면서 한일 자유 무역 협상을 시작하는 한국의 양면적인 전략도 이해하기 어려울 것이다.

미온적인 태도에 있어서는 일본도 별다를 바가 없다. 중국의 경제적 부상을 견제하면서 지역 내 입지를 확대하는 것이 일본의 대아시아 전략이라면 일본이 3국 공동체 설립에 그리 적극성을 보일 이유가 없는 것이다.

일부에서는 3국 공동체가 형성된다면 한국에 중국과 일본 간의 분쟁을 중재할 수 있는 역할이 주어질 것으로 기대하고 있으나 이는 현실성이 없는 희망 사항에 불과하다. 동남아국가연합(ASEAN)+3 지역 협력체의 운영에서 보더라도 한국은 중국과 일본의 이해가 상충되는 경우 아직까지 별다른 조정 역할을 하지 못하고 있지 않은가.

이처럼 중국과 일본의 태도가 미온적이라면 한국이 중국과 일본의 협조를 얻기 위해 어떠한 유인을 제공할 수 있을 것인가. 과연 한국에 3국을 결속할 수 있는 경제적 능력이나 정치적인 영향력이 있는가.

한국에는 일본과 달리 중국이나 북한의 개발을 위해 수백억 달러를 지원할 수 있는 능력이 없다. 중국은 재정적인 능력은 없지만 13억 인구의 거대한 시장을 개방할 수 있는 잠재력이 있다. 한국에는 경제적인 능력이 없을 뿐만 아니라 중국과 일본을 설득할 수 있는 도덕적 권위나 리더십이 있는 것도 아니다. 그러면 한국은 무엇을 앞세우고 무엇을 기반으로 하여 동북아의 평화와 번영을 주도할 것인가.

모든 대외 협력에 있어서 국익이 우선되어야 한다. 그러나 대외 협력이 국익에 도움이 될 수 있다면 이득에 상응하는 희생을 치를 준비도 돼 있어야 한다. 불행히도 외국인의 눈에는 한국의 공동체 제의가 중국과 일본의 힘을 빌려 북한을 개방하고 한반도의 긴장을 완화하며 물류 금융 서비스 수출을 늘려 국민 소득 2만 달러 목표를 달성하려는 지극히 이기적인 동기에서 출발한 것으로 비치고 있다.

유럽의 경제적인 통합을 달성하기 위해 독일은 많은 양보를 마다하지 않았고 참여국의 안정을 위해 막대한 재정 지원을 쏟아 부었다. 우리는 동북아 평화와 번영을 위해 얼마나 많은 대가를 치를 준비가 되어 있는가.

지금의 여건으로 보아 한국이 동북아의 평화와 번영을 주도할 수는 없다고 하더라도 그 능력에 걸맞은 역할을 찾을 수는 있다. 그것은 바로 3국이 공유해야 하는 공공재의 생산에서 주도적인 역할을 맡는 것이다. 3국 간의 경제적 인적 교류가 빈번해지고 확대됨에 따라 이제는 개별 국가의 힘만으로는 환경을 보호할 수 없고 범죄를 예방할 수 없으며 전염병 확산을 막을 수 없게 됐다.

이처럼 여러 형태의 공공 서비스의 공동 생산이 불가피해지고 있는 이상 한국은 3국 간 생산 공조 체제의 구축을 선도할 수 있을 것이다. 구체적인 예를 든다면 아시아 환경 보호 센터, 아시아 전염병 통제 센터, 아시아 식품 의약품 안전청, 아시아 표준 연구 제정 센터 등의 국제기구 설립을 주도할 수 있을 것이다.

이러한 전략은 정치적으로 화려하지도 않으며 인기도 없고 3국 간의 협조도 용이하지 않은 반면, 상당한 재정적인 희생을 요구하는 부담이 있다. 그러나 이러한 조그마한 시작에서부터 중국·일본과 신뢰와 신의를 쌓아 간다면 한국은 동북아에서 새로운 역할을 찾을 수 있을 것이며 점차 커다란 영향력을 행사할 수 있을 것이다.

〈동아일보 2003. 10. 06.〉

한일 FTA, 멀리 크게 보자

안충영

중앙대 교수, 경제학과 · 전 대외경제정책연구원 원장

1990년대 후반부터 지역 단위, 혹은 쌍무적인 자유 무역 협정 (FTA) 체결이 전 세계적으로 확산되고 있다. 뜻이 맞는 나라들이 속속 경제적 국경을 허물어 가고 있다. 우리나라도 4년여에 걸친 협상 끝에 칠레와 FTA를 체결했다. 20일 태국의 방콕에서 열리는 아시아 태평양 경제 협력체(APEC) 정상 회의에서는 한국과 일본 간 FTA 공식 협상 개시가 발표될 예정이다. 이로써 한국은 '개방형 통상 국가'로서 급격히 재편되는 동아시아 경제 판도에 능동적으로 대처하는 입지를 굳히게 되는 셈이다.

한일 양국은 자동차 반도체 철강 조선 등 중화학 공업 분야의 세계적인 생산 기지이므로 한일 FTA는 동북아는 물론 세계 경제 지도에 상당한 영향을 미칠 것이다. 한일 FTA 체결 시 우리나라는 일본의 자본재와 경박단소(輕薄短小) 제품에 대한 선호로 단기적으로는 무역 역조, 산업 구조 조정 등의 측면에서 어려움이 예상된다. 그러나 중장기적으로 외국인 투자의 유입과 일본으로부터의 기술 이전이 확대될 것이며 일본의 비관세 장벽이 개선될 경우 우리 상품과 각종 서비스 산업의 대일 진출이 확대돼 상당한 경제적 이익을 볼 수 있을 것으로 예상된다. 또한 한일 FTA는 국내 경쟁을 촉진해 우리 산업의 수준을 한 단계 끌어올릴 수 있는 기회가 될 수 있다.

지난 5년 동안 양국 국책 연구 기관이 중심이 된 한일 FTA 공동 연구, 업계 간 비즈니스 포럼, 산(産) 관(官) 학(學) 공동 연구회 등의 순으로 한국과 일본은 양국 간 FTA 논의를 발전시켜 왔다. 한일 FTA에 대한 산관학 공동 연구회의 활동이 종료된 만큼 양국 간 FTA 논의는 이제 협상 단계로 전환돼야 한다. 지금까지의 연구와 논의가 도상 훈련이었다면 지금부터 시작되는 협상은 우리 국익을 최대화해야 하는 실전(實戰) 상황이다.

한일 FTA가 체결돼 일본이 비관세 장벽을 해소하고 기술 이전 및 대한(對韓) 투자를 확대하면 우리는 상당한 이익을 실현할 수 있다. 이는 일본의 적극적인 협조 없이는 불가능하다. 양국 협상 당사자는 이 점이 양국 간 FTA 성공 여부의 키워드라는 점을 인식해야 할 것이며 특히 일본 측의 전향적 자세가 FTA 타결에 절대적으로 필요하다. 우리는 앞으로 이들 세부 영역에 대한 체계적 연구와 실질적인 검토를 거친 뒤 협상에 임해야 한다.

한일 FTA는 대(對) 동남아 국가 연합(ASEAN) FTA 및 한중일 FTA의 추진, 더 나아가 동아시아 경제 통합에 기여할 수 있도록 하나의 전형으로서 설계돼야 한다. 우리의 제1교역 상대국인 중국이 제안한 한중일 FTA 논의에 적극 참여하고 경제 및 안보 파트너인 미국과의 관계도 강화시켜 나갈 필요가 있다. 한미 상호 투자 협정 (BIT)을 조기에 타결하고 한미 FTA에 대한 논의도 시작할 필요가 있다. 한일 FTA를 계기로 우리는 전방위적 FTA 네트워크에 참여해야 한다.

한일 양국은 2005년까지 협상을 타결하고, 이 협정을 발효시킬 계획이라고 한다. 한일 FTA의 경우 농업에 대한 우려가 없다는 점에서 협상이 신속하게 진행될 수 있다. 협정 타결 목표 시한을 설정하는 것은 양측의 적극적인 협상 참여를 이끌어 낼 수 있다는 장점이 있으나, 협상력이 뒷받침되지 않을 경우 부실한 협정으로 귀착될 수 있다는 점을 명심해야 한다.

한일 FTA는 한국 경제 발전사에서 우리나라가 개방 체제에 본격적으로 진입한다는 의미를 지니고 있다. 이를 내실 있게 추진하기 위해서는 정책 패러다임도 획기적으로 수정돼야 할 것이다. 우선 이미 타결된 한-칠레 FTA부터 조속히 국회에서 비준 동의를 해줘야 한다. 한일 FTA를 우리 경제의 새로운 도약으로 활용하기 위해서는 우리 자신의 노력이 기본 전제가 돼야 함은 말할 나위가 없다. 노사 관계를 비롯한 비즈니스 환경을 획기적으로 개선하고 우리 산업의 경쟁력을 제고하는 노력이 수반될 때 외국인 투자도 유입될 것이고, 우리 정부가 추진하는 동북아 경제 중심 구축 및 국민 소득 2만 달러도 실현될 수 있을 것이다. 〈동아일보 2003. 10. 14.〉

아시아 채권 시장에 대비해야

이창용

서울대 교수, 경제학부

ASEAN(동남아시아국가연합)+3 재무차관 회의가 아시아 채권 시장 활성화를 주제로 28일 서울에서 열릴 예정이다. 한국 정부 주도로 이 모임이 시작되었음에도 불구하고 이를 아는 사람은 많지 않은 듯하다. 정치 자금 수사, 특검, 총선 등 굵직한 정치 문제로 인해 경제 이슈가 관심 밖으로 밀려났기 때문이다.

그러나 우리와 달리 숨 가쁘게 뛰고 있는 각국 대표들을 보고 있으면 제자리걸음을 하고 있는 우리 경제가 안타까울 따름이다.

이번 회의의 주요 목적은 아시아 채권 시장을 활성화하자는 것이다. 아시아 채권 시장 활성화 논의는 그간 여러 차례 반복되었지만 이제까지는 말잔치로 끝난 경우가 대부분이었다. 원론에는 찬성하나 어느 나라 주도로 어디에 관련 기구와 시장 인프라를 설립할지 논의할 때가 되면 각국의 이해 대립으로 더 이상의 진전이 없었다.

그러나 올해는 회의 분위기가 크게 달라졌다. 이전과는 달리 말잔치를 넘어 실행 방안에 대해 구체적 논의가 진행되고 있다.

이러한 변화는 외환 위기를 경험한 아시아 각국들이 채권 시장 육성에 관심을 갖게 되었기 때문이다. 외환 위기 이후 아시아 국가들은 위기의 재발을 막고자 의도적으로 외환 보유액을 늘려 왔다. 특히 동아시아 국가들의 수출이 큰 폭으로 증가한 것 또한 외환 보유액 증가에 일조했다. 그 결과 현재 아시아 국가들은 전 세계 외환 보유액의 50% 이상을 보유하게 되었다.

그러나 아시아에서는 채권 시장이 발달하지 못해 마땅한 투자 대상을 찾기 힘들기 때문에 이들 국가는 늘어난 외환 보유액을 미국 국채에 집중 투자하고 있다.

이렇게 선진국에 투자된 아시아 자본은 다시 선진국 금융 기관을 통해 아시아의 주식 매입 및 직접 투자로 사용되고 있는 것이 현실이다.

즉, 땀 흘려 벌어들인 아시아 자본이 선진국 투자가 손을 빌려 재투자되기 때문에 수익 중 일부가 유출되고 있는 셈이다. 또한 아시아 경기가 불안해져 이들 국가가 한꺼번에 달러 자산을 매각할 경우 스스로 보유 자산의 가치를 떨어뜨릴 가능성도 커졌다. 이런 문제를 인식한 아시아 각국들이 채권 시장 활성화를 적극적으로 논의하게 된 것이다.

회의의 주최국으로서 우리는 참가국의 개별적 이해관계에도 관심을 두어야 한다. 일본은 이번 기회를 통해 아시아 금융 시장에서 엔화 거래의 비중을 높이고 싶어 한다. 태국은 금융 협력을 주도함으로써 은퇴한 말레이시아의 마하티르 총리의 뒤를 이어 동남아 국가의 새로운 리더가 되고자 한다. 홍콩과 싱가포르는 한발 앞선 금융 시장을 발판으로 역내 금융 허브가 되는 실리를 추구하고 있다. 중국 또한 일본 주도의 아시아 금융 시장 재편을 좌시하지 않을 것으로 보인다.

우리는 일본과 중국 사이의 정치적 틈새 지위를 이용하는 한편 외환 위기 이후 국채 시장을 성공적으로 활성화시킨 경험을 수출한다면 향후 논의를 주도할 수 있을 것이다. 이번 회의가 그간 말로만 언급되었던 동북아 금융 중심지로 우리 경제를 도약시킬 계기가 될 수 있다는 뜻이다.

앞으로 한국의 참여 정도에 관계없이 아시아 채권 시장 육성 논의는 급진전할 것이다. 그 결과 조만간 금융 시장 개방 및 규제 완화, 예탁 결제 제도와 같은 인프라의 국제 연계 등 실행 방안이 구체적으로 논의될 예정이다. 이에 적극적으로 참여하고 있는 아시아 각국들에 실리를 빼앗기지 않으려면 국내 시장의 내실을 다지는 한편 경제 금융 외교에도 관심을 가져야 한다. 주변 국가들은 발벗고 뛰고 있는데 정치 싸움, 이념 논쟁에 매달려 우물 안 개구리로 남지 않을까 걱정이 앞선다. 〈조선일보 2003. 11. 21.〉

토지 공개념제 정착되려면

서순탁

서울시립대 교수, 도시행정학과

2001년 이후 지난 9월까지 아파트 가격은 전국적으로 45.9%나 올랐고, 서울은 59.3% 이상 상승했다. 특히 강남은 서울 평균보다 15% 정도 높게 상승해 이른바 불패 신화를 만들어 냈다. 신화를 통해 우리는 정부 대책에 대한 불신과 부동산에 대한 기대 심리의 확대 재생산을 또 한 번 경험했다.

웬만한 부동산 대책 투기에 무력

부동산 투기는 1970년대부터 주기적으로 반복됐고, 이때마다 부동산이 가장 안전하고 수익성이 큰 재테크 수단이라는 점이 일반 국민의 뇌리에 각인됐다. 여기에 최근 저금리로 인한 풍부한 유동성은 부동산 거래를 통한 자산 축적 시도를 다시 한 번 촉발시켰고, 가격이 더 오를 것이라는 기대 심리 앞에 정부의 대책은 무력했다.

지금까지의 경험으로 볼 때 조건이 충족되면 언제든지 부동산 투기가 재현된다는 점과 웬만한 정부 대책은 무력할 수밖에 없다는 결론이 나온다. 결국 강력한 공개념제를 통해 막대한 불로 소득의 사유화를 차단하지 않고서는 사회 통합과 국민 주거 안정은 불가능하다 할 것이다.

급기야 정부는 10월 29일 토지 공개념적 요소가 강한 주택시장 안정 종합 대책을 발표했다. 종합 부동산세의 시행, 보유 과세 과표 현실화, 1세대 다주택자에 대한 양도세 중과, 주택 거래 신고제 도입 등이 바로 그 예이다.

여기에는 부동산 과다 보유와 투기 행위에 대한 과세를 강화하여 부동산의 공공성을 높이고 부동산을 통한 투기적 이익을 철저히 차단한다는 정책 의지가 담겨 있다.

정부는 또 주택시장이 안정되지 않을 경우 분양권 전매 금지 제도의 전국 확대, 토지 거래 허가 기준 강화, 재건축 아파트에 대한 개발 이익 환수, 주택 거래 허가제 도입 검토 등 강력한 조치를 추가할 방침이다. 미약하지만 이 땅에 토지 공개념의 정책 기조가 부활되고 있다고 볼 수 있다.

그러나 이 제도가 정착되기 위해서는 풀어야 할 과제가 많다.

먼저 세제 중심 부동산 대책의 한계를 고려해야 한다는 점이다. 양도 과세 강화는 공급을 감소시켜 가격 상승을 초래할 수 있으므로 시장 안정에는 한계가 있다. 따라서 양도 과세를 다소 낮추고 보유 과세를 강화하여 공급 확대와 가격 안정을 유도할 필요가 있다.

그러나 보유 과세를 강화할 경우 전세 가격으로의 전가 문제와 지역 간 재정 격차 심화 문제를 최소화할 수 있는 선행 장치를 마련해야 한다.

둘째, 부동산 실거래가를 확보하기 위한 기반 구축 방안이 마련되어야 한다는 점이다. 1단계 대책에는 실거래가 과세를 위한 중개업소의 전자 신고 의무화 방안이 제시되고 있으나 얼마나 실효성이 있을지 의문시된다.

따라서 실거래가를 등기부 등본에 기재하도록 할 필요가 있다. 이런 방식은 모든 부동산의 실거래가 확보뿐만 아니라 매도자와 매수자의 이해관계를 상반시켜 제도의 실효성 제고에 기여할 것이다.

보유 과세 강화 등 추진을

셋째, 최근 주택 가격 급등의 주범이라 할 수 있는 아파트 재건축 사업의 개발 이익 환수 방안과 분양가 관리 방안이 구체적으로 제시되어야 한다는 점이다. 이것은 아파트 중심의 주거 문화가 더욱 확대될 것이므로 이에 대한 대비책의 의미를 갖는다.

현행 개발 부담금제를 확대 적용할 경우, 개발 기대 이익이 사업 인가 시점 이전에 많이 반영되므로 시점을 앞당겨 적용해야 한다. 또한 분양가 규제 문제는 공공 부문이 택지 개발 사업 등을 통해 택지를 조성하여 시장 가격 이하로 공급하는 경우에 한해 분양 가격을 공개하도록 하는 것이 바람직할 것이다. 〈한국일보 2003. 12. 02.〉

자신감이 필요한 한국 경제

전주성

이화여대 교수, 사회과학부

세계 경제가 회복세에 들어섰는데 우리 경제만 오리걸음을 하고 있다. 소비와 투자가 받쳐 주지 않는 상황에서 수출만으로 성장을 이끄는 데는 한계가 있다. 수출은 해외 경기 덕분이라 치고 내수 시장이 얼어붙은 이유는 무엇일까. 세금을 깎고 금리를 내려 줘도 소비와 투자가 늘지 않는다면 가격 요인보다는 시장의 불확실성이 문제일 가능성이 크다.

소비의 경우 가계 부채 탓을 하지만 빚이 많다고 무조건 씀씀이를 줄이는 것은 아니다. 이자와 원금 갚아 나갈 능력이 있다고 믿으면 소비 수준을 급격히 변동시키지 않는 것이 합리적인 소비자의 행태다. 그런데 이 조건이 충족되지 않을 정도로 시장의 불안감이 큰 것이다. 투자와 생산 활동이 왕성하면 금리가 다소 올라도 소득 향상에 대한 기대감 때문에 봉급 생활자의 소비가 늘 수 있다. 자영업자들의 사업도 나아질 것이고 금리 생활자들도 한시름 놓을 것이다. 결국 소비 진작을 위해서는 기업 투자 활성화가 급선무다.

기업들이 불안해하는 원인은 좀 더 복잡하다. 불편한 노사 관계나 정치 불안 및 부패가 기업들에 부담이 되는 것은 사실이지만, 그렇다고 특별히 새로운 현상도 아니다. 문제는 위기 이후 정경 유착의 고리가 흔들리며 기업들이 비정상적으로 돈을 벌 기회가 줄었다는 데 있다. 생산성 향상 등 정상적인 수익 창출 능력은 답보 상태인데 경제 외적 비용은 그대로 남아 있으니 힘든 것이다.

나아가 시장 개방의 여파로 기업 활동에 따른 위험은 증가했는데 이를 흡수해 줄 장치는 약화됐다. 적당히 봐주던 은행도 사라졌고 계열사 간의 내부 거래에도 한계가 있다. 따라서 과거처럼 차입 경영에 의존하기 힘들다. 그렇다고 안정적인 투자 재원을 조달할 만큼 주식 시장이 성숙한 것도 아니다. 한마디로 옛날의 사업 방식을 대체할 대안을 찾지 못한 엉거주춤한 상태인 것이다.

정부라도 나서 중심을 잡아 주면 좋을 텐데, 공적 자금을 다 쓴 이후 금융 개혁과 기업 투자 촉진을 위한 이렇다 할 정책 이니셔티브가 없다. 신용 카드사 처리에서 보았듯이 정부 역시 과거의 방식에 어정쩡하게 매달려 있는 형편이다. 다른 정책 분야에서도 우선순위와 일관성 없는 정책 집행으로 정부가 시장의 불확실성을 오히려 키운 사례가 적지 않다.

한국 경제를 바로 세우려면 발상의 전환과 효과적인 리더십이 필요하다. 몇 가지만 제안하자. 우선 검찰은 이번 기회에 정치 비자금을 최대한 파헤쳐야 한다. 비자금 수사 때문에 경제가 위축된다는 것은 비겁한 변명이다. 정치인에게 돈을 줘봤자 실속 없이 피해만 본다는 인식이 굳어야 기업도 살고 경제도 산다. 이와 함께 공정위와 금감위는 기업 개혁과 금융 개혁의 확실한 청사진을 제시해야 한다. 부분적인 개선책이 아니라 근본적인 제도 개혁의 비전을 보여야 시장의 신뢰를 얻는다.

정책의 차원에서 특히 창의성이 필요한 부분은 재정과 통상이다. 기업 혁신의 유인을 제공하고, 외부 충격을 흡수해 거시 환경을 안정시키며, 적절한 복지 정책으로 사회 안정을 이루는 일을 정부 재정의 한 틀에서 이루려면 큰 폭의 정책 전환이 필요하다.

노동과 교육 같은 인적 자원 정책도 재정과 연계해야 한다. 개방 정책은 말보다 전략이 앞서야 한다. 경제 특구와 자유 무역 협정은 더도 말고 하나씩만 제대로 해보자. 제조업의 해외 진출은 곧 산업 공동화라는 생각도 버려야 한다. 이를 시장 선점, 무역 수지 개선, 기술 혁신의 기회로 삼는 적극성이 필요하다. 국내 투자 환경이 개선되면 누가 나가든 개의할 바 없고 외국 기업이 안 온다고 안달할 이유도 없다.

끝으로, 힘 있는 경제 팀을 보았으면 한다. 현 정부 들어 권력의 힘을 스스로 자제한 것은 잘한 일이지만 이것만으론 부족하다. 밖으로 여론을 이끌고 안으로 관료를 움직이는 비전과 리더십을 기대한다. 정부부터 자신감을 보여야 기업가와 소비자도 힘을 얻을 것이다.

〈중앙일보 2003. 12. 07〉

미래의 직업 찾아 나서자

강순희
중앙고용정보원 원장

중앙고용정보원이 최근 발간한 「2004 학과 정보」에 따르면 법학과 등 전통적으로 인기 있는 학과의 취업률이 상대적으로 낮고 사범 계열이나 공학 계열의 취업률이 높은 것으로 나타났다. 특히 직장인을 대상으로 5년 후 일자리 전망을 조사한 결과 지금 인기 학과보다는 특수교육학과 간호학과 응용예술과 컴퓨터통신학과 등이 더 유망할 것으로 나타났다.

이런 현상은 실제 노동 시장에서도 나타나고 있다. 국가 고용 정보망인 워크넷(www.work.go.kr)의 구인 구직 통계에 따르면 10월 기준으로 청년층과 고학력자의 경우 영업 사무, 제품 조립, 기계 공학, 토목 설계, 생산 및 품질 관리 등의 직종은 일자리는 많지만 사람이 모자라 취업이 용이한 직종이다. 이들 분야의 전공을 선택했다면 요즘 같은 청년 실업난 속에서도 비교적 쉽게 일자리를 구할 수 있다는 얘기다.

이런 현실은 우리 사회 직업관의 변화를 의미하는 초기 시그널로 볼 수 있다. 미래의 직업 세계는 세계적으로 디지털 기반 서비스화 및 소프트화를 큰 흐름으로 해서 변화할 전망이다. 당장은 정보 기술(IT), 교육, 문화, 예술, 보건 관련의 직업이 일자리나 수입 면에서 유망할 것으로 보인다.

11월 현재 우리나라의 만 15세부터 29세까지 청년층 실업률이 8%를 기록해 전체 실업률의 두 배를 넘었다. 청년 취업난은 인력 수요보다 공급 쪽에 문제가 있기 때문에 경제가 호전되더라도 쉽게 완화되지 않을 전망이다. 신규 노동 시장 진입자 가운데 전문대 졸 이상의 비중이 1990년 35.6%에서 지난해 75.4%로 증가한 것에서 보듯 고학력자의 공급이 지나치게 빨리 늘고 있다. 더욱이 대학의 교과 과정은 산업 현장과 따로 놀고 있으며, 정작 인력이 필요한 이공계 분야는 학생들이 기피하고 있다. 대학수학능력시험에서 자연계 지원 비율이 1998년 42.4%에서 지난해 26.9%로 낮아졌다. 이렇듯 대졸자의 과잉 공급과 질적 및 분야별 수급 불일치가 청년 실업난의 주요 원인인 것이다.

이런 현실이 시사하는 바는, 앞으로 대학이나 학과 선택을 앞둔 청소년이나 수험생들은 '졸업＝실업'이 되지 않도록 취업 시장의 변화를 고려해 진로를 선택해야 한다는 것이다. 당장의 인기나 유행을 떠나 졸업 후 사회에 진출할 5년이나 10년 뒤의 노동 시장 변화를 살펴야 한다. 의대 진학을 위해 이공계 합격을 포기하고 재수를 선택하는 학생이 많다고 하는데, 이미 의료 시장의 포화 상태와 수입 감소가 나타나고 있음을 감안할 때 6~7년 뒤면 이는 아주 잘못된 선택이었음이 증명될 수도 있다.

다행히 최근 진로 및 직업, 학과 선택과 관련된 정보가 풍부하게 나오고 있다. 워크넷에서는 학과별 취업 전망뿐 아니라 우리나라 1만여 개의 직업을 수록한 「한국 직업 사전」, 직업의 전망을 담은 「한국 직업 전망」 등의 자료를 볼 수 있다. 한국직업정보시스템(http://know.work.go.kr)에서는 직업을 선택하기 위해 갖춰야 할 역량과 그 직업의 전망을 제시하고 있으며 한국직업능력개발원의 「미래의 직업 세계 2003」도 학과별 진출 분야 및 직종을 자세히 담고 있다.

미래의 직업 세계에 능동적으로 대응하기 위해서는 무엇보다 청소년 단계에서부터 노동과 직업, 직장 세계 등에 대한 체계적인 지도와 학습이 필요하다. 현재 직업 사전에 나온 한국의 직업 종류는 1만여 개에 이르지만 얼마 전 고등학생 대상의 조사 결과를 보면 이들이 희망하는 직업의 수는 272개에 불과했다. 그나마 응답자의 50%는 변호사, 의사, 교사 등 전통적인 17개 직업을 집중적으로 선호했다.

학교는 진로와 직업에 대한 체계적인 교육을 위해 관련 교과 과정을 마련하고, 전담 교사의 전문성을 제고해야 한다. 아울러 학부모들도 변화하는 직업의 세계에 대해 공부해 가정에서 적절하게 지도할 필요가 있다. 청년 실업은 가정 및 사회와 학교, 국가와 개인 모두의 체계적인 대응을 통해서만 근본적으로 해결될 수 있다.

〈동아일보 2003. 12. 17.〉

은행 산업, 토종·외국계 조화를

이병윤
한국금융연구원 연구위원

우리 민족은 예로부터 외세의 침략을 많이 받아 온 데다 일제에 의해 36년간 통치를 받아 온 역사도 있어 대체로 외국에 대해 배타적인 성향을 가지고 있는 것 같다. 이러한 성향이 우리만의 단결력으로 표출되어 올림픽이나 월드컵 같은 국가 대항전에서 뜨거운 열기로 뿜어져 나오는지도 모르겠다. 이런 우리에게 최근에 은행 산업을 중심으로 외국 자본의 진출이 늘어나는 현상은 일종의 거부감으로 다가올 수도 있다. 실제로 외환위기 이후 외국 자본은 제일은행, 외환은행 등을 인수하면서 활발하게 국내 금융 산업에 진출하고 있으며 이에 따라 여기저기서 우려의 목소리가 나오고 있다.

함께할 외국 자본 엄선해야

이러한 걱정과 우려의 핵심은 금융 시스템 안정성의 저해 가능성에 대한 것이다. 즉, 철저하게 주주 이익 중심으로 움직이는 외국계 은행이 금융 위기 상황이 닥치게 되면 손실을 줄이기 위해 손절매를 해서라도 한국에서 빠져나가 금융 시스템 위기를 증폭시키지 않을까 하는 우려가 있는 것이다. 또한 신용도가 별로 높지 않은 국내 중소 기업이나 서민들에 대한 금융 서비스가 위축될 가능성도 제기되고 있다.

하지만 외국 자본의 국내 진출이 확대되면 서비스 경쟁에 의한 양질의 금융 서비스 제공, 선진 금융 기법 전수 등이 이루어지고 국제 기준에 입각한 외국계 은행의 관행이 반영되면서 각종 금융 관련 법규, 제도, 감독 기법 및 인프라 등이 선진화되는 긍정적 측면도 있다.

이처럼 외국 자본 국내 진출 확대의 긍정적, 부정적 효과가 혼재하는 가운데 글로벌 시대에 외국 자본의 국내 진출을 거부할 수 없는 추세라고 한다면, 결국 관건은 그에 따른 장점을 극대화하고 단점을 최소화하는 방안을 찾아내는 것이라 하겠다.

이를 위해서는 먼저 국내에 진출하려는 외국 자본에 대한 면밀한 적격성 심사를 통해, 선진 금융 기법을 가지고 우리 금융 시장에서 장기적으로 영업을 수행하면서 우리 금융 시스템과 생사고락을 같이할 금융 자본을 찾아내는 것이 중요한 과제가 될 것이다.

또한 정부의 은행 지분 매각 시 국내 자본에게도 기회를 주어 우리나라 은행 산업이 외국계와 국내계가 상호 견제를 통해 균형적으로 성장해 가는 구도를 만들어 나가는 것이 필요하다.

이와 관련해 최근에 다시 산업 자본이 은행을 인수할 수 있도록 해주어야 하는 게 아니냐는 목소리가 나오고 있다. 하지만 이는 우리에게 악몽과 같았던 외환 위기의 교훈을 망각한 주장이 아닌가 생각된다.

은행의 중요한 역할은 기업 구조 조정이다. 은행은 기업에게 대출을 해주고 기업이 부실해질 경우 대출 회수를 통해 부도를 유도함으로써 부실 기업을 시장에서 퇴출시키는 소위 시장에 의한 구조 조정의 주체가 된다. 우리가 외환 위기를 맞은 것도 은행들이 이러한 역할을 제대로 수행하지 않아 부실 기업이 퇴출되지 않음으로써 부실이 누적되었기 때문이다.

이처럼 기업 구조 조정의 주체인 은행을 기업 구조 조정의 대상인 기업이 인수한다면 은행을 소유한 기업이나 그 계열 기업이 부실해졌을 때 이들이 제대로 퇴출되면서 시장에 의한 구조 조정이 이루어질 수 있을 것인가. 아마도 그러기가 어려울 것이며, 그렇다면 우리는 다시 한 번 금융 위기를 맞게 될지도 모른다.

국내 금융 전업 자본 육성 필요

따라서 현시점에서는 정부의 은행 지분을 인수할 수 있는 금융 전업 자본을 육성하는 것이 우리 경제와 금융의 백년대계를 위해 바람직한 방향이다. 그 방법은 최근에 논의되고 있는 사모펀드의 형태도 될 수 있고 연·기금의 활성화도 될 수 있을 것인데 그 구체적 방안에 대해서는 향후 더욱 진지한 논의가 이루어져야 할 것이다.

국민들도 이제 외국계 은행의 국내 진출 현상을 마치 국가 대항 축구 경기를 보듯이 우리 편과 상대 편으로 가르는 시각으로 바라볼 게 아니라 우리에게 진정으로 이익이 되는 것이 무엇인지를 냉철하게 따져 보아야 할 것이다.　　　　　　　　〈한국일보 2003. 12. 17.〉

한국식 경제를 만들자

이찬근

인천대 교수, 무역학과

정치가 어렵고 경제는 더더욱 어렵다. 그리고 이런 어려움의 중심에 미국이 있다. 사사건건 미국이 압력을 행사하고 있다는 것만이 문제가 아니라, 매사 미국식을 따르고 추종하려는 엘리트 층의 사고 방식이 더욱 큰 문제다. 외환 위기 이후 지난 6년간 '글로벌 스탠더드'란 이름 하에 미국식을 전폭 수용한 결과가 그대로 드러났다. 기업들의 투자가 극도로 위축되었고, 국민들은 일자리 전망을 상실했다. 자본 시장이 전면 개방됨에 따라 기업들은 단위 개체로서의 수익성만을 중시하고, 주주들의 이익 챙기기에 급급한 나머지 그런 결과가 초래되었다.

소위 글로벌 스탠더드를 충족한다는 국내의 15~20여 개 우량 기업들은 주주들이 요구하는 단기적 수익성의 잣대를 맞추느라 중장기 투자를 꺼리는 입장이고, 글로벌 스탠더드에 미달하는 절대 다수의 기업들은 자본 시장과 은행으로부터 자금을 동원하기가 여의치 않다. 이런 상황에서 국내 제조 업종은 중국 공포에 시달리고 있고, 일자리 창출에 대한 기대는 무너져 버렸다.

결단코 투자 위축은 한국 경제를 절망의 끝으로 몰고 갈 것이다. 중국의 낮은 인건비에 대응하려면 고부가 가치화가 절체절명의 과제이고, 이것을 달성하려면 첨단 설비 투자, 연구 개발 투자, 교육 훈련 투자가 이루어져야 하는데, 투자의 길목이 막혀 버린 것이다. 결국 자본 시장이 요구하는 단기 수익성과 주주 가치 극대화가 경쟁력을 살리기 위한 중장기 투자의 관점을 말살시킨 것이다.

무분별 미국식 도입의 부작용

이로써 마땅히 흘러갈 곳을 찾지 못한 돈은 은행권이나 카드 업종을 통해 그저 가계 금융으로, 소비자 대출로 치달았다. 지난 김대중 정부는 투자 위축으로 인한 성장률 감퇴를 근본적으로 치유하려 하지 않고 소비를 부양해 그저 성장률 수치나 맞추는 기회주의적 정책으로 일관했다. 그 결과는 가계 대출 급증, 신용 파탄자 양산, 카드사 부실로 이어졌고, 금융권은 재차 유동성 위기에 빠져 들었다.

투자를 키워 일자리를 만들고, 일자리를 통해 얻은 소득으로 소비를 키우는 방식을 따르지 않고, 신용을 뿌려 허황된 소비를 부양하는 정책이 이 나라 경제를 망치게 한 것이다. 은행권의 기업 대출 대폭 축소와 가계 대출 집중 확대, 카드사의 길거리 모집 허용과 현금 서비스 한도 철폐, 그리고 카드 사용에 대한 세제 혜택은 모두 하나의 실타래에서 풀려 나온 난센스 경제 정책의 결과인 것이다.

이제 한국 경제를 되살리려면 다시금 중장기적 실물 투자를 확대해야 한다. 그리고 이를 위해서는 미국식 자본 시장의 논리, 즉 단기 수익성과 주주 가치에 경도된 자본 시장의 압력을 일정 수준 극복할 수 있도록 국민 경제 내의 고유한 위험 분담 체계를 마련해야 한다.

첫째로 중요한 것은 국적성을 갖는 금융 기관이 있어야 한다. 특히 국민들의 저축 자산을 관리하는 은행권과 투신권은 국민 경제 전체를 바라보는 시야를 가져야만 하고, 이를 담보하기 위해서는 선도적인 은행과 투신사에 대해 국적 자본이 지배 주주로 자리 잡아 안정 주주로서 기능할 수 있어야 한다.

둘째로 중요한 것은 재벌의 복합 경영의 장점을 살려야 한다. 그러기 위해서는 재벌의 지배권을 방어할 수 있는 특단의 조치를 마련해야 하고, 이를 통해 재벌에 고유한 내부 자본 시장을 작동시켜야 한다. 금융권의 리스크 관리가 강해질수록 투자가 어려워지므로, 재벌 내부의 리스크 분담 메커니즘을 강화함으로써 이를 보완할 필요가 있기 때문이다. 단, 경영에 실패한 총수에 대해서는 지배권의 박탈과 같은 엄격한 시장의 룰을 적용하되, 유사시 재벌을 국내적으로 인수할 수 있는 대안을 마련하는 것도 시급하다.

국적 자본 금융 기관 키워야

이상과 같은 정책 제언은 결코 대외 개방에 역행하는 것이 아니다. 이는 대외 개방을 원칙으로 수용하되, 국민 경제의 안정 운행을 위해 최소한으로 마련해야 할 국내적 안정 장치로 이해되어야 한다. 바로 이 점에서 개방 소국인 한국은 개방 대국인 미국과 달라야 하고, 또한 다를 수 있도록 제도와 정책의 상상력을 확보해야 한다. 그리고 이러한 방향 선회가 진정 가능하려면 그간 미국식 일변도를 주문해 온 한국의 엘리트 층은 뼈아픈 반성을 해야 한다.

〈경향신문 2003. 12. 29.〉

관광 사업 경쟁력을 높이자

유 건
전 한국관광공사 사장

이제 곧 새해가 온다. 금년은 실로 힘든 한 해였다. 경기 침체로 서민의 살림살이가 어려워지고, 이라크 전쟁, 중증급성호흡기증후군(SARS·사스) 발생 등은 가뜩이나 어려운 우리 경제의 회복을 더디게 하고 있다.

관광도 예외는 아니었다. 올 한 해 우리 관광은 30여 억 달러의 수지 적자를 기록할 전망이다. 불과 5년 전 국제 통화 기금(IMF) 구제 금융의 한파로 어려웠던 경제 상황에서 관광이 42억 달러의 흑자를 기록하면서 국가 경제에 커다란 보탬이 됐던 것을 생각하면 참으로 안타까운 일이다.

지금 한국 관광은 만성적인 적자 구조의 고착이냐, 아니면 국가 경제 발전의 성장 동력으로 재도약하느냐의 갈림길에 서 있다. 물론 작금의 관광 수지 적자의 원인을 세계 관광 시장이 위축되고, 내국인의 해외여행이 증가한 데서 찾을 수는 있겠지만 그렇다고 절대로 외부 환경 탓만 할 수는 없을 것이다.

이러한 위기에서 우리에게 필요한 것은 차분하면서도 대담하게 '나라를 새로 가꾸는 그랜드 디자인'과 같은 몇 년 후를 생각하는 대책도 중요하지만 아울러 지금 바로, 보다 많은 외국인 관광객을 유치하기 위한 가시적인 대책을 마련하고 전방위적으로 즉시 실행하는 일일 것이다.

현재 한국 관광은 여러 문제를 안고 있다. 중국의 만리장성이나 프랑스의 에펠 탑과 같은 대표적인 관광 상품이 없고, 디즈니랜드와 같은 대규모 위락 시설도 없다. 호텔을 포함한 관광 기반 시설이 부족하고, 사스, 북핵 문제 등으로 국내외 관광 환경 또한 좋지 않다.

해결해야 할 과제가 산적해 있는 게 우리 관광 산업의 현실이다.

이를 극복하기 위해서는 무엇보다 정부와 관광 관련 기관, 관광 업계, 그리고 국민이 하나가 되어 외국인 관광객 맞이에 정성을 다해야 할 것이다. 다행스러운 것은 최근 정부가 관광 업계의 어려운 여건을 감안하여 관광 산업의 경쟁력 강화를 위한 제도 개선책을 발표한 바 있다. 관광 호텔 부가세 영세율을 연장시키고, 관광 호텔에 산업용 전력 요금을 적용하며, 중국인 관광객에 대해서는 복수 비자 발급도 추진키로 하였다. 어려운 우리 관광 업계에 큰 힘이 될 것이 분명하다.

관광공사는 관광 업계에 실질적인 도움이 될 수 있도록 업계의 마케팅을 적극 지원하고, 일본·중국·대만 등 방한 수요가 높은 국가를 대상으로 집중적인 방한 유치 활동을 전개할 계획이다. 이들 시장에 대해 한류를 이용한 홍보 광고를 집중하고 온·오프라인을 통

142

한 다양한 마케팅을 강화하고 있다. 주요 관광 시장으로 부상하고 있는 중국인을 위한 먹을거리 개발 등 관광객 수용 여건도 개선해 나갈 계획이다.

한편 지자체는 다양한 문화유산, 독특한 축제와 이벤트를 매력 있는 관광 상품으로 만들어 우리나라의 볼거리를 제공하고, 여행사, 호텔 등 관광 업계는 서로에게 피해만 주는 무모한 경쟁에서 벗어나 선진화된 경영 노하우의 습득, 마케팅 개선 등을 통해 경쟁력을 쌓아가는 것이 필요할 것이다.

그리고 우리 국민들의 의식 전환 또한 매우 중요하다. 글로벌 시대를 살아가는 국민이라면 적어도 길을 헤매는 외국인에게 먼저 다가가 도와주는 여유와 기본 의식을 갖추어야 할 것이다. 관광 선진국으로 가는 길은 결코 어렵고 먼 길이 아니다. 생활 속에서 직접 실천할 수 있는 일이 얼마든지 있기 때문이다.

관광은 문화유산, 아름다운 관광 자원도 중요하지만 이보다 더 중요한 것은 바로 사람이기 때문이다. 잘 알려진 사실이지만 홍콩, 싱가포르 등 이른바 관광이 잘되는 나라는 한결같이 정부·지자체·업계·관광 전문 기관, 그리고 무엇보다 국민들의 관광에 대한 인식이 분명하다. 관광의 경제적 효과, 고용 창출 효과, 그리고 높은 부가 가치율에 대한 인식이 확실하고, 그래서 민과 업계, 그리고 관의 협력이 잘되고 있다.

여기서 필자는 '전 국민의 관광 요원화되기' 캠페인을 제의하며, 전국의 기초 자치 단체와 주민들이 '자기 지방 관광 가꾸기 운동'을 정성스럽게 전개할 것을 건의한다. 그리고 이 가운데 몇 개 군(郡)씩 한 묶음 관광이 되도록 협의체를 만들어 체계적인 개발을 추진할 것을 권장하고 싶다.

  새해부터는 우리 관광 산업이 다시 힘차게 도약하여 국가 경제 발전의 성장 동력이 되기를 간절히 소망한다.

〈문화일보 2003. 12. 30.〉

사회

건강 사회 만드는 1% 나눔

국제라이온스협회 고문

봉급 생활자들은 연말 정산 소득 공제 신고서를 쓰면서 어떤 생각들을 할까. 모르면 몰라도 한 해 동안 자신의 1년 수입과 카드로 쓴 금액과 의료비 등을 비교해 볼 것이다. 대충 자신의 수입 지출을 어림해 보는 한편 돌려받을 세금액이 얼마나 될지도 생각해 볼 것이다. 어쩌면 카드액 누계를 보고 새삼 깜짝 놀랄지도 모른다.

그러나 연말 정산서에서 그것들과 함께 진짜로 눈여겨봐야 할 항목이 하나 있다. 아래 부분에 숨어 있는 '기부금' 항목이다. 아마도 대부분의 봉급 생활자들은 기부금란은 빈 칸으로 놓아둘 것이다. 기부금이라는 말을 들으면 라이온스 같은 봉사 단체나 대기업들이 내는 것쯤으로 생각하게 마련이다. 그만큼 우리 사회는 아직도 기부 문화를 어떤 특정 그룹의 전유물로 생각하는 경향이 있다.

새해부터는 연말 정산 항목의 '기부금' 명칭을 '이웃을 위해 낸 성금'으로 풀어서 명기하면 어떨까 싶다. 항목 명칭이 바뀐다고 해서 갑자기 기부 문화가 보편화할 것은 아니겠지만 그 항목이 개개인의 봉급 생활자가 마음먹기에 따라서는 공란으로 남겨 두지 않을 수도 있다는 것을 암시해 줄 수 있을 것 같아서다.

이것은 하찮은 일처럼 생각될 수도 있지만 국세청에 제출하는 연말 정산서의 모든 항목이 자신과 부양 가족에 관한 것들인데, 이 가운데 유일하게 자기 가족이 아닌 불우 이웃을 위해 낸 성금 항목에 얼마라도 써 넣게 되는 순간, 자신이 사회적 연대 속의 한 사람이라는 것을 실감해 볼 수 있지 않을까.

경제가 어려울 때 우리는 신용 카드액을 연말 정산의 세액 공제 항목으로 설정하여 큰 도움을 받은 바 있다. 활발한 소비를 유도하고 세원을 넓혀 소비와 세수를 늘리는 데 기여했다. 마찬가지로 이웃을 위해 낸 성금도 세액 공제 혜택을 현행 수준보다 더 늘려 기부 문화를 장려한다면 건강한 사회 만들기에 큰 도움이 될 것이다.

불경에 '빈자(貧者)의 일등(一燈)' 이야기가 나온다. 기부금을 많이 내는 것이 중요한 것이 아니라 이웃을 위해 기꺼이 가난한 사람도 등 하나를 켜는 마음이 필요하다. 연말 정산서의 이 항목에 더 많은 봉급 생활자들이 적어 넣게 된다면 우리 사회는 곳곳의 어둠이 많이 사라질 것이다. 기부금이 적으면 적은 대로 세제 혜택을 크게 해서 더 많은 봉급 생활자들이 불우 이웃을 돌보는 마음을 표현할 수 있도록 해 주었으면 싶다.

언론은 누가 세금을 가장 많이 낸 사람인가, 분야별로 순위를 밝혀 독자의 관심을 끌기도 한다. 돈을 많이 번 사람이 세금을 많이 내는 것은 어쩌면 당연한 일인지도 모른다. 세금을 많이 냈다는 것은 우리가 한참 어렵게 살 때의 관심거리였다. 이제부터는 이런 단순한 호기심에 머무를 것이 아니라 우리나라 봉급 생활자의 몇 %가 성금을 냈는지, 그 총액이 얼마나 되는지, 어디에 쓰였는지 같은 것을 밝혀서 우리 사회가 자꾸 앞으로 나아가도록 유도했으면 한다.

오는 2월 25일 출범하는 노무현 정부는 개혁을 기치로 내걸고 있다. 여러 가지 낡은 제도와 법을 뜯어고치는 것도 중요한 일이지만 무슨 야단스러운 개혁이 아니라 국민이 추운 겨울에도 따뜻한 마음을 갖도록 하는 것이 개혁보다 뒤지는 순위는 아닐 것이다. 봉급 생활자들에게 있어 이웃을 위해 낸 성금란은 연말에 자신의 마음을 훈훈하게 해주는 항목이 되지 않을까.

꼭 국세청의 카드 사용하기 장려 탓이라고는 생각되지 않지만, 카드 쓰기가 남용으로 흘러 한쪽에선 은행의 부실을 걱정하기도 한다. 하지만 성금을 내고 개인이 파산하는 일은 결코 없을 것이다.

〈문화일보 2003. 01. 01.〉

누가 변해야 할까

조 은

동국대 교수, 사회학과

변절은 쉽지만 변신은 참 어렵다. 첫해를 여는 아침 문득 그런 생각을 한다. 계미년의 화두 중 하나가 '동반자 시대'라는 것을 보면서. 우리는 미국과도 동반자이기를 원하고 북한과도 동반자이기를 원한다. 그리고 동북아시아에서도 진정한 동반자 시대를 여는 한 해가 되기를 바라고 있다. 대외 관계에서뿐 아니라 대내 관계에서도 진정한 동반자 시대를 열고 싶어 한다. 영남은 호남과 동반자이기를 기대하고, 5060세대는 2030세대와 동반자이기를 바라고 있다. 남성과 여성 그리고 부부 또한 '진정한' 동반자가 되기를 꿈꾼다. 그러나 상대편의 변신이 없이는 힘들다. 누가 변신해야 할까.

이런 물음에 답하기 위해 지난 며칠 동안 우연히 연이어 듣게 된 우리 주변에서 일어난 일상적 이야기를 하고 싶다. 남성과 여성 그리고 부부가 맺고 있는 동반자 관계가 의외로 힘의 역학 관계를 가장 잘 보여 준다는 점에서. 첫 번째 이야기는 40대의 한 여교수가 길거리에서 겪은 사건이다. 성산대로를 달리다가 뒤따라오던 차가 갑자기 끼어들어 접촉 사고가 날 뻔했다. 상대편이 잘못했다고 손을 흔들면서 갈 줄 알았는데 오히려 차를 급정거시킨 뒤 무서운 얼굴을 하고 차 문을 열고 나오자마자 "당신 때문에 공무원 한 명 죽을 뻔했다"고 소리 지르면서 공무원증을 내보였다. 잘잘못을 따질 새도 없이 "따라오라"면서 경찰서 가는 길에 앞섰다. 어쩔 수 없이 따라나섰는데 몇 분 뒤 속도를 늦추고 옆으로 따라붙더니 창문을 열고 "따라오지 마라"고 소리쳤다. 여교수는 그때 오기가 생겨 그대로 따라붙어 달렸더니 상대편 운전자가 이제는 "왜 그냥 가라는데 안 가느냐"고 소리를 질렀다. 여교수의 해석은 이렇다. 40대 아줌마가 경찰서 가자고 하는데 겁도 안 내고 따라오는 것으로 보아 '뉘집 딸'이거나 '뉘집 부인'이 틀림없다고 생각했을 것이라고.

두 번째는 어느 집에서 일상적으로 일어나는 이야기다. 차관에서 물러난 남편을 둔 이 집의 부인은 그동안 참 안되어 보였던 독신 동창들이 그렇게 부러울 수가 없다. 집에 있게 된 남편은 "물 한 컵 떠 와"는 물론이고, 전화 번호도 안 주고 "○○에게 전화 좀 걸어"가 기본이다. 부인이 참다못해 몇 마디 했더니 "어디서 차관 앞에서 큰소리야"라고 윽박질렀단다. 이 이야기를 듣던 좌중은 "아니, 정말?" 하면서 실소를 금치 못했다. 남편들은 그것이 왜 우스운 일인지조차 모를지도 모른다.

내친김에 별로 새로울 것 없는 30대 직장 여성의 이야기도 해야겠다. 명문대를 나와 한국인들이 미국에서 가장 좋은 대학이라고 믿어 의심치 않는 대학에서 박사 학위를 받고 한국의 일류 기업 연구 팀에 들어가 열심히 일했는데도 학벌에도 시큰둥하고 자기의 업적에도 시큰둥하던 남자 동료들이 폭탄주를 자기들만큼 마시고 눈 하나 깜짝 안 했더니 그때야 감동받고 동료로 끼어 주는 눈치더라는 것이다. 동반자가 되는 것이 별로 어렵지 않을 것 같은 남성과 여성 그리고 부부 사이에 일어나는 일상의 해프닝이 써 놓고 보면 거의 우화 수준이다.

이 일상적 우화는 기실 우리와 미국 또는 미국과 북한이나 미국과 이라크 관계에 대입해도 별로 이상한 메타포가 아니다. 동반자라는 이름으로 저지르고 있는 자신들의 횡포를 강자들은 모른다. 자기들의 문법과 약호로 그동안 사회를 재단해 온 강자들은 대등하지 않은 동반자 관계가 얼마나 허구적인가도 모른다. 우리 또한 법과 질서가 반듯한 사회를 꿈꾸지만 때로 그 법과 질서가 강자들에게 반듯한 법과 질서였다는 사실을 모르는 수가 있다. 주종 관계로 포장된 동반자 시대는 끝났다. 무늬만 동반자인 시대도 갔다. 당장 변신이 어려우면 동반자 관계를 보는 생각이라도 변해야 한다. 생각이 잘 안 따라 주면 이들 관계를 바라보는 시선이라도 바꿔야 한다. 희생양이 없는 동반자 시대를 양의 해에 바라는 것이 지나친 욕심이 아니기를 빌어 본다. 〈한겨레신문 2003. 01. 06.〉

급격한 세대교체는 안 된다

이내영

고려대 교수, 정치외교학과

새 정부의 출범을 앞두고 정부와 정치권에서 세대교체 바람이 서서히 불고 있다. 50대 중반의 새 대통령이 당선됨에 따라 40대, 50대 젊은 인재들이 정부 요직에 대거 발탁될 것으로 예상된다.

이미 대통령인수위원회의 핵심 멤버들이 40대와 50대 초반의 학자들로 채워졌고, 정부 기관들에서 50대 중반 이상의 간부들이 퇴진 압력을 받고 있다는 소식도 들린다.

정치권에서도 패배한 한나라당은 물론 민주당 내에서도 정치 개혁 추진 과정에서 세대교체 요구가 거세다.

새로운 의식과 열정으로 무장한 대통령과 젊은 인재들이 정부와 정치권에 등용되는 것은 긍정적인 측면이 많고, 오히려 때늦은 감마저 있다.

많은 선진국에서 영국의 토니 블레어 총리처럼 40대의 지도자가 등장해 성공적으로 국정을 수행하고 있는 데 비해, 그동안 한국은 대통령은 물론 사회 전반적으로 연공서열이 지나치게 중시돼 사회 지도층의 연령이 비교적 높았던 것이 사실이다. 그 결과 세계화·정보화라는 시대의 변화에 대처하는 능력이 뒤떨어진 점이 없지 않았다.

세대교체의 필요성에 대해 공감하면서도, 앞으로 세대교체를 추진하는 방식과 속도에 대해서는 신중한 접근이 필요할 것으로 생각된다. 우선 50대 중반 이상의 공직자들이 단지 나이가 많다는 이유만으로 퇴진을 요구받는 것처럼 연령적인 기준으로 세대교체가 진행되는 것은 바람직하지 않다.

과거 관행·제도부터 고치자

노무현 후보가 당선된 것은 노 당선자가 이회창(李會昌) 후보보다 젊기 때문만은 아니었다. 국민들은 지역주의와 보스 정치로 대표되는 낡은 부패 정치를 거부하고 노무현 후보가 변화와 개혁을 약속했기 때문에 그를 선택했다.

따라서 과거의 관행과 제도는 바꾸지 않고 나이 든 세대를 밀어내고 젊은 세대가 그 자리를 차지하는 방식의 세대교체는 국민들이 원하는 새로운 정치의 모습이 아니다. 세대교체는 그 자체가 목표가 아니고, 새로운 정치를 위한 수단으로 추진되는 것이 바람직하다.

또한 급격한 세대교체는 많은 경험을 가진 유능한 인적 자원을 사장시킨다는 부작용도 크다.

새로운 사고와 에너지를 가진 젊은 세대가 한국 사회의 중심 세력으로 성장해 새로운 활력을 불러일으키는 것은 바람직하지만 인구의 30%에 달하는 50대 이상의 세대를 뒷전에 물러나게 하고 소외시키는 것은 바람직하지 않다.

젊은 세대들의 눈에 장·노년층이 냉전적 사고와 권위주의 문화로부터 자유롭지 않은 세대로 비치겠지만, 이들 세대는 전쟁과 가난으로부터 한국 사회를 이만큼 발전시킨 주역이고 한국 사회의 곳곳에서 리더십을 발휘하고 있는 세대다.

연공서열을 중시하는 위계적 사회의 폐해가 심각한 것과 마찬가지로 나이 많은 세대의 가치와 이념은 낡은 것이라는 경직된 생각도 잘못이다. 성숙되고 안정된 사회는 전통적 가치와 이념을 존중하면서도 새로운 비전과 변화의 요구에도 열려 있는 태도를 가져야 한다.

마지막으로 급격한 세대교체는 노무현 당선자가 약속한 통합의 정치에도 도움이 되지 않는다. 2002년 대선에서 확인된 것은 한국 사회가 여전히 지역·세대·이념 등 여러 차원에서 갈등과 균열이 만만치 않다는 점이다.

특히 이회창 후보를 지지했던 많은 노·장년층들은 노무현 후보의 당선에 낙담하면서 향후 노무현 정부의 국정 운영에 대한 불안감을 표출하고 있으며, 급격한 세대교체의 분위기에 대해서도 당혹해하고 있는 것이 현실이다.

장·노년층 경험 활용하길

따라서 새 정부는 세대 간 통합을 위해 장·노년층의 협조를 이끌어 내고 이들의 경험과 지혜를 국정 운영에 활용하는 적극적인 노력을 기울일 필요가 있다.

새 정부 출범을 앞두고 차기 정부의 주요 공직에 대한 인사가 줄지어 예정돼 있다. 경험과 연륜을 갖춘 장·노년층 세대와 새로운 시

각과 열정으로 무장한 젊은 인재들이 골고루 중용돼 새 정부가 21세
기를 이끌 새로운 리더십을 창출하고 이를 바탕으로 선진국에의 재
도약을 위한 힘찬 출발을 하기를 기대한다.

〈중앙일보 2003. 01. 09.〉

아버지와 모래시계

김상환

서울대 교수, 철학과

옛날 한 아버지가 가족의 모든 여자들을 독차지하고 살고 있었다. 그러던 어느 날 불만을 참지 못한 아들들은 아버지를 죽이고 여자들을 빼앗기로 한다. 하지만 부친을 살해한 후 아들들은 죄책감에 사로잡혀 동족의 여자와는 결혼하지 않기로 하고, 한 동물을 정해 살아 있는 아버지처럼 숭배하기 시작한다. 그리고 아버지의 기일마다 그 동물을 죽이고 피를 나누어 마시면서 자신들의 죄를 반성하고 형제간의 우애를 다짐한다.

이 이야기는 토템과 터부, 근친상간 금지와 족외혼 등을 비롯한 윤리적 규범 일반의 기원을 설명하기 위해 프로이트가 고안해 낸 신화다. 하지만 이 신화의 백미는 아버지가 죽는 장면이 아니라 다시 태어나는 장면이다. 아버지는 자식들의 후회와 애도를 통해 숭배의 대상으로 부활한다. 자식이 흘리는 속죄의 눈물이 클수록 아버지는 형

이상학적 인간으로 이상화되고, 그 결과 어떤 후손도 거역할 수 없는 영원한 권위를 누리게 된다. 프로이트에 따르면 한 사회의 규범적 전통이 시작되는 뿌리에는 이런 이상화된 아버지가 자리한다.

요즘 세대 갈등이 사회 문제로 불거지고 있다. 자신의 상식을 저버린 자식의 정치적 선택 앞에서 때로는 분노하고 때로는 패배감에 움츠러드는 아버지들의 목소리를 자주 전해 듣는다. 하지만 프로이트의 신화를 되돌아보면 이런 세대 전쟁도 우리 사회가 한번은 겪어야 했을 사건인지 모른다는 생각이 든다. 그것은 사회적으로 유의미한 최초의 부자(父子) 갈등이 표출된 사건이 아닐까.

물론 우리 사회가 세대 갈등을 이번에 처음 경험한 것은 아니다. 개화기 이래 한국 역사는 수많은 세대 갈등으로 점철되어 왔다. 가령 수구파와 개화파, 식민지 세대와 한글 세대의 알력을 꼽을 수 있다. 하지만 이런 사례를 떠나 압축 성장을 통해 오늘에 이른 우리 사회의 변동 과정은 연속성보다는 불연속성을 더 많이 띠었고, 앞뒤 세대 사이에는 언제나 메우기 어려운 문화적 차이가 있어 왔다. 그러므로 요즘의 세대 충돌은 우연하고 일회적인 현상이 아니라 사회 구조에서 비롯되는 필연적이고 반복적인 현상인 것처럼 보인다. 하지만 그 구조란 것을 가만히 들여다보면 상당히 기이하다는 것을 알 수 있다. 거기에는 아버지와 자식은 있어도 그 둘 간의 관계는 없다고까지 할 수 있다.

가령 5년 전 이맘때 유행하던 말을 기억해 보자. 그것은 '고개 숙인 아버지'였다. 외환 위기가 있었던 그전 해에는 『아버지』라는 소설이 기죽은 가장들의 위안이 되면서 경이적인 판매 기록을 세웠다. 산업화 세대의 전형인 이 소설의 주인공은 자수성가해 집안을 일으켜 세웠지만 가족 사진에도 자식들의 졸업 사진에도 빠져 있는, 따라서 자식의 마음에 부재하는 아버지다.

그전에는 TV 드라마 사상 유례 없는 시청률을 기록한 「모래시계」가 장안의 화제였다. 이 드라마의 주인공은 1980년대에 생산된 다른 문학 작품의 주요 인물들처럼 아비 없는 자식이고, 그 자신도 자식을 잉태한 애인을 남기고 형장에서 사라진다. 산업화 세대가 자식의 마음에 자리 잡지 못하는 아버지라면, 모래시계 세대는 아버지 없이 홀로 서는 자식이다. 이 둘은 고립적 인간이라는 공통점을 지닌다.

이 두 작품이 말해 주는 것처럼, 그동안 우리 사회는 대단히 특이한 세대 관계를 겪어 왔다. 아버지는 자식에게 무관심했고, 자식은 그런 아버지를 없는 것처럼 간주했다. 프로이트주의자 에리히 프롬은 사랑의 반대말은 증오가 아니라 무관심이라 했다. 사실 공유된 욕망이나 관심이 없다면 사랑도 증오도 없다. 애증은 유사한 감정이고 사랑과 증오는 언제든지 뒤바뀔 수 있다는 것이 많은 심리학자들의 관찰 결과다.

오늘의 세대 갈등은 분명 방치할 수 없는 심각한 문제임이 틀림없다. 하지만 부정적으로만 볼 필요는 없을 것이다. 그것은 우리 사회의 아버지와 자식이 어떤 공통의 욕망의 대상을 나누어 갖고, 따라서 서로에 대한 무관심에서 벗어나기 시작했음을 드러내는 사건인지 모른다. 요즘 자식 앞에 고개 숙인 아버지들은 이번의 좌절이 미래의 정상적 부자 관계를 위해 치러야 하는 값비싼 대가일 수 있다는 사실에서 위안을 찾고, 모처럼 찾은 자식에 대한 관심을 계속 지켜 가기 바란다.　　　　　　　　〈동아일보 2003. 01. 29.〉

'입'이 아니라 '머리' 탓

임성호

경희대 교수, 사회과학부

'대신 회초리 맞는 아이(Whipping boy)'라는 영어 표현이 있다. 궁정(宮廷) 교사로서는 왕자를 차마 직접 체벌할 수 없는지라 왕자 대신 벌받을 평민 아이를 곁에 둔다. 왕자가 공부를 태만히 하면 애꿎게 이 아이가 대신 회초리를 맞는다. 이처럼 어이없는 일이 꼭 옛날에만 있었던 것은 아니다. 요즘에도 더 큰 잘못을 한 강한 상대는 놔두고 다소의 흠이 있는 만만한 상대만 집중 공격하는 일이 비일비재하다.

송경희 청와대 대변인을 둘러싼 논란이 그 예이다. 여러 실수에 대한 책임을 물어 그를 교체해야 한다는 비난이 일고 있다. 물론 국정 상황에 대해 '모른다'는 답을 남발하거나, 민감한 사안과 관련해 잘못 발언한다면 마땅히 비판받아야 한다. 좀 더 신중히 발언해야 할 필요가 있다.

정책 결정 혼선이 문제

그러나 미숙한 브리핑과 잦은 말실수를 그의 탓으로만 돌릴 수 있을까. 여러 문제점의 근본 원인이 전적으로 송 대변인의 개인적 하자에 있다고는 생각하지 않는다. 누군가 다른 사람이 대변인을 맡으면 사정이 좋아질지에 대해서도 회의가 앞선다.

요즘 상황을 보자. 아직 새 정부의 국정 방향이 명확히 정립되지 않았다. 운영 틀도 확고히 제도화하지 않았다. 그리고 고위층의 의사 결정은 자유분방한 난상 토론식으로 이루어지고 있다. 이런 상황에서 대통령과 청와대를 충실히 대변하기란 쉬운 일이 아니다. 각종 정책 현안과 관련해서 여러 입장들이 내부적으로 부딪치며 한쪽으로 분명한 공감대를 낳지 못하고 있다. 정책 결정 과정상 혼선이 계속되는 와중에서 대변인의 발언이 명확성과 신속성을 띠어야 한다는 것은 지나친 요구일 수 있다.

대변인은 '입'의 역할만 할 뿐이다. '머리'의 역할은 대통령을 비롯한 최고 정책 결정자들의 몫이다. 만약 머리가 혼란스러워 생각이 잘 정리되지 못하고 애매모호하다면 입이 제 기능을 수행할 수 없다. 그 입에서 명확하고 정확한 메시지가 나올 수 없다. 인사권자가 송 대변인을 인선하면서 입의 역할뿐 아니라 생각을 다듬는 머리의 역할까지 기대했을 것 같지는 않다. 정치권이나 정책 분야에서의 연륜과 전문성이 깊지 않고 대통령과 많은 대화를 나눈 적도 없는 전직 아나운서를 대변인으로 기용할 때는 최고 정책 결정자들의 생각을 있는 그대로 전달하는 입의 역할만을 기대했기 때문 아닌가.

입의 실수를 탓하기에 앞서 머릿속을 명확하고 체계적으로 정리할 필요가 있다. 즉, 보다 근원적인 문제에 주목해야 한다. 입만 나무

란다면 머리의 잘못은 그냥 묻힐 것이고, 머리에 향상이 생기지 않는 한 입의 실수는 끊이지 않을 것이다. 대변인을 교체해도 별로 달라질 것이 없다. 머리를 담당하는 청와대 위정자들의 역할이 중요한 이유가 여기에 있다. 그들은 보다 명확·정확하고 일관된 정책 방향을 잡아 주어야지 대변인에게로 탓을 돌려 책임을 면하려 해선 곤란하다.

아직 확실한 결론을 내지 않았고 다양하게 해석될 소지가 있는 중요하고 복잡한 현안에 대해선 대변인보다 고위의 실제 정책 결정자가 직접 나서서 발표·브리핑할 필요가 있다. 그러면 심층 정보를 보다 충실히, 오해 없이 전달할 수 있을 것 아닌가. 의사 결정 시스템은 민주적으로 바뀌었는데, 대변인을 방패막이로 내세우는 구태를 되풀이한다면 결코 떳떳한 자세가 아니다.

대변인만 뒤집어써야 하나

언론과 시민들도 여기에서 자유로울 수 없다. 대변인에게 모순된 요구를 하고 있는 것은 아닐까. 대변인에게 요구하는 정확성·명확성·구체성·신속성·투명성의 가치가 동시에 만족되기 힘들고 때론 상충되기 때문이다. 예를 들어, 신속성을 중시하면 정확성·명확성·구체성이 손상될 수 있다. 또 구체성을 기하면 정확성이나 투명성이 약해질 수 있다.

우리가 이런 딜레마를 이해한다면 대변인에 대해 좀 더 관대해질 수 있다. 문제의 증상일 뿐인 대변인 실수를 탓하기보다 문제의 근원을 따져 볼 때이다.　　　　　〈한국일보 2003. 03. 25〉

공생(共生) 인간 '호모 심비우스'

전쟁 같지도 않은 전쟁이 지구촌 저편에서 벌어지고 있다. 윗동네 큰 애들이 아랫동네로 내려와 버릇없이 구는 조무래기들을 일방적으로 두들겨 패는 것 같아 지켜보기조차 민망하다.

미국 정부의 거침없는 태도와 달리 지난 몇 달간 내가 만난 미국인들은 한결같이 이번 전쟁에 대해 불편해하거나 미안해했다. 물론 내가 만난 미국 사람들은 거의 대부분 학자들과 지식인들이었다.

그렇다고 해서 그들이 사담 후세인 이라크 대통령을 추종하거나 그의 행위를 두둔하는 것은 결코 아니다. 다만 이번 전쟁이 더욱 길고 넓은 관점에서 볼 때 얻는 것보다 잃는 것이 더 많을 수 있음을 우려하는 것이다.

현생 인류의 학명은 알다시피 '호모사피엔스(Homo sapiens)'다. 현명한 인간이라는 뜻이다. 하지만 요사이 우리가 하고 있는 짓거리들을 보면 결코 현명해 보이지 않는다. 스스로 자신의 살 집인 환경을 파괴하고 있는 어리석은 동물이다. 게다가 희망을 꿈꿔야 할 21세기 벽두부터 끊임없이 서로의 가슴에 비수를 꽂는 걸 보면 우리는 필경 스스로 갈 길을 재촉하는 우매한 동물임에 틀림없다.

금년 초 나는 얼마 전 타계한 천성순 전 국가과학기술자문회의 위원장, 김용운 방송문화진흥원 이사장과 함께 모리 요시로 전 일본 총리의 초청으로 21세기 문명 포럼에 참가했다. 그 포럼에서 나는 '호모 심비우스(Homo symbious), 21세기 새로운 인간의 이미지'라는 제목의 강연을 통해 공생인(共生人), 즉 더불어 사는 인간을 이번 세기에 우리 인류가 추구해야 할 새로운 이상으로 제안했다.

우리는 흔히 자연을 무한 경쟁과 약육강식의 결전장으로만 생각하는 경향이 있다. 이미 200여 년 전 경제학자 토머스 맬서스가 그의 『인구론』(1789년)에서 밝힌 것처럼 삶의 현장에서 경쟁은 불가피하다. 찰스 다윈 역시 자원이 한정되어 있는 상황에서 경쟁은 피할 수 없는 것임을 분명하게 인식했다. 하지만 다윈은 그 무한 경쟁에서 이기는 길이 막무가내의 약육강식만은 아니라고 설명했다.

이 지구 생태계에서 합쳐 놓으면 가장 무게가 많이 나가는 생물군인 현화식물, 즉 꽃을 피우는 식물과 개체수가 가장 많은 생물인 곤충의 성공 비결만 보더라도 '너 죽고, 나 살자'는 식의 무차별 경쟁만이 유일한 길이 아니었음은 분명하다. 현화식물과 곤충은 서로 돕는 공생 관계를 맺으며 더불어 성공했다. 서로 물고 뜯은 게 아니라 손을 마주 잡았기 때문에 성공한 것이다. 이제 대립과 전쟁을 넘어서 생명과 협동이 21세기 인류의 화두가 되어야 한다.

국제환경학회에 가 보면 소가 지구 온난화의 주범이라고 주장하는 점잖은 환경학자들이 있다. 흰개미들과 함께 소들이 뀌는 방귀 속의 메탄가스가 그 원인이라는 것이다. 이 지구상에 소가 얼마나 많으면 그런 얘기가 나올까. 소들은 어떻게 하여 이처럼 엄청난 성공을 거둘 수 있었을까. 결론은 간단하다. 우리 인간과 공생했기 때문이다.

지금 이 지구 최대의 지주가 누군지 아는가. 바로 벼 밀 보리 옥수수 등 이른바 곡류식물들이다. 불과 1만 년 전 우리 인간이 농경을 시작하기 전까지는 저 들판 한구석에서 말없이 피고 지던 잡초에 불과했던 그들이 도대체 어떻게 그 넓은 땅을 차지할 수 있었을까. 결론은 역시 간단하다. 오로지 우리 인간과 공생했기 때문이다.

규모로 볼 때 자연계에서 우리 인간만큼 공생의 지혜를 잘 터득해 실천에 옮긴 동물은 아마 없을 것이다. 다만 현대인들은 그런 사실을 잊고 살 뿐이다. 우리는 마치 자연의 일부가 아닌 양 살고 있다. 자연은 그저 끝없이 발라먹기만 하면 되는 줄 알고 있다. 나는 이번 세기에 인류가 그 본연의 모습, 즉 공생인의 모습을 되찾아야 한다고 생각한다. 자연과의 관계는 물론 인간과 인간의 관계에서도 서로 물고 뜯는 것보다 더불어 사는 공생의 지혜를 다시 한 번 실천에 옮겨야 할 것이다. 뒤숭숭한 이 봄, 또다시 생명의 아름다움을 노래한다. 비록 총성 속에 묻힐지라도 나는 끊임없이 생명의 노래를 부르리라.

〈동아일보 2003. 03. 26.〉

완충 지대 없는 사회

전상인

서울대 교수, 환경대학원

사회 집단이 분출하고 있다. 이는 굳이 2003년 봄과 여름을 풍미하고 있는 '노조 전성 시대'를 두고 하는 말이 아니다. 근래에 들어와 사회 각계각층에서 새로운 단체 결성이 일대 러시를 이루고 있기 때문이다.

금년 1월부터 5월 사이에만 340개의 사단 법인이 대법원에 새로 등록했다. 하지만 사단 법인이 아닌 단체까지 포함할 경우 그 수치는 두 배 이상이 될 것이라고 한다.

이와 같은 추세는 '국민이 대통령'이라고 주장하는 '참여 정부'의 등장과 무관하지 않을 성싶지만 반드시 노무현 정권의 책임으로만 돌릴 수는 없다. 작년과 재작년에도 올해와 비슷한 정도의 집단 폭발 현상을 경험하였기 때문이다. 함께 뭉친 것은 비단 열쇠 업자와 텔레마케터, 대리 운전자만이 아니다. 프리랜서와 심마니들도 서로 힘을 합쳤고, 몇 주 전에는 10만 명에 육박하는 이장과 통장들 역시 전국 연합회를 처음 발족시켰다. 서로 유사한 입장과 이해를 가진 사람들끼리 네트워크를 결성하는 일 자체를 부정적으로 볼 필요는 없다. 결사(結社)의 자유야말로 민주주의의 핵심이며, 경제 발전은 필연적으로 이익의 분화를 가속화하기 때문이다. 다만 걱정스러운 것은 최근 우리 주변에서 벌어지고 있는 집단의 증가가 주로 영리적 목적의 사회적 조직화에 기인한다는 사실이다. 말하자면 사회단체의 폭발적 분출이 집단 이기주의에 의해 주도되고 있다는 점이다. 주민 이익 또는 소비자 보호와 같은 그럴듯한 명분이 이권 독점의 소지나 기득권 유지의 혐의를 쉽게 감출 수는 없다. 언제부턴가 우리 사회에는 천직(天職)과 성직(聖職)이 사라지고 공직(公職) 또한 무너지고 있다. 장인 정신(匠人精神)의 약화와 소명 의식(召命意識)의 쇠퇴는 더 앞서 벌어진 일이다. '밥그릇 전쟁'의 원인이자 결과로서 너도나도 끼리끼리 뭉치는 일에만 매진하는 상황이 되어 버린 것이다. 게다가 직종이나 직업 혹은 사회적 역할 간의 기능적 의존성이 날로 심화되는 경향은 이른바 '약자의 무기'를 점점 더 위력적으로 만든다. 이제 세상을 멈추게 하는 것은 비단 화물 연대나 철도 파업만이 아니다. 음주 단속을 피하느라 대리 운전이 점차 일상화되는 사회라면 대리 운전자들도, 전화 상품 주문 중독자가 크게 늘어나고 있는 세상이라면 텔레마케터들도, 풀뿌리 지방 자치가 유난히 강조되는 시대라면 전국의 이장·통장 들 역시 언젠가는 세상을 멈추게 할 수 있기 때문이다.

문제는 갈등 관리를 위한 제도적 장치나 사회 통합을 위한 문화적 기반이 거의 붕괴하다시피 한 우리나라의 현실이다. 그 결과 모든 사회단체의 이익 집단화가 무심히 방치되고 있을 뿐 아니라 그들의 전투적 노조화(勞組化)에 대해서도 별다른 대책이 있을 리 없다. 따라서 지금 우리는 최근 노동 대란에서 그 예고편이 상영된 '소용돌이 사회'를 향해 급하게 빨려들어 가는 모습이다.

지난 대선을 전후하여 정당 정치, 특히 집권 여당은 사실상 실종되었다. 일부 유력 시민 단체들도 비(非)정부 기구라기보다 친(親)정부기구('Near' Governmental Organization)에 가깝다. 관료 사회는 대통령의 친위 조직으로 거듭나려 하고 있으며, 언론계 또한 치열한 내전 상태다.

이처럼 중간 지대나 완충 지역 혹은 여과 장치가 제대로 작동하지 않을진대, 만사가 정치적 문제로 비화하고 매사가 청와대를 지향하는 것은 별로 놀라운 일도 아니다. 집단 이익과 최고 권력 사이의 맞대면과 직거래 이외에 도대체 무엇이 남아 어떤 힘을 쓸 것인가.

최악의 상황은 노무현 정부 스스로 포퓰리즘의 달콤한 유혹에 자꾸 넘어가는 경우에 예견된다. 그것은 각자의 소리(小利)만 좇다가 우리 모두의 대의(大義)를 잃어버리는 일이다.

그래도 기왕 가던 포퓰리즘의 길을 재촉할지, 아니면 다른 길을 한 번 시도해 볼지는 물론 현 정권의 선택이다.

〈조선일보 2003. 07. 10.〉

상식으로 돌아가자

이인호

명지대 석좌교수, 정보통신경영대학원 · 전 러시아 대사

요즈음 우리나라에서는 하도 불가사의한 일들이 많이 벌어지기 때문에 이제는 국민 모두가 쇼크 면역증에 걸려 버린 것이 아닌가 싶다. 이상한 일이 발생하면 처음에는 약간 놀랐다가도 자기의 좁은 이해타산과 직접 관계가 없다면 곧 잊어버린다.

수억 원의 뇌물을 받고도 '대가성'을 부정할 수 있는 기발한 법적 장치를 갖추고 있는 우리의 썩어 빠진 정치 풍토는 아예 제쳐 놓자. 몇 년에 걸쳐 수백억 원을 들여 거의 완성하다시피 한 교육 행정 정보 시스템(NEIS)에 대해 교원 노조가 학생들의 수업권까지 침해하며 결사 반대 시위를 하는가 하면, 10년 가까이 조(兆) 단위의 혈세를 투입하며 추진해 온 새만금 사업에는 뒤늦게 법원이 제동을 건다.

그처럼 심각한 문제를 안고 있는 사업들이었다면 왜 일에 착수하기 전에 저지하지 못했던가. 인권 침해나 환경 파괴의 소지가 그처

럼 크다면 국민의 대표 기구인 국회는 어째서 말이 없는가. 정부가 수년간 추진해 온 사업을 중단한다면 잘못된 일에 대한 책임은 누가 어떤 형식으로 질 것이며 낭비된 시간과 돈에 대한 보상은 어떻게 이루어질 것인가. 중도 포기 대신 보완책은 없는가.

북한에 대한 문제에는 아예 위기 불감증에 걸린 듯하다. 북핵 문제를 둘러싸고 한반도에 전운이 감돈다고 온 세계가 떠들어도 가장 큰 희생양이 될지도 모르는 우리는 태연하다. 불감증이 아니라 의식 분열증에 걸린 것일까. 이미 고전이 되어 버린 마르크스의 『자본론』 등 불온 간행물과 화염병을 소지했다는 이유로 학생 두 명이 구속된 반면, 민노총은 그 인터넷 게시판에 김일성 찬양의 글과 음악이 올라와도 삭제하라는 경찰의 요청을 언론 자유를 들어 거부했다는 기사가 보도된다.

같은 대한민국의 하늘 아래서도 호남·영남 간 지역 감정의 골을 극복하지 못하고 같은 정당 안에서도 이전투구가 벌어지는 마당에 반세기간 역사의 길을 달리해 온 북한과 우리가 민족 공조와 동포애만 내세우면 모든 갈등과 이해 상충이 눈 녹듯 사라지고 저들의 핵무기는 우리에게 위협 대신 힘이 될 것이라고 진정 믿는 사람이 있는가.

마찬가지로 불가사의한 일이, 최근 우리 교육인적자원부가 사교육비의 경감을 위해 학교 시설을 학원에 대여해 학교 안에서 특기나 입시 과외가 이루어지도록 하는 안을 추진하고 있다는 소식이다. 학부모의 부담을 조금이라도 덜어 주기 위해 학교 시설을 백분 활용한다는 생각은 좋은 것이다. 하지만 학원이 학교 안에서 활동할 수 있도록 시설을 빌려 주는 안을 교육부가 내놓는다니, 이것은 교육부 스스로가 학교 교육의 파산을 선언하는 것과 무엇이 다른가. 학교는 졸업장이나 주면 되지 학생 개개인의 교육 수요를 고루 충족시켜 주어야 할 의무는 없다고 믿는 것인가.

학교 교육의 부실을 솔직히 인정하는 것은 좋다. 그러나 그렇다면 더더욱 학교 교육의 질적 향상을 통해 시정하겠다는 의지와 종합적 구상을 내놓는 것이 마땅하다. 교육 정책 실패의 틈새에서 교육 활동을 영리 추구의 수단으로 하며 독버섯처럼 자라나는 기관인 학원들에 아예 학교 시설까지 제공하며 학교 교육 보완을 요청한다면, 그것은 공교육·사교육의 이원화 구조를 아예 정착시키고 학교는 명분에나 매달리겠다는 이야기인가. 사교육 시장의 규모가 공교육 예산을 초과한 지가 오래이니 교육부나 교육위원회의 능력만으로는 국민의 폭발하는 교육 수요와 구매력을 충족시킬 수 없음은 자명하다. 그렇다면 차라리 다양한, 좋은 사립 학교들이 생기도록 장려함으로써 지금 조기 유학이나 과외로 지출되는 돈과 에너지가 공교육 쪽으로 들어와 그 혜택이 장학 제도 등을 통해 돈 없는 학생들에게도 미치고 부모와 학생들은 학교와 학원 수업을 따로 받는 이중 부담에서 해방되도록 해 주는 것이 마땅치 않을까.

지금의 고액 과외나 학원 수업 또는 조기 유학에는 가난한 집안의 아이들은 전혀 끼어들 수가 없는 반면 민족사관학교, 외국어 고등학교 등 특수 학교 학생들은 학교 교육만으로도 세계 명문대에 속속 진학하고 있다. 교육 기회 불평등을 이유로 사립 학교 육성에 반대하는 사람들은 이 점을 생각해 봐야 할 것이다.

참으로 상식이 그리운 시대에 우리는 살고 있다.

〈동아일보 2003. 07. 21.〉

변칙 판치는 승자만의 사회

이재열
서울대 교수, 사회학과

인도네시아의 한 국제 학교에서 한국 학생들이 시험지를 훔쳐 시험을 치렀다가 국제적인 망신을 당했다. 높은 성적을 받는다면 어떤 방법을 써도 좋다는 도덕 불감증을 만천하에 드러낸 셈이다.

그러나 밖에서 샌 바가지만 탓할 일이 아니다. 대학 진학률을 높이기 위해 내신에 반영되는 시험 문제를 미리 알려 주고 시험을 치르는 것이 국내 고등학교의 공공연한 비밀이 아니던가.

일단 목표가 주어지면 수단과 방법을 가리지 않고 '하면 된다'는 전법은 얼마 전까지만 해도 이 나라 발전의 기본 전략이었다. 우리는 그렇게 '돌격 앞으로' 해 1천 달러와 1만 달러 소득의 고지를 점령했다. 그리고 같은 방식으로 밀어붙이면 2만 달러 고지도 금방 점령할 수 있을 거라고 생각했다.

그러나 그 전략은 이제 더 이상 유효하지 않다. 외환 위기는 우리로 하여금 선진국 진입이 단순히 투입 요소를 늘리는 것만으로 가능하지 않다는 소중한 각성의 기회를 제공했다. 그런데도 우리는 아직도 그 의미에 대해 제대로 학습하지 못하고 있다. 경제적 번영의 도덕적 토대가 곧 사회적 자본이요, 공적인 규범에 대한 신뢰라는 후쿠야마의 진단은 여전히 우리에게 뼈아픈 지적이다.

거국적이고 일사불란한 국가 발전 목표를 잃어버린 돌격 전략은 '민주화 시대'에 엉뚱한 부작용을 낳고 있다.

권력을 목표로 하는 정파 간의 격돌은 선거를 흑색선전·야합·게릴라 전법이 난무하는 내전(內戰)으로 만들었고, 파이의 큰 몫을 차지하려는 밀어붙이기는 노사 관계를 극단적인 파업과 대립으로 몰아가고 있다. 로비를 밑천으로 봉이 김선달 뺨치는 사업 수완을 펼치려다 권력 주위에서 명멸하는 불나비 군상도 닮은꼴이다.

승자가 되면 모든 것이 정당화된다고 믿지만, 사실상 승자 중심 사회에서 수단과 방법의 정당성 결여는 덫이 돼 모두의 발목을 잡고 있는 형국이다. 팔이 비틀리고 다리가 걸려 넘어진 패자들은 악에 받쳐 있고, 규칙과 규범은 잔재주와 교활한 정치적 게임의 도구로 변형됐다.

그러니 투명성과 공정성을 기대할 수 없는 이해 당사자들은 진흙탕 싸움을 하더라도 이겨야만 살 수 있다는 비장한 결의를 다질 수밖에 없다. '지는 놈만 바보'로 손가락질받을 수 없기 때문이다.

대부분의 정치인과 기업인이 '교도소 담장을 타고 곡예'하는 현실에서 검찰은 어떤 몸짓을 해도 '정치적'일 수밖에 없다. 참여 정부에 들어서도 뇌물 받고 '재수 없게' 걸린 공직자들과 권력 실세들의 모습에는 여전히 억울함이 역력하다.

과거의 분식 회계를 들춰내 회계 법인과 현직 기업인을 처벌하는 것은 애를 밴 어미 대신 태어난 아이를 처벌하는 것만큼 부당하다는 볼멘 목소리도 나온다. 진짜 범인은 '돌격 앞으로' 시대의 관행이기 때문이다.

 어느 사회나 질서 유지의 기본은 도덕이고, 그중 최소한이 계약과 규칙이다. 그러나 우리는 서구적 의미의 계약도 없고, 전통의 미덕이라던 인격 윤리도 망가졌다. 적나라한 집단 이기주의가 판치는 와중에 사회의 공동체적 토대는 무너져 내리고 집단 간 갈등에 대한 도덕적 자정 능력도 고갈돼 버렸다. 그래서 정치 자금에 관한 옷벗기 시합을 하자는 대통령이나 당신이나 벗으라는 야당의 빈정거림 모두에서 '솔직한 고백은 웃음거리일 뿐'이라는 냉소가 묻어난다. 그러나 이제는 근본적인 변화가 절박하게 요구되는 상황이다.

 그것은 이념이나 코드, 혹은 세대 이전의 문제다. 한 나라의 규칙을 만들고 집행하는 입법부와 사법부의 정당성을 세우는 일이며, 아이들을 제대로 교육하는 첩경이기도 하다.

 베버의 표현을 빌리지 않더라도 정당성의 원천은 권위에서 나온다. 그러므로 사회적 계약의 신성함을 스스로 지키지 않고 우리가 이 난국을 탈출할 길은 없다.

 나는 제안하고 싶다. 일단 진흙탕 경기를 여기서 중단하자. 지금까지의 잘못된 관행에 대해 모두 고백하고 과거의 관행을 역사의 강물 위에 흘려 보내자. 지금부터는 원칙대로 게임을 하기로 심판과 선수 모두 모여 신사협정을 맺자. 그리고 새롭게 킥오프하자. 단, 지금 이후로 레드카드는 무조건 퇴장이다. 절대로 예외는 없다!

〈중앙일보 2003. 07. 24.〉

광복, 세계화에 대해 묻는다

정용욱

서울대 교수, 국사학과

'광복절' 하면 떠오르는 사진이 있다. 이경모 사진집에 실린 남도 끝자락 어느 마을의 1945년 8월 15일을 스케치한 사진이 그것이다. 초가 위 대나무 깃대에는 일장기로 급히 만든 태극기, 해방감을 만끽하면서도 어리둥절한 모습으로 길거리로 쏟아져 나온 남녀노소 마을 주민들의 표정을 잘 잡아냈다.

삼각산이 저절로 덩실덩실 춤이라도 출 듯한 기쁨과 감격은 그 마을이라고 해서 예외가 아니었다. 아마 해방은 한반도 주민 모두에게 그렇게 흥분과 감동으로 다가왔을 것이고, 광복절은 지금도 여전히 '감격 시대'로 기억된다.

감동이 크면 그것을 지켜 내기 위한 희생도 큰 법이다. 불행하게도 1945년 8월 15일 이후 몇 년의 역사는 우리 민족이 그 감동을 새로운 건설로 승화시키기 위해 그다지 현명하게 행동하지 못했음을 보여준다. 분단에 대해서는 우리 내부의 내 탓 네 탓이 있을 수 있고, 주인 행세를 하려 한 손님을 탓할 수도 있겠다.

한국 현대사를 살펴보면 흥미롭게도 약 50년 주기로 위기가 닥치고, 그것은 항상 내환(內患)이 외우(外憂)와 겹쳐 일어났음을 보게 된다. 한말의 위기가 경술국치로 이어지더니, 해방에 이어 분단이 찾아왔다. 20세기 마지막은 남한의 경제 위기와 북한의 핵 위기로 장식됐고, 마지막 위기의 잔영은 아직도 남과 북에 그늘을 드리우고 있다.

위기에 대한 반성적 진단으로 우리 민족이 국제 정세에 어두웠다는 얘기를 곧잘 듣는다. 위기의 본질과 그 외발성(外發性)이 갖는 역사적 특성을 제대로 파악하지 못했고, 또 올바로 대처하지 못했다는 측면에서는 사실이다. 하지만 우리 민족이 국제 정세를 이해할 수 있는 역량이 없었던 것은 아니다.

세계화는 이 시대의 화두이지만 지금의 세계화야 영어 잘해서 외국에 물건 하나 더 팔자는 세계화이지, 주체적 전망을 가진 세계화는 아닌 것 같다. 세계화 구호를 들을 때마다 아마 한국 현대사에서 가장 세계화된 분들은 일제에 항거해 싸운 혁명가들일 것이라는 생각을 한다. 그 당시 독립운동은 이미 세계화의 또 다른 표현이었던 것이다.

김구는 나라의 독립을 찾기 위해 온 중국을 돌아다녔으며, 김규식의 발자취는 미국과 소련·중앙아시아에까지 미쳤고, 심지어 이승만조차 소련을 방문하려고 시도하지 않았던가. 이들이 구경 삼아 전세계를 무른 메주 밟듯이 밟고 돌아다니지는 않았을 것이다.

오직 한 가지 나라의 독립을 찾기 위해 고난을 무릅쓰고 돌아다녔던 만큼 그들이 나라 밖에서 익힌 견문과 식견에는 주체적 고민이 배어 있었을 것이다. 감격 시대의 흥분을 새로운 건설로 승화시키기 위해서는 이들의 세계화 고민을 모두 용광로에 부어 넣고 끓여 우리에게 맞는 새로운 시금석을 만들어 내야 했고, 해방 직후는 그러한 창조의 가능성이 어느 때보다 컸던 시대였던 만큼 실패에 대한 아쉬움도 많다.

이 땅에 들어온 손님들은 항상 편가르기를 시킨다. 한말 개항기에 개화의 모델과 이권을 둘러싸고 친일파니 친미파니 친청파니 친러파니 편을 가르더니 해방 이후에는 반공주의를 기준으로 패가 갈렸다. 편가르기에 휘둘린 우리 민족의 우둔함을 탓해야겠지만 이러한 편가르기는 한반도에 한정되지 않고 주변국 문제와 얽혀 있는 것 또한 사실이다.

단적으로 한국 전쟁 당시 중국의 유엔 가입 문제와 대만 문제가 전쟁과 얽혀 있지 않았으면 그렇게 전쟁이 장기화됐을 것인가. 포로 송환 문제로 휴전 회담이 지연됐을 때 특히 문제가 됐던 것은 한국인 포로보다는 중국인 포로였고, 그 배후에는 동아시아 신질서 수립을 둘러싼 미국과 중국 간의 대립이 있었다.

북핵 위기를 해결하기 위해 중국이 적극적인 중재 역할을 맡고 있다. 위기의 원인 규명은 제쳐 두더라도 한반도에 드리운 먹구름을 걷어 내기 위해 관련국들이 공동의 노력을 하고 있다는 것은 반가운 일이다. 아울러 결국 한반도가 불가피하게 세계화의 중심에 서 있을 수밖에 없음을 자각하지 않을 수 없다. 남도의 끝자락에 메아리쳤던 해방의 감동과 아울러 그날이 가진 세계사적 의미를 되짚어 볼 때다.

〈중앙일보 2003. 08. 14.〉

왜 인종 차별 수출하려 하나

김대식

서울대 교수, 물리학부

이공계 연구에서는 좋은 문제를 제기하고 여러 각도에서 분석하며, 올바른 가정을 세우는 것이 중요하다. 남이 던져 놓은 문제를 푸는 것은 자기 스스로 문제를 제기하는 것보다 어렵다. 문제 자체가 틀린 경우는 구제불능이지만 좋은 문제를 던져 놓고도 틀린 답 여러 개 중에서 답을 고르려고 헤매는 경우도 있고, 아예 문제 자체를 보는 각도가 너무 편협한 경우도 있다. 어떤 문제를 볼 때 '삐딱한' 각도에서 보는 것도 때로 필요하다.

요즘 한국인의 조기 유학·교육 이민이 큰 화두로 떠오르고 있다. 많은 사람이 나름대로의 의견을 가지고 있어 비판 여론도 있지만 그렇게 할 수밖에 없다는 의견도 만만치 않다. 조기 유학·교육 이민에 대한 토론과 분석은 그러나 철저히 수요자 입장, 즉 객관적으로 볼 때는 절대로 이해할 수 없는 '재미있는 민족' 한국인의 입장에서만 이뤄지고 있다는 점에서 반쪽만의 이야기다. 조기 유학의 대상국인 미국·호주·캐나다·영국·뉴질랜드 등 영어 문화권 국가의 관점은 조금도 고려되고 있지 않은 것이다. 편협한 '민족주의' 시각에서 잠시 벗어나 사해 동포 인류애(?) 입장에서 교육 이민·조기 유학·원정 출산의 주요 공급자인 미국의 미래를 함께 걱정해 보자.

미국 교육·사회 현장에 남한인의 대거 투입은 어떤 영향을 줄 것인가. 우선 한국인의 신분주의·인종 차별 의식의 수출이 우려된다. 미국은 다인종 국가이고 아직까지는 백인이 평균적으로 높은 교육 수준을 유지하고 있다. 한국 부모들은 백인지역에서 살려 하고, 백인 친구를 사귀려 하며, 한국에서 못사는 아이들을 차별하는 것의 열 배 이상, 백인의 다섯 배 이상으로 라티노·흑인 들을 차별하는 경향이 있다.

유학 관련 미국 내 주거 지역 관련 책자를 보면 한국에서 찍어 낸 것이나 미국의 한국 교포 사회에서 찍어 낸 것이나 할 것 없이 인종 차별적 의식이 종종 드러난다. 예를 들어, '이곳 콜로라도 덴버 지역은 흑인이 적어 안전하고 교육 환경이 좋다'는 식으로 글 쓰는 사람들은 이러한 문장이 영어로 번역돼 미국 사회에 뿌려진다면 어떤 파장을 가져올지 생각지 못하는 우물 안 개구리들이다.

이런 사람일수록 '미국 사회에서 인종 차별을 견디며 어렵게 공부시키며 열심히 살아가는 우리……'라는 말에는 눈물을 글썽인다. 같은 맥락에서 '뉴질랜드는 다 백인이라서 좋다'는 것을 은근히 강조하는 것, 남아프리카에 가면서 백인 지역에서 살 것이라고 애써 주장하는 것 역시 백인에 대한 까닭 없는 열등감에서 기인한 인종 차별 의식의 표출이다.

한국에 금성인이 대거 진출해 아이들 학교는 강남구로만 보내려 하고, 강남에 와서도 자기 자식에게 특정 지역 출신·특정 직업을 가진 부모의 아이와는 놀지 말라고 하고, 공부 잘하는 아이와만 사귀라고 하며, 한술 더 떠 집값 떨어진다고 자기 집 근처에 특수 학교 건립을 반대한다면 우리는 어떻게 느낄 것인가. 그러면서 무슨 이유에서든 한국 국적을 가지려고 온갖 방법을 다 쓴다면? 미국의 앞날이 걱정이다.

일단 미국 학교에 들어가고 나면 한국 출신 아이의 상당수는 공부를 '너무 열심히' 한다. 제 버릇 남 못 준다고 거기서도 과외다. 미국의 교육은 전반적으로 보면 고등학교까지는 충분히 놀다가 대학교에 가서 열심히 하는 식으로 돼 있다. 미국에는 미국인이 열심히 노력해 만든 미국에 맞는 제도가 있다. 미국에 한 단계 더 높은 인종차별과 입시 지옥을 선물하는 것은 아무리 반미 정서가 깊다 하더라도 인류애의 관점에서 볼 때 할 짓이 아니다.

인류를 사랑하지 않고 한국인만 사랑할 수는 없다. 사랑은 주는 것, 'giver'가 되는 것이다. 조기 유학·원정 출산이 국익에 도움이 된다는 궤변은 그만 하고 우리가 남이 애써 만든 좋은 것을 노력 없이 취하기만 하려는 'taker'가 되어 가는 것은 아닌지 고민해 봐야 한다.

〈중앙일보 2003. 10. 16.〉

우리 시대 일그러진 변호사상(像)

하태훈

고려대 교수, 법학과

요즘 사방에서 역한 돈 냄새가 진동하는 가운데 변호사의 양심 속에도 떳떳지 못한 돈의 흐름이 감지된다.

사무장에게 고용된 신참 변호사, 법조 브로커에게 명의를 빌려 주거나 사건 알선 브로커를 고용한 변호사, 수임료를 편취하거나 판·검사 교제비 명목으로 금품을 갈취한 변호사, 심지어 재소자에게 휴대전화나 담배를 제공하고 범죄 수익을 관리하는 등 변론은 뒷전이고 감옥 수발로 돈을 챙긴 집사형 변호사도 있었다니 기가 찰 노릇이다.

더 이상 변호사라고 부를 수 없는 일탈 변호사의 출현으로 변호사상(像)을 다시 그려야 할 판이다. 변호사 자격증이 수단과 방법을 가리지 않고 돈을 거둬들이는 허가증으로 전락한 듯하다. 변호사는 인권 보호의 파수꾼이며 정의 실현을 담당하는 법조 삼륜의 한 축임을 강조한 강의실에서의 외침이 헛수고였음에 허탈할 뿐이다. 법과 양심에 따라 사회적 약자를 보호해야 할 책무를 지닌 변호사들의 윤리의식과 양심의 부재가 잘못된 법학 교육의 탓이 아닐까 하는 자책감도 든다.

사법 개혁 논의의 도화선이었던 의정부와 대전 법조 비리 사건 이후 법조 비리가 다시 고개를 든 것인지, 아니면 대검찰청이 특별 단속 기간을 정해 집중 단속한 결과인지는 알 수 없지만, 어쨌든 있어서는 안 될 일들이 벌어지고 있다.

문제는 검찰이 대대적인 단속을 펴고 있는 것처럼 보이지만 그 실상을 들여다보면 허울뿐이라는 사실이다. 칼을 들이대는 소리만 요란함에 그만 실망하고 만다. 법조 비리 사건의 수사와 재판 결과를 보면 법조 비리가 끊이지 않는 이유를 금세 알아차릴 수 있다. 비리 변호사에 대한 법원·검찰·대한변협의 처벌과 징계가 물러 터진 것이다.

구속 영장 청구율이나 발부율도 상대적으로 낮고 구속적부심으로 석방되거나 보석, 집행 유예로 풀려나는 경우도 허다하다고 한다. 또한 적발된 변호사의 대부분이 연수원을 수료하고 갓 개업한 변호사이며 판·검사 출신은 거의 없다고 한다. 이는 검찰 수사의 공정성이 의심을 받고 여전한 전관예우의 실체를 짐작할 수 있는 사실이다. 사건이 중대함에도 각종의 연(緣)과 법조 선후배 의식, 그리고 잠재적 동업자 의식 등이 버무려진 솜방망이 처벌이 검찰과 법원에 대한 신뢰를 무너뜨린다.

최근 검찰이 비리를 적발하여 대한변협에 징계를 신청한 변호사 중 제명된 사람은 단 한 명도 없었으며 대부분 가벼운 정직, 과태료 처분, 견책 등이라고 하니 변협의 제 식구 감싸기식 무딘 징계가 법조 비리를 부추기는 꼴임을 알 수 있다.

법조 비리의 악순환의 고리를 끊으려면 법조 삼륜의 구성원들은 정의의 여신이 왜 안대로 눈을 가리고 한 손에는 천칭, 다른 한 손에는 칼을 쥐고 있는지, 왜 변호사 배지에 천칭이 그려져 있는지를 바로 보아야 할 것이다. 눈에 보이는 사사로운 인연과 정에 얽매이지 말고 저울 같은 평평함을 유지하면서 칼로 추상같이 정의를 실현하라는 의미의 상징임을 되새겨야 할 것이다.

대량 변호사 개업과 경쟁 시대에는 변호사 업계의 자체 정화가 필수적이다. 자신들만으로 구성된 징계 위원회는 침묵의 공모로 인해 제대로 기능하지 못하기 때문에 대한변협은 징계위원회의 위원 구성을 개방하여 외부 인사를 참여시켜야 한다. 투명하고 엄정한 징계권 행사를 통해, 돈과 명예는 결코 자존심과 양심을 버리면서까지 함께 쥘 수 있는 것이 아님을 보여 주어야 한다.

검찰은 법조 비리 전담 수사 기구를 설치해 공정 경쟁을 해치는 수임 비리 등을 항상 감시해야 한다. 법원과 검찰은 학연과 지연, 동업자 의식에 의한 성역 만들기가 사법 정의에 대한 국민적 신뢰를 저해하는 원인임을 자각해야 한다. 법원은 사회적 갈등의 마지막 해결사인 사법부에 대한 국민의 신뢰가 무너지면 법과 원칙이 통하는 법치주의 원칙이 흔들릴 수 있음을 인식해야 할 것이다.

〈한국일보 2003. 11. 02.〉

대선 자금 수사는 부패 척결 시험대

이재웅
성균관대 교수, 경제학부

지난 6월 러시아의 최대 석유 재벌 '유코스'에 대한 검찰 수사가 시작될 때 서방 언론들은 이것이 정치적으로 기획된 사건이 아니겠느냐는 반응을 보였다. 그리고 러시아 검찰은 지난달 '유코스'의 호도르코프스키 사장을 조세 포탈과 횡령 등의 혐의로 체포함으로써 세계를 놀라게 했다. 그 충격으로 러시아 주식 시장은 공황 상태에 빠졌다. 러시아 정계도 내달 총선과 내년 대선을 앞두고 큰 혼란에 빠져 있다. 러시아에 대규모 투자를 추진해 온 영·미 석유 메이저들도 초긴장 속에 사태 추이를 주시하고 있다.

'유코스'에 대한 수사는 블라디미르 푸틴 대통령의 재벌 손보기라는 정치적 동기에서 시작되었다는 비판이 있다. 호도르코프스키 사장은 야당에 정치 자금을 지원한 것으로 알려졌다.

러시아 국민들은 정치권의 이전투구나 재벌과의 정경 유착 등으로 허탈감에 빠져 있다. 더욱 심각한 문제는 이런 정치 게임으로 외국인 투자가 위축되고 재벌들의 해외 자산 도피가 늘어날 것으로 우려되는 데 있다.

'유코스' 사건은 그 자체만 보면 어느 나라 이야기인지 분간하기 어려울 정도로 SK 사건과 너무나 유사한 부분이 많다. SK가 걸려든 것도 지난 대선 때 야당에 불법 정치 자금을 지원했던 것이 빌미가 되었다. 그 과정에서 SK 글로벌의 분식회계·비자금 조성 등이 드러났고, 재벌 총수가 구속됐다.

그런 가운데 온갖 추측과 루머가 국민적 의혹으로 확대되었다. 우선 불법 대선 자금을 제공한 재벌이 SK뿐이냐, 다른 재벌들은 어떻게 정치권에 돈을 빼앗기지 않았느냐는 것이다. 재벌들로부터 정치 자금을 걷지 않고 대선을 치렀다거나, 기업으로부터 돈을 한 푼도 받지 않았다고 주장하는 정치인들을 과연 믿어야 할까. 회계 분식과 비자금 조성도 어차피 우리나라 기업들의 오랜 관행이 아니었던가.

투명하지 못한 기업 경영과 정치·기업의 낙후된 지배 구조 아래에서 정경 유착과 부정 비리는 일반적인 현상이다. 국민적 기대에 부응하려 한 것이었을까, 노무현 대통령은 자신의 측근 비리를 포함해서 불법 대선 자금 수사의 대상과 범위를 확대하자고 나섰다. 검찰도 여기에 동조하고 있다. 수사의 형평성을 고려해서 대상과 범위를 여야 정당과 5대 재벌로 확대한다는 것이다.

그렇더라도 수사의 공정과 형평 그리고 검찰의 독립성은 누가 보장할 수 있는가. 벌써부터 일부에서는 대선 자금 수사 확대가 특정 정당, 특정 재벌을 잡기 위한 기획 수사라는 비판이 있다. 재계에서는 불법 대선 자금 수사 확대가 침체된 우리 경제의 회복을 가로막고 국가 경쟁력을 떨어뜨릴 우려가 있다는 입장을 취하고 있다.

그러나 이제 수사 확대를 저지할 수는 없다. 그보다 어떻게 수사가 공정하고 형평성 있게 이루어지며, 검찰의 독립성이 보장되느냐가 주요 과제이다. 재벌과 정권도 이번 기회에 정경 유착과 부패의 고리를 끊어야 할 것이다.

우리 기업들이 코리아디스카운트를 면치 못해 저평가되는 것도 불투명한 경영, 낙후된 지배 구조, 정경 유착 때문이라고 본다.

정경 유착은 이제 척결할 때가 되었다. 그러나 이것이 기업만의 노력으로 이루어질 수는 없다. 선거 때마다 대기업 명단을 작성해서 불법 정치 자금을 거두는 정치 구조가 개선되지 않는 한 기업이 정경 유착의 희생양이 되는 현실은 어쩔 수 없을 것이다.

기업을 착취 대상으로 여기고 국민의 경제적 어려움을 돌보지 않는 정부나 정권은 아무리 개혁을 약속해도 국민 경제를 피폐하게 할 뿐이다. 우리 정치 풍토가 개선되지 않으면 많은 기업들이 해외로 자산 도피를 확대할 것이다. 그럴 경우 정권은 누구의 팔을 비틀 것인가.

세계화가 진전되면서 기업이나 자본을 세계 각국이 유치하려 경쟁하는 마당에 부패하고 낙후된 정치권과 기업은 살아남을 수 없을 것이다. 이번 대선 자금 수사 확대가 정치 개혁을 이룩하고 정경 유착과 부정부패를 척결하는 계기가 되어야 한다. 궁극적으로 민주주의와 시장 경제는 법질서 위에서만 꽃피우며, 이런 관점에서 사법부와 검찰의 독립성은 매우 중요하다. 〈세계일보 2003. 11. 05.〉

모두의 숙제, 고령화 사회

김용익

서울대 교수, 의료관리학교실

우리나라의 인구 구조가 큰 변화의 소용돌이 속으로 들어섰다. 2000년 현재 전체 인구 가운데 65세 이상의 노인 인구는 7.2%여서 우리 사회는 이미 '고령화 사회'에 진입했고, 2019년에는 14%로 '고령 사회', 2026년에는 20%로 '초고령 사회'에 들어선다는 것이 정부 추계다.

이것만으로도 기존의 세계 기록을 돌파하는 초고속이지만, 이 일정들은 그나마 2, 3년 당겨질 것 같다. 합계 출산율이 예상보다 더 낮아졌기 때문이다. 합계 출산율이란 여성 1명이 평생 낳는 자녀수를 뜻한다. 2명을 낳아야 인구 규모가 유지되는데 2002년 기준으로 이미 1.17명에 불과하다.

인구 감소가 심화되고 있지만, 그래도 인구 총수는 당분간 증가해 20년 뒤인 2023년에 정점인 5068만 명에 이를 것이다. 다시 20년이 지난 2040년경에는 지금 인구 규모로 되돌아온다. 지금과는 비교할 수 없이 늙은 모습으로……. 그때가 되면 노인의 수는 2003년 현재의 400만 명에서 1450만 명으로 3.6배 증가한다.

노령화가 한국 사회에 미치는 영향은 지대하다. 급증하는 노인 인구는 보건 복지 등 사회 보장 비용을 크게 증가시킨다. 특히 젊은층의 부담이 커질 수밖에 없다.

문제는 여기서 그치지 않는다. 14년 뒤인 2017년의 3600만 명을 정점으로 생산 가능 인구(15~64세)의 규모 자체가 줄기 시작하는 게 진정한 위기의 원천이다. 국가 경제의 기본인 노동력이 감소한다는 것은 단순히 노인 복지의 문제가 아니라 사회 전체가 새로운 적응을 시작해야 함을 뜻한다는 점에서 범사회적인 문제다.

생산 활동 인구의 감소는 생산과 소득의 감소, 조세 및 사회 보장 수입 감소, 저축률 감소 등 일파만파의 사회 경제적 파장을 낳는다. 그 때문에 여성과 장년, 초기 노년 인력을 활용하는 것이 고령 사회 대책의 핵심이 될 수밖에 없다.

9일 재정경제부는 장·노년 인력의 활용을 위해 고령자 차별 금지, 고령자 고용 장려금, 정년 연장, 임금 피크제 등의 '고령 사회 대책'을 발표했다. 환영할 일이지만 이것만으로 시장이 순응할지 의문이다.

장·노년 노동력이 시장에서 받아들여지려면 이들을 고용할 일자리가 있어야 한다. 산업 구조 자체가 노인 친화적으로 바뀌지 않고선 어려운 일이다. 또 노인들의 재교육, 직업 교육이 강력하게 진행돼 '능력 있는' 노인이 새로 태어나게 해야 한다. 이는 산업자원부, 교육인적자원부, 노동부의 정책 변화를 동시에 필요로 한다.

여성 노동력의 활용에는 정책 방향을 제대로 설정하는 게 무엇보다 중요하다. 고령 사회 대책의 하나로 제시된 '출산 장려' 정책이 자칫 여성을 다시 가정에 가둘 수 있기 때문이다. '출산이 가능하면서 여성이 일할 수 있게 하는 방법'을 찾아야 한다. 자녀 보육과 교육 부담, 노부모와 장애인의 부양 부담이 개인에게 맡겨진 상태에서는 '출산 감소', 아니면 '여성 노동력의 유휴화' 둘 중 하나가 있을 뿐이다.

두 가지 모두가 한국 사회를 위협하고 있다. 그러나 이에 대한 정부의 대책은 출산 수당 도입, 보육 지원 확대 정도다. 이것만으로는 두 마리 토끼를 잡을 수 없다. '적극적인 출산 장려 운동'도 제안하고 있는데 여성들의 코웃음을 사기 십상이다.

공교육 강화를 통한 사교육비 부담 경감, 사회적 보육을 통한 육아 부담 해소, 노인과 장애인 부양의 사회화 등이 이뤄지지 않고는 문제 해결의 실마리는 찾을 길이 없다. 또 각종 사회적 권리, 가사 노동, 취업과 승진에서 양성의 평등을 남성들이 받아들이지 않는 한, 정책만으로 풀기도 어렵다. 교육인적자원부, 여성부, 보건복지부 등의 정책 의지와 함께 사회 전체의 이해와 노력이 병행하지 않으면 불가능한 일이다.

교육, 보건, 여성, 노인 등과 관련한 각종 복지 확충은 경제 성장에 부담일 뿐이라는 고정관념이 지금 우리에게 복수하고 있는 것이다. 이에 대해 정부가 좀 더 종합적이고 구체적인 대안을 내놓지 않으면 경제의 운용 자체가 어렵게 될 것이라는 점을 명심해야 한다.

〈동아일보 2003. 11. 01.〉

'교통난 해결' 시민의 힘으로

김효성

대한상공회의소 고문

자동차 수가 늘어남에 따라 서울을 비롯한 세계의 대도시들에는 모두 교통 문제가 커다란 골칫거리로 등장했다. 시민들은 교통 혼잡, 교통사고, 주차난, 대기 오염 등 많은 불편을 겪고 있다.

하지만 차량 보유 대수가 서울과 비슷한 도쿄만 하더라도 교통 혼잡이나 주정차 문제 등 교통 문제가 서울만큼 심각하지는 않은 것으로 알려져 있다. 이는 대부분의 시민이 대중교통을 이용해 출퇴근을 하는 등 교통 문화 의식 수준이 높기 때문이다. 그리고 도심 진입 차량에 대한 통행료 부과, 비싼 주차료 등 제도적 효과도 간과할 수 없다.

뉴욕의 경우 자전거 이용자 수가 점차 늘어나 시민의 주요 교통 수단으로 자리 잡아 가고 있다. 또한, 대중교통 이용 활성화를 위해 버스·지하철 승객의 목소리에 지속적으로 귀를 기울이고 있다. 서울, 방콕, 자카르타 등 교통 문제가 심해지고 있는 도시들은 이러한 선진국의 경우와 차이가 무엇인지 생각해 봐야 할 것이다.

지난 7월부터 서울시는 도시 교통을 원활하게 하고, 대기 오염을 줄이기 위해 '승용차 자율 요일제'를 추진하고 있다. 월요일부터 금요일 가운데 시민 스스로 선택한 특정 요일에 자발적으로 차량 운행을 하지 말자는 캠페인이다. 시작한 지 석 달이 조금 지났는데 약 130만 대가 신청을 했다고 한다.

자동차 운행이 줄면 그만큼 에너지가 절약되고, 또 각종 대기 오염과 소음도 개선될 수밖에 없다. 교통량이 줄어드니 차량의 주행 속도도 높아지고, 대중교통을 이용하는 시민도 늘어나게 마련이다. 이러한 선순환을 통해 우리가 얻게 될 편익은 지속적으로 많아질 것이다.

전국의 교통 혼잡 비용이 연간 20조 원에 이른다고 한다. 생산 현장에서 땀 흘려 수출해서 벌어들인 돈을 너무 쉽게 써버리는 것은 아닐까. 이와 함께 대기 오염 문제의 심각성을 우려하는 목소리도 점차 커지고 있다. 이에 우리 삶의 터전인 서울의 골칫거리를 시민의 자발적 참여로 해결해 보자는 것이 '승용차 자율 요일제'이다.

도심 교통난을 완화할 목적으로 싱가포르는 1998년 도시 고속도로 전자 통행료 징수제를 도입했으며, 영국 런던은 올해 2월부터 도심 진입 차량에 혼잡 통행료를 물리고 있다. 이 밖에 일본, 미국, 노르웨이 등 여러 나라의 도시에서도 혼잡 통행료를 도입하고 있다. 서울도 남산 1, 3호 터널에서 혼잡 통행료를 징수하고 있으며, 경기도와 인천시가 도입을 검토 중인 것으로 알려져 있다.

시행 초기이므로 그 결과를 단정할 수는 없지만 '승용차 자율 요일제'가 정착되어 혼잡 통행료 제도를 보완해 준다면 서울의 교통난을 어느 정도 해소할 수 있을 것으로 예상된다. 서울시는 이 제도가 자리 잡으면 선진 교통 문화 의식이 정착됨은 물론 서울의 교통량이 11.5% 줄게 되고, 주행 속도는 21.1% 빨라질 것으로 전망했다.

이와 함께 서울시 대기 오염 물질의 약 80%가 교통 부문에서 발생하고 있는 점을 감안할 때, 수도권 대기 질 개선에도 크게 기여할 것으로 보인다. 이를 대기 오염 저감 비용으로 환산하면 연간 약 3500억 원의 사회적 편익이 발생되며, 자동차 연료비 절감 효과도 2조 5천억 원에 달할 것으로 예상되고 있다.

시민들은 자율 요일제를 실천함으로써 교통난 해소는 물론 에너지 절약, 대기 오염 개선 등에 얼마나 기여하게 되는지 인식할 필요가 있다. 또한, 짧은 기간에 자동차가 빠르게 늘어나 그다지 성숙하지 못했던 우리의 교통 문화 의식도 바뀌어야 한다. 시행 초기인 지금은 어느 정도 불편을 감수해야겠지만, 결국에는 모두가 편해질 것이다.

이제 깨끗하고, 편안한 서울을 만들기 위해 시민들이 하나씩 행동으로 옮길 때다. 기획이 아무리 좋다 해도 실천하지 않으면 아무런 소용이 없다

한편, 서울시는 이 캠페인에 참가한 시민들이 불편을 겪지 않도록 대중교통 서비스 개선에 지속적으로 힘써야 할 것이다. 참가자들이 만족할 만한 인센티브 제공도 여러 방면으로 고려해야 할 것이다.

우리는 이미 월드컵 등 큰 행사가 있을 때마다 수준 높은 시민 의식을 발휘해 왔다. 세계 주요 도시들이 서울의 '승용차 자율 요일제'를 벤치마킹할 날을 기대해 본다.　　　　　〈문화일보 2003. 11. 19.〉

애 안 낳는 젊은이들이여

임재훈

성균관대 교수, 영상의학과

"나는 애 낳기 싫어. 애를 낳는 순간부터 모든 것이 엄마 책임이고, 한 달에 아이 앞으로 수십만 원씩 들어가. 그리고 아이가 자라기에 세상이 너무나 팍팍한 걸 어떻게 해. 나보고 애를 낳으라고? 나는 애 낳는 것을 영원히 미루고 싶어."

얼마 전 신문에 실린 젊은 여성들의 외침이다. 그들은 최근의 출산율 저하는 가족을 둘러싼 복잡한 사회적 분위기와 국가가 여성의 육아에 무책임한 현실 때문이라고 했다.

맞는 말이다. 그대들이 그런 생각을 갖게 된 데에 이 땅을 먼저 살아온 기성세대로서 안타까운 마음을 금할 수 없다.

하지만 정녕 그대들은 이 땅의 가족들이 겪는 어려움과 열악한 육아 환경만 보고 아이 낳기를 꺼리는가.

그렇다면 불치병을 앓는 딸의 치료비를 감당 못해 딸의 인공호흡기를 떼어 버린 비정한 아버지를, 가장의 폭력을 견디다 못해 살인을 저지른 아들을, 그리고 고아로 살게 놔두느니 차라리 함께 죽는 것이 아이를 위하는 길이라며 동반 자살을 기도한 부모를 그대들은 국가와 사회의 책임 탓으로 돌리며 전적으로 동정한단 말인가. 그렇지 않으면 딸이 병에 걸릴까 봐, 아들에 의해 죽을까 봐, 그리고 아이들을 고아원에 보낼까 두려워 그대들은 애를 낳지 않겠다는 건가.

아이를 왜 낳는가. 우리 조상들이 지금보다 훨씬 먹고 입고 살기 어려웠을 때 왜 우리를 낳고 길렀는지 그 이유를 그대들은 말할 수 있겠는가. 구태여 설명할 필요도 없이 사람이나 동물이나 자손을 낳고 새끼를 기르는 것은 종족 보존 본능 때문일 것이다.

모든 생명체의 생식 과정을 보라. 싹이 돋아 꽃을 피우고 씨를 맺어 다른 생명을 탄생시키는 식물이나, 생명을 위협하는 자연환경과 먹이 사슬 속에서 고단하게 사는 동물들이 무슨 이유로 새끼를 낳아 기르는가. 수천 리 바다로부터 길고 험한 강물을 거슬러 올라가 자기가 태어난 냇가까지 와서 알을 낳고 그 순간 죽는 연어의 장엄한 마지막 순간을 생각해 보라.

자식을 공부시켜 세상에 내보내고, 좀 더 잘되면 출세할 수 있도록 교육시키려는 것은 예나 지금이나 마찬가지다. 그대들의 부모들은 그대들을 낳아 기르고 교육시키려고 소도 팔고 땅도 팔았음을 왜 모르는가. 지금 세상보다 열 배 백 배 더 팍팍했으리라. 그래도 그대들은 배불리 먹고 따뜻한 옷 입고 자동차도 타고 다니지 않은가.

생각해 보라. 출산율이 지금처럼 계속해서 떨어진 몇십 년 후 그대들이 늙고 병들었을 때 누가 그대들을 먹여 살릴 수 있겠는가. 젊은 사람이 없고 일할 사람이 없는데 누가 농사를 짓고 누가 옷을 만들고 누가 자동차를 만들 것인가. 지금 세상살이 어려운 이유가 사회와 국가에 책임이 있다고 하지만 그때 가서는 국가 생산력의 원천인 젊은이가 없는데 그대들을 책임질 국가와 사회가 있겠는가 말이다. 그대들의 삶을 보듬어 줄 후손이 없는 것이다.

오로지 늙고 병든 그대들만 살아남아서 굶고 헐벗는 고통 속에서 죽을 날만 기다리게 될 것을 왜 모르는가. 이러한 우리의 장래를 생각지 않고, 지금 당장 어려워서, 그리고 자신의 이기심을 앞세워 애를 낳지 않겠다면, 그대들도 국가와 사회로부터 받은 책무를 다하지 않은 젊은이들이라고 손가락질을 받을 것이다.

아이를 낳을 수 있는 가임 여성들이여! 아이를 낳아 건강하게 양육하라. 아이들은 우리의 미래이고 그대들을 포함한 우리 모두를 보듬어 줄 우리의 분신이다. 국가의 존망에 가장 중요한 산업 역군이다.

아이를 낳는 것은 선택이 아니다. 기왕에 육아 때문에 직장을 그만두었으면 둘째 아이도 낳고, 아이 못 낳는 여자들을 위해 셋째 아이를 낳을 생각도 해보라. 우리의 미래는 그대들에게 달려 있다.

〈조선일보 2003. 11. 29.〉

'언론 재판'의 이중 구조

전규찬

한국예술종합학교 교수, 방송영상과

언제부터인가 신문과 텔레비전은 법 기관 바깥 '인민 재판'의 공간으로 작동하게 되었다. 피의자는 미디어에 의해 우선 윤리적으로 심판을 받는다. 법질서 위반 혐의자의 초라한 몰골이 다중에게 공개되고, 전자의 몸에 집중되는 시선의 폭력은 후자의 영혼에도 생생한 처벌 효과를 새겨 놓는다. 이 현대적 훈육 기계의 눈에 포착되는 순간 피의자들은 범죄의 확증 유무, 이유나 성격과 무관하게 성격 파탄자이자 공중의 적으로서 자동 고발된다. 미디어는 범인을 지목하고 범죄를 규정하며 궁극적으로 선악을 정의함으로써 그 힘을 행사하는 일종의 '준 공권력'이다. 특히 사회적 약자의 범행을 증언할 때 미디어의 위력은 거리낌없다. 카메라와 마이크를 앞세우고 이들을 일방적으로 다그친다. '자백하시오, 당신이 흉악범이라는 사실을!' 인권은 이 카메라 고발의 현장에서 철저하게 무력하다. 경찰서 책상

앞에 쭈그리고 앉아 겉옷을 덮어쓴 채 조서를 꾸미는 피의자의 표상에서 인간 존엄성은 흔적조차 찾기 어렵다. 얼굴을 모자이크 처리한 '범인'은 사제의 위치를 차지한 기자에게 잘못을 고해 바치기 바쁘다. 그렇다고 동정이나 구원을 받는 것도 아니다. 음성 변조된 목소리는 범행을 더욱 혐오스럽게 만들 뿐이다. '그들'과 '우리' 사이에는 이미 정상인과 이단의 명백한 선이 그어져 있다.

이처럼 청소년이나 여성, 노동 계급, 장애인 등 사회적 소수자의 '범죄'를 심문하기 좋아하는 한국의 텔레비전과 신문은 강자에 대해서는 매우 관대하다. 수백억 원을 도둑질한 정치인들이나 재벌 대표들에 대해 유독 그러하다. 약자와 강자에 대한 이중성은 한국 정치의 결정적 모순이라 할 수 있는 불법 정치 자금 문제를 다루면서 각종 매체가 즐겨 쓰는 언어에서도 쉽게 찾아볼 수 있다. 약자의 범행을 향한 주저 없는 비난은 이번에도 강자의 비행을 접하면서 크게 순치되었다. 후배를 협박해 돈을 빼앗은 청소년은 '공갈 갈취'범이다. 그러나 정치가들의 동일 범죄는 희한하게 '모금 행위'가 된다. 이익을 바라고 '뇌물' 주는 행위를 '상납'이라고 부른다. 그러나 재벌이 훨씬 큰 이익을 바라고 정당에 검은돈을 가져다 바칠 때는 '비자금', '전달'로 말이 바뀐다. 그 과정에서 중간 역할을 맡은 사람에게는 '수금책'이라는 흉악한 표현 대신에 '창구'라는 이름이 붙는다. 그가 일부를 몰래 떼어먹는 행위도 '착복'이 아닌 '배달 사고' 정도가 된다. 그 외에도 미디어가 약자와 강자의 범행을 다르게 구성하는 증거들은 무수히 많다. 예컨대, 일반 피의자들이 돈을 어디어디에 '탕진'해 버렸다고 보도하던 것과 달리, 정치가들에게는 '용처'라는 용어가 주어진다. '쓰임새가 있어 썼다'는 매우 모호하고 무책임한 표현이다. 최근 신문과 방송에서 유행처럼 쓰이는 '고해 성사'라는 말도 그렇다.

사회적 약자 집단의 범죄에 대해 미디어는 고백 성사를 통한 구원의 기회를 허락하지 않는다. 법을 어긴 자는 마땅히 그 대가를 치러야 한다는 단순 법리만을 고집한다. 누가 어떤 이유로 그랬는지 알아보는 언론 매체로서의 기본 노력조차 없이, '사제 총'을 쐈다는 경찰 발표를 기정사실화하여 서울 한복판 달동네 빈민들을 살인 미수범으로 몰아간다. 그러나 호들갑스럽던 미디어의 말투는 훨씬 더 심대한 권력형 범죄 현장에서는 막상 차분해진다. '자수해서 광명을 찾는 것이 혼란을 수습하는 최선의 방책'이라고 훈수까지 한다. '정치적 해결'을 통한 사면, '경제 회복'을 위한 '대타협'이라고 애드벌룬 띄우기도 한다. 이런 어설픈 고발과 고백, 면죄의 언술은 부패 권력의 '화이트칼라' 범죄를 더욱 방조할 따름이다. 만약 미디어가 진심으로 재벌과 정치권의 부정한 결탁 관계를 해체시키고자 한다면, 지금의 말투부터 빨리 교정해야 할 것이다. 반사회적이고 비윤리적인 범죄는 일관되게 직설적 언어로 고발해야 한다. 떼강도를 '떼강도'라 하고 조폭을 '조폭'이라 하듯이, 돈다발을 '차떼기'로 주고받는 정치권과 재벌 사이의 불온한 범죄 온상을 정확한 언어로써 적발하고 응징하라. 미디어 광장에 설치된 잘난 자와 못난 자를 상대로 하는 심판·재판의 이중 구조물은 마땅히 철거되어야 한다.

〈한겨레신문 2003. 12. 16.〉

조류 독감의 위협과 대응법

조정호

신한연세내과 원장 · 전 세브란스병원 감염내과

어쩌면 향후 인간의 건강은 '바이러스'라는 코드에 의해 좌우될지도 모른다. 이전에도 영화나 SF소설류에서 종종 바이러스의 문제가 다뤄지긴 했지만, 최근 인류가 맞닥뜨린 '바이러스 파동'은 논픽션으로 우리에게 닥친 현실이다. 얼마 전 중국에서 전 세계로 확산되었던 SARS(중증급성호흡기증후군)로부터 시작해 A형 푸젠 인플루엔자, 조류 인플루엔자 등이 유래 없이 문제를 일으켜 관심을 모으고 있다.

최근 충북 음성의 한 양계장에서 조류 인플루엔자 바이러스가 발견되고, 이어 수만 마리의 닭들을 살처분하는 과정을 보면서 이런 현실이 결코 우리와 동떨어진 일이 아님을 느낄 수 있었다. 더욱이 국경을 넘나들며 창궐하는 이런 바이러스 질환이 결코 일과성이 아니라는 점이 중요하다.

이번의 조류 인플루엔자 바이러스도 지난 1997년에 이어 올해 홍콩에서 사람에게 감염돼 소규모지만 집단 발병을 일으킨 것과 같은 바이러스(A/H5N1)로 확인됐다. 아직까지 농축산 종사자나 가축 살처분자, 역학 조사반 등 상대적으로 위험에 많이 노출된 그룹에서 이상 증상이 없다는 점이 다행이라 할 수 있다.

우리가 흔히 '독감'이라고 부르는 인플루엔자는 온대 지방에서 매년 겨울철에 유행하는 흔한 호흡기 질환이다. 그러나 결코 감기 정도로 만만하게 여겨서는 안 된다. 인플루엔자의 유행은 노인이나 만성 질환자들에게 생명을 위협할 정도로 치명적일 수 있을 뿐 아니라 막대한 사회·경제적 손실을 초래하기 때문이다. 20세기 최악의 독감으로 기록된 1918년 스페인 독감은 2500만 명의 목숨을 앗아 갔으며, 100만 명을 사망에 이르게 한 1957년의 아시아 독감, 70만 명을 절명시킨 1968년의 홍콩 독감 등이 아직도 '전율'로 역사에 기록돼 있다.

의학이 비약적으로 발전하였음에도 이처럼 인플루엔자 같은 질병이 계속 문제를 일으킬 수 있는 원인은 무엇일까? 이는 인플루엔자 바이러스의 다양한 변이 때문이다. 인플루엔자 바이러스는 수시로 바이러스를 구성하는 단백질의 변이를 거듭해 인류가 경험하지 못한 유형의 새로운 바이러스로 다가오기 때문이다. 아직 모든 인플루엔자에 효과적인 예방 백신도 개발되지 못해 우려하는 '대변이'가 일어날 경우 인명 피해가 클 수밖에 없다.

인플루엔자 바이러스에는 A·B·C형이 있고, 대부분의 대규모 유행이나 세계적 유행을 일으키는 A형의 아형은 표면 당단백의 조합에 의해 각각 다른 항원성을 갖게 되는데, A형 인플루엔자의 항원

변이는 표면 당단백의 유전자 변이에 의해 발생한다. 이렇게 대변이를 일으킨 바이러스가 10~40년을 주기로 창궐하며 가히 재앙이라 부를 정도로 크게 유행한다. 1957년과 1968년의 독감 대란이 모두 대변이에서 비롯됐다. 이후 1977년부터 현재까지는 'A/H1N1'과 'A/H3N2', 인플루엔자 B형 등이 유행하고 있다.

바이러스는 이제 인간을 위협하는 공포의 실체이다. 조류 인플루엔자도 이름 그대로 닭·오리 등 가금류에만 감염되는 질병이었으나, 최근에는 종(種) 간의 벽을 넘어 사람의 목숨까지 앗아 가고 있다. 이 조류 인플루엔자 바이러스는 1996년에 결막염을 앓은 환자에게서 처음 분리되더니 급기야 1997년에는 사람의 목숨을 앗아 가기에 이르렀다. 다만 사람 간에 충분한 전파력을 갖지 못해 대유행을 일으키지 않은 게 다행이었다. 그러나 유전자 재조합 등을 통해 언제든 치명적인 바이러스가 출현할 가능성은 남아 있다.

그러나 안타깝게도 조류 인플루엔자에 맞설 효과적인 백신은 아직 개발되지 않고 있으며 항바이러스제가 예방과 치료에 사용되는 정도이다. A형 푸젠 인플루엔자나 아직 인체 감염은 확인되지 않았지만 치명적인 조류 인플루엔자 바이러스의 출현, 나아가 SARS의 재창궐 등에 대비하기 위해서는 예방 접종은 물론 기본적인 개인 위생과 예방을 위한 조치를 더욱 철저히 해야 할 것이다.

〈서울신문 2003. 12. 22.〉

산 입에 거미줄을 치랴

주경철

서울대 교수, 서양사학과

유명한 신화학자 조셉 캠벨의 책을 읽다가 이런 구절을 보았다. '돈이 없다는 건 느꼈지만 가난하다는 느낌은 전혀 경험해 보지 못했다.'

그가 자신의 경험을 이야기하는 대목에서 참 멋지다는 느낌을 받았다. 그가 유럽에서 공부하다 뉴욕으로 돌아온 때가 하필 대공황 시절이라 일자리도 못 구하고 무일푼으로 살았던 모양이다. 그때 그는 프로베니우스에 홀딱 빠져 이 사람의 책을 모조리 읽겠다고 결심했다. 그러나 수중에 돈이 한 푼도 없었기 때문에 고가(高價)의 책들을 살 수 없었다. 그래서 서적상에게 편지를 보내 사정을 이야기했다. 그러자 그 서적상은 나중에 일자리를 구하거든 책값을 갚으라는 편지와 함께 읽고 싶던 책을 모두 보내 주었다고 한다.

기성 사회는 집단적 정신 질환

캠벨은 뉴욕의 가난한 청년 예술가들이 모여 사는, 수도도 설치돼 있지 않아 우물물을 퍼 사용하는 허름한 집에서 살았지만 이곳에서 기본적인 독서와 공부를 거의 다 했다고 스스로 자부한다. 그리고 4년이 지나서야 책값을 모두 갚았다고 한다.

한 해를 되돌아보게 되는 이 시점에서 이 구절이 자꾸 가슴에 와 닿는다. 그러나 격(格)이 높은 사람들의 이런 이야기는 이제는 지난 시대의 신화처럼 느껴진다.

우리는 올 한 해를 어떻게 살아왔던가. 이런 생각을 할 때 내 머리에 저절로 떠오르는 말은 '천박함'이다. 요즘 신문을 보라. 지면의 거의 대부분이 부정하게 돈을 주고받다가 검찰에 끌려가는 사람들 이야기뿐이다. 지난 대선 때 대통령 후보 측에게 돈을 퍼붓듯 주어야 했던 기업가들, 거액을 횡령한 공무원들, 각종 청탁을 미끼로 뇌물을 받은 무슨무슨 협회 사람들……. 아무리 부패가 심해도 어떻게 이 지경까지 왔을까 하는 탄식이 절로 나온다.

엊그제는 두 자녀에게 신경 안정제를 먹인 후 한강에 던져 죽인 남자 이야기가 충격을 주었다. 이 사람이 정신 분열 증세를 보인다는 이야기가 있지만, 나에게는 우리 사회 전체가 일종의 정신 질환을 앓고 있고, 그래서 이 사람이 그 병의 증세로서 나타난 것처럼 보인다.

기성 사회 집단이 이렇게 비정상적일 만큼 부패하고 조야하게 된 것도 문제지만, 그보다 더 큰 문제는 미래의 주인인 젊은 세대 역시 그 비슷한 길을 따라간다는 데 있다. 그 점을 잘 보여 주는 것 중 하나가 대학가 풍경일 것이다. 웬만한 대학교 앞의 거리는 이제 대학가라고 부르기가 민망할 정도로 술집과 카페가 많이 들어섰다. 대학이라는 곳이 원래 젊은이들이 모이는 곳이라 그 주변에 맥줏집과 카페가 들어서는 거야 있을 수 있는 일이지만, 그래도 우리나라 경우는 정도가 심하다. 모르긴 몰라도 술집 대 책 가게의 비율이 1백 대 1은 족히 넘을 것이다. 그러니 이건 대학가가 아니라 환락가인 셈이다.

학생들은 정신없이 놀다가 정신 차리면 그다음에는 곧바로 고시에 달려든다. 요즘같이 청년 실업자 문제가 심각한 때에 자기 앞날 걱정하는 것에 대해 누가 뭐라고 할 일은 결코 아니지만 그래도 서글픈 느낌을 지울 수 없다. 우리 학생들은 자기 하고 싶은 공부를 마음껏 해 보겠다는 주체적인 욕구, 자신의 지성에 대한 자부심, 그리고 자기 인생을 자기가 원하는 대로 살려는 의지를 스스로 내팽개친 것일까.

우리의 장점 역동성을 살려야

몇 해 전엔가 한 학생이 대학원에 진학해 공부하고 싶긴 한데 장래가 불투명해 망설여진다는 말을 했다. 내가 해주었던 대답은 "우리 대학원의 철학은 '산 입에 거미줄 치랴'다. 설마 굶어 죽지는 않을 테니 한번 공부해 봐라"였다. 약간은 참혹한 이 유머에 한바탕 웃고 대학원에 들어온 그 학생이 이제 학위를 마치고 졸업한다. 이제는 이런 학생들이 슬슬 사라져 가는 형편이다.

그동안 우리 사회가 자랑해 왔던 역동성이 한계에 다다른 것 같다. 현재 우리는 돈 다 떨어진 졸부(猝富)처럼 몸도 정신도 가난한 겨울을 맞고 있다. 묵은해를 보내고 새해를 맞이하면서, 앞으로 우리 사회가 지성이 겸비된 역동성을 가졌으면 좋겠다는 바람을 가져 본다.

〈중앙일보 2003. 12. 24.〉

문화

제대로 된 도서관이 없다

김호동

서울대 교수, 동양사학과

　내 손에 알라딘의 요술램프가 있다면 무엇을 해달라고 부탁할까. 하버드대의 와이드너 도서관을 번쩍 들어 한국 땅에 옮겨 주었으면……. 나는 터번을 두른 알라딘이 대리석으로 된 거대한 건물을 땅바닥에서 우지끈 뽑아 내 하늘로 비상하면서 태평양을 가로지르는 장면을 생각하며 혼자 기분 좋아했다. 이것은 오래전 내가 미국에서 박사 학위를 마치고 귀국할 때쯤 가졌던 생각이다. 몇 년 전 교환 교수로 외국에 나가게 되었을 때 살인적인 생활비를 알면서도 굳이 다시 그곳을 선택하게 한 주범이 바로 그 도서관이었다.

　타이타닉 호와 함께 목숨을 잃은 아들 와이드너를 기념하기 위해 그의 모친이 2백만 달러를 기증해 1915년에 세운 이 도서관은 오늘날 1백 개 가까운 부속 도서관들(장서 1천4백만 권)의 핵심이자 전 세계 대학 도서관들 가운데서 최다의 장서를 자랑하고 있다. 우리나라에서는 서울대학교 도서관이 2백만 권으로 1위를 기록하고 있지만 북미의 1백여 개 대학 도서관과 비교해 볼 때 최하위권 수준이다.

미국 와이드너 도서관의 경쟁력

도서관의 생명은 어떤 책을 찾으려고 했을 때 거의 대부분 거기에 있으리라는 믿음을 줄 만한 장서량에 있다. 이런 점에서 국내에서 내로라하는 도서관들은 하나같이 실망스럽다.

필요한 책이나 논문의 목록을 만든 뒤 검색을 해 보면 그야말로 가물에 콩 나듯 어쩌다 한두 권씩 눈에 띌 정도니 어느 누가 이런 도서관을 믿고 찾아가겠는가.

사정이 이렇다 보니 연구자들은 각자 적지 않은 사재를 털어 자기가 종사하는 분야의 책이라도 사서 모아 개인 도서실을 차릴 수밖에 없게 된다. 그러나 개인의 노력에는 분명히 한계가 있을 뿐만 아니라 우리나라 전체로 볼 때는 극히 비경제적인 중복 투자인 셈이다. 대형 공장에서 체계적으로 생산되는 시스템을 갖고 있는 외국 학자들에 대해 국내 연구자들이 가내 수공업 수준으로 맞서는 형국이다.

21세기 우리 문화의 토대가 될 지식 산업은 다른 분야나 마찬가지로 인프라의 구축을 절실히 필요로 한다. 그것은 우수한 인재의 양성과 연구 여건의 개선에 달려 있다. 그런 면에서 믿고 신뢰할 만한 도서관의 설립은 무엇보다도 중요하다.

세계가 자랑하는 미국의 의회도서관이나 영국의 대영도서관이 지금으로서는 꿈같은 이야기지만, 우리 세대에 안 되면 다음 세대, 그것도 안 되면 백 년 2백 년 뒤에는 우리 후손들이 그런 도서관을 가질 수 있도록 지금부터라도 시작해야 할 것이다.

어떤 이는 장차 종이가 사라지고 디지털 정보가 모든 것을 대체하게 될 인터넷 시대에 구태의연하게 도서관을 가져서 무엇 하겠는가라고 반문할지도 모른다. 인쇄 문화가 사멸할지는 두고 봐야 할 일이지만 설령 그런 시대가 온다고 축적된 지식의 저장고로서 도서관의 기능마저 사라지는 것은 아닐 것이다. 지식이 어떠한 매개체를 통해서 구현되든 그것을 체계적이고 완벽하게 갖춘 도서관은 고금을 막론하고 필수적이기 때문이다.

경제적으로 제한된 역량을 지닌 우리가 그러한 도서관을 갖기 위해서는 무엇보다도 전략적인 투자를 할 필요가 있다. 즉, 투자는 분산되지 말고 집중돼야 한다는 말이다.

한국을 대표하게 될 도서관은 어느 기관이나 대학의 전유물이 아니고 결국 우리 국민 모두가 공유할 재산이기 때문이다. 동시에 전문화되고 특화된 도서관들을 육성해야 한다. 서로 비슷비슷한 책들을 사 모으는 것은 재원이 제한된 우리에게는 현명치 못한 방법이다.

전문 분야별 집중 투자를

또한 해외 각지에서 수많은 언어로 쏟아져 나오는 지적 결과물들을 빠짐없이 포착해 수집하기 위해서는 전문 사서제의 도입이 시급하다. 우리는 국력의 진정한 기초가 정치나 경제 못지않게 문화의 힘에 있음을 잘 알고 있다.

그 힘은 목청 높여 '대~한민국'을 외친다고 해서 얻어지는 것이 아니다. 늦었지만 지금이라도 믿을 만한 도서관 하나 제대로 세우려는 작은 노력에서부터 시작돼야 할 것이다.

〈중앙일보 2003. 01. 15.〉

전자도서관이 필요한 이유

정소성

단국대 교수, 어문학부

지난해 말 흥사단 강당에서 문인 100여 명이 모인 가운데, 한국전자문학도서관 개관 기념식이 있었다. 이 도서관은 기왕에 오픈되어 하루 평균 5천 회 이상의 조회 횟수를 자랑하며 독자들의 사랑을 받아 왔으나, 이날 정식으로 개관 기념식을 갖고 오픈되었다.

이 전자도서관이 이날 정식 오픈 기념식을 가진 데는 그만한 이유가 있었다.

한국중앙국립도서관이 이 도서관의 장서 중 2030권을 자신들의 사이버상에 수용하고, 2억 원이 넘는 대금을 지불했다. 이 도서관의 장서 2만여 권 중에서 중앙도서관 측에서 선별, 수용하였다. 국립도서관 등 공공 도서관에서만 도서 사용이 가능하다는 조건부였다.

이 전자문학도서관은 기이하게도 서울에서 가장 멀리 떨어져 있는 제주도에서부터 시작되었다. 제주대학의 한국문학 전공이고 시인인 윤석산 교수가 이 도서관의 필요성을 절감, 사비로 이 도서관 설립 운동을 시작했다. 상당 기간 호응하는 문인과 독자가 적어 고전을 면치 못하였고, 사비 10억 원가량을 투자했다고 한다.

그러나 세월이 흐름에 따라 이 도서관의 필요성을 인정한 문인과 독자, 그리고 문화인 들의 호응을 얻게 되었다. 운영위원 가운데 한 사람인 탤런트 고두심 씨는 독자권익담당위원 직을 맡아 직접 활동할 뿐만 아니라 경제적으로도 상당한 도움을 주고 있는 것으로 알려져 있다.

전자문학도서관의 필요성은, 크게 두 가지로 생각할 수 있다.

첫째, 오늘날 문학 작품의 독자들이 점점 사이버화하고 있다는 사실이다. 우리나라 20대 독자들의 89%가 컴퓨터를 가지고 있으며, 직접 인터넷으로 문학 작품을 조회하고 내려 받아서 독서를 하고 있다고 한다. 책을 통한 독서가 줄어들었다고 볼 수는 없지만, 새로운 독서 풍토가 조성되고 있음은 확실하다. 기존의 출판사나 서점, 그리고 문인들은 이 새로운 사실을 무시할 수 없다. 이들을 사이버 작가니, 사이버 독자니 하면서 이단시해서는 안 된다. 이들은 우리도 모르는 사이에 문학 인구의 주류로 등장하고 있는 것 같다.

둘째, 개인이나 도서관이나 종이책에 의한 문학 작품의 보관에 한계를 느끼고 있다. 개인 독자들은 대부분 좁은 아파트 생활을 하고 있으므로 책을 보관할 공간이 없는 것이다. 아무리 좋은 책이라도 다섯 권 이상의 전집으로 출판된 책은 사실 그것을 꽂을 서가의 여유가 없다. 문인들도 이사를 갈 때, 소장하고 있는 문학 서적을 버리기에 큰 고역을 치르고 있는 실정이다.

이런 경우는 도서관도 마찬가지다. 문인의 숫자가 적었던 시절에는 출판되는 모든 문학 작품을 받아서 소장하고 대출할 수 있었다. 그러나 워낙 문인의 숫자가 많아지고, 그들이 출판하는 작품의 숫자가 엄청나게 많아져 도서관이 이 기능을 수용하기에는 한계가 있다.

그래서 도서관법에서는 출판된 지 5년이 넘는 책은 소각할 수 있도록 하고 있다. 미국 의회도서관에서도 대형 트럭 50대분의 책을 매일 소각하고 있다고 한다. 이럴 경우 아까운 작품이 소실될 가능성이 있는 것이다. 당대에는 인정받지 못했지만, 스탕달의 『적과 흑』처럼 작가 사후 몇십 년 만에 재발견되는 명작도 있을 수 있다. 도서관은 이제 서책의 보관이라는 자신의 기능을 백분 수행할 수 없는 처지에 놓인 것이다. 이것을 해결할 수 있는 장치가 사이버 도서관이다. 이것은 무한정으로 영원히 보관할 수 있는 것이다.

이런 관점에서 이번 중앙도서관과 한국전자문학도서관의 제휴는 큰 의미가 있다고 생각하며 좀 더 많은 문학서들을 수용해 주기 바랄 뿐이다. 〈문화일보 2003. 02. 05.〉

자연을 입체적으로 생각하라

김희준
서울대 교수, 화학부

어릴 때 즐기는 퍼즐 중에 성냥개비 여섯 개로 정삼각형 네 개를 만드는 문제가 있다. 일단 정삼각형 한 개를 만드는 데 성냥개비 세 개가 들어간다.

그다음에는 무슨 수를 써도 평면상에서 나머지 성냥개비 세 개로 정삼각형 세 개를 더 만드는 것은 불가능하다. 그러나 3차원으로 가 삼각 피라미드를 만들면 문제가 쉽게 해결된다.

평면을 벗어나 입체적으로 생각하는 것은 자연을 이해하고 과학을 공부하는 데도 아주 도움이 되는 방법이다. 과학을 물리·화학·생물·지구과학 식으로 평면상에 갈라놓고 공부하면 자연의 원리를 전체적으로 파악하기가 어렵고, 그러다 보면 암기식 공부가 되기 쉽다. 그러나 자연을 위에서 내려다보면 여러 분야 간의 관계가 한눈에 드러나고 자연과학의 세계가 입체적으로 보인다.

일례를 들어 보자. 천문학의 영역인 별과 생물학에서 다루는 장미 사이에는 무슨 상관이 있을까? 나는 외가에서 자랐다. 외할아버지는 장미를 많이 키우셨다. 그래서 나는 어릴 때부터 장미 옆에서 한참씩 그 아름다운 색깔과 향기에 취하고는 했다.

또 나는 밤하늘의 별들을 바라보면서 '생각할수록 나를 경이감에 싸이게 하는 것이 두 가지 있는데, 하나는 반짝이는 밤하늘의 별이고 다른 하나는 내 마음속에서 빛나는 도덕률'이라는 칸트의 말을 되새기고는 했다. 그러나 그때 나는 별과 장미의 관계를 알지 못했다.

미국에 유학해 박사 학위를 받고 나서 책과 강연을 통해 당시 폭넓게 받아들여지기 시작한 빅뱅 우주론을 배우면서 비로소 150억 년 전 빅뱅 우주에서 만들어진 수소와 몇십억 년 후에 어느 별들의 내부에서 만들어진 무거운 원소들이 지구에서 만나 또 몇십억 년 후에 장미도 만들고 우리 자신도 만든다는 사실을 깨닫게 됐다.

시간적으로 공간적으로 이렇게 멀리 떨어진 장미와 별이 우리 앞에서 생명의 모습으로 연결되는 것을 깨닫는 것은 참으로 신선한 충격이었다.

셸리는 '겨울이 오면 봄이 멀지 않다(If winter comes, can spring be far behind?)'고 읊었는데 역시 한겨울 동안 숨을 죽이고 있던 마른 가지에서 새싹이 눈에 띄게 돋아난다. 머지않아 진달래와 개나리가, 또 벚꽃과 라일락이 피어날 것이다.

이 모든 것이 가능한 것은 태초의 우주에서 1억 년의 암흑을 걷어 내고 별이 탄생하는 기적이 일어났기 때문이다. 별이 생기고 별에서 무거운 원소들이 생기지 않았다면 우주는 수소와 헬륨의 우주로 끝났을 것이다.

150억 년의 나이를 가진 수소와 그보다 훨씬 어린 탄소·질소·산소·인이 우주 천억 개의 은하 중 하나인 은하수, 그리고 은하수에 속한 천억 개의 별 중 하나인 태양, 그리고 태양계의 9개 행성 중 하나인 지구에서 만나 장미의 DNA 이중 나선에 자리 잡은 것도 기적이다.

한 쪽 나선에 들어 있는 산소와 상대 쪽 나선에 들어 있는 산소가 다른 별에서 왔을지도 모른다고 생각하면 경이감에 가슴이 떨릴 지경이다.

새봄에 나는 '자연과학의 세계' 강의에서 별과 장미를 화두로 자연의 핵심적 원리와 과정들을 이야기하고 있다. 별의 기원을 생각하다 보면 은하와 우주의 구조, 그리고 결국은 우주의 기원 이야기가 나온다.

곧 원자의 구조와 별의 진화를 통한 무거운 원소의 합성이 나올 것이다. 그리고 어떻게 이런 원소들의 화학 결합을 통해 생명이 탄생되고 자연을 이해할 수 있는 인간으로 발전됐나를 다루게 될 것이다. 대학은 역시 좋은 곳이다.　　　　〈중앙일보 2003. 03. 18.〉

죽은 지식인의 사회

김성곤

서울대 교수, 영문학과

한국은 세계에서 종교가 가장 번성하는 나라 중 하나라고 한다. 주위를 둘러보면 교인 아닌 사람이 없고, 교회 없는 동네가 없는 것처럼 보인다. 외국인들은 무수한 교회 십자가들에 놀라움을 금치 못한다. 수많은 사찰(寺刹)들과 5만 개에 이르는 교회 건물들, 그리고 세계에서 가장 큰 개신교 건물을 다섯 채나 갖고 있는 나라이다 보니, 한국은 각 종파가 주장하는 신자 수를 합하면 실제 인구를 훨씬 초과하고 있다.

종교적 성향이 강한 사회에서는 모든 것이 '종교적'이 되기 쉽다. 그러나 교리 준수와 적극적 포교, 그리고 절대적 믿음을 요구하는 종교적 신념이 다른 것과 결합하면, 자칫 교조주의와 집단주의 문화, 그리고 경직된 이데올로기가 형성되어 자신의 신념을 남에게도 강요하게 되고 거기에 동조하지 않는 사람들을 배척하게 된다.

원로 종교학자 정진홍 교수가 최근 정년 퇴임 고별 강연에서 모든 것이 '종교적'으로 되어 가고 있는 이 시대의 분위기에 우려를 표명한 것도 바로 그런 맥락일 것이다.

종교의 특징은 일단 믿게 된 후에는 순교도 불사할 만큼 불변의 신앙을 고수한다는 데 있다. 문제는 어떤 것이 '종교적'이 되면, 자칫 열성과 독선이 앞서며 배타적이고 경직된 도그마가 되기 쉽다는 데 있다. 9·11 테러범들이 수많은 사람들을 별 죄의식 없이 죽일 수 있었던 것도, 또 나치 독일이나 발칸 반도에서 '인종 청소'가 가능했던 것도, 그리고 최근 이라크 전쟁이 발발하게 된 것도 모두 정치적 신념이 '종교적'이 되었기 때문이다. 그러나 일찍이 예수가 지적했듯이, '자기만 옳다는 확신(self-righteousness)'은 가장 위험한 발상이다. 청교도들의 마녀 재판이나 극우파들의 매카시즘 같은 역사적 과오들도 모두 '자기만 옳다는 종교적 확신'에서 비롯되었다.

그러한 잘못을 바꿔 줄 수 있는 것은 잘나가는 정치나 경제가 아니라, 우리 사회에서 늘 냉대받는 교육과 문화다. 교사들은 날마다 학생들의 인식을 변화시키는 감동적인 참교육을 시켜야만 한다. 제자들에게 학문이나 무예를 전수해 주기 전에 먼저 고행을 통해 인간 수업을 시켰던 선인(先人)들의 지혜는 곧 수양이 덜된 사람의 손에 들어간 지식이나 기술이 얼마나 위험한가를 잘 시사해 주고 있다. 실종된 도덕과 윤리를 회복하고, 우리 사회에 만연한 독선과 편견을 없애기 위해, 초등학교 1학년 때만이라도 공부 대신 인성 교육을 시킬 것을 새 정부에 제안한다.

문화를 이끌어 나가는 사람들 또한 세계 문화의 새로운 변화 속에서 한국 문화를 해외에 알리는 방법을 모색하며, 서로 문화가 다른 사람들끼리 더불어 사는 법을 가르쳐야만 한다. 그러지 않으면 한국은 지역 감정의 왕국이자, 외국인들을 학대하고 착취하고 혐오하는 극단적 민족주의 국가라는 오해 속에 국제 사회에서 고립될 것이다. 이 중요한 '문화의 시대'에 문화부가 하는 일이 결코 국내 문화 단체들의 재정적 지원이나, 옛 공보처처럼 대통령의 홍보나 언론 통제에 그쳐서는 안 되는 이유도 바로 거기에 있다.

케네디 대통령은 "나라 살림을 잘못하면 소수가 괴롭지만, 외교를 잘못하면 온 백성이 고통을 당한다"라는 유명한 말을 했다. 상당수 국민들은 지금 새 정부의 불확실한 외교 능력과 전문가 부재에 불안해하고 있으며, 편중된 인사 정책과 일부 공직자들의 도덕적 결함에 불만을 갖고 있다. 그러나 자신만 옳고 타인은 틀렸다는 종교적 확신 앞에서 문제점을 지적하는 목소리는 약하고 듣는 귀는 없으며, 비판적 지식인들은 무차별 사이버 테러에 시달리다 이윽고 침묵 속에 빠져들어 간다.

교육과 문화가 제구실을 못하고, 이념과 신념이 종교적·감정적·극단적이 되는 사회에서 지식인은 침묵할 수밖에 없게 된다. 지식인이 침묵하는 사회는 결코 건강할 수 없다. 영화 「죽은 시인의 사회」에서는 한 사람의 깨어 있는 교사가 나서서 잘못된 교육을 변화시킨다. 그러나 '죽은 지식인의 사회'에서는 우리 모두가 나서서 잘못을 바로잡아야만 한다. 죽은 지식인의 목소리는 다시 되살아나야만 한다.　　　　　　　　　　　　　　　〈조선일보 2003. 03. 27.〉

인간은 정말 문화적 동물인가

최재천

서울대 교수, 생명과학부

인간이 아닌 다른 동물에게도 문화가 있다는 걸 믿기 어려워하는 사람이 적지 않다. 물론 문화를 어떻게 정의하느냐에 따라 달라지겠지만 동물 사회를 관찰하는 내 눈에는 다른 많은 동물에게도 그들 나름의 문화가 있음이 너무나 또렷하게 보인다.

문화란 정의하기가 그리 간단한 개념이 아니다. 50여 년 전인 1952년에 이미 미국의 인류학자 크로버와 클럭혼은 그때까지 제시된 문화의 정의를 무려 175개나 찾아냈다. '한 인간 집단의 생활양식의 총체', 또는 '지식 신앙 예술 법률 도덕 관습, 그리고 사회 구성원으로서 인간에 의해 얻어진 다른 모든 능력이나 관습들을 포함하는 복합 총체'라고 규정한 타일러의 정의(1871), 그리고 이에 '상징화'를 추가한 화이트의 사뭇 구체적이고 엄격한 정의(1977) 등을 받아들일 수도 있다. 그렇다 하더라도 나는 인간만이 유일한 문화적 동물이라는 관점에는 결코 동의할 수 없다.

일본의 원숭이들은 모래가 묻은 고구마를 물에 씻어 먹는 습성을 갖고 있다. 그러나 그들이 원래부터 그런 행동을 보였던 것은 아니다. 어느 날 공원 관리인이 실수로 고구마를 모래사장에 엎질렀을 때 다른 원숭이들은 모두 그걸 그냥 먹느라 입 안 가득 모래를 씹어야 했지만 이모(Imo)라는 이름의 당시 두 살배기 암컷 원숭이는 고구마를 들고 바다로 내려가 물에 씻어 먹었다. 이를 지켜보던 다른 원숭이들도 이내 이모를 흉내 내기 시작했다. 이 같은 행동은 곧 다른 이웃 집단들로 전파되고 다음 세대로 전수되면서 일본 원숭이 사회의 새로운 '문화'로 정착되었다.

문화는 공유되고 학습되고 축적되며 늘 변화하는 속성을 지닌다. 문화의 풍요로움에는 분명한 차이가 있지만 다른 동물들도 그들 나름의 문화를 가지고 있고 대대로 물려주기까지 한다. 다만 그들은 말과 행동으로 문화를 전달할 수 있을 뿐 우리처럼 문자와 문화유산으로 남길 수 없기 때문에 우리만큼 화려한 문화의 꽃을 피우지는 못한 것이다. 나는 아직까지 다른 어떤 동물들의 사회에서도 도서관과 박물관은 발견하지 못했다.

이번 이라크 전쟁에서 바그다드 국립박물관과 도서관이 약탈당하는 모습을 보며 나는 '너희도 별수 없구나' 하는 다른 동물들의 비아냥거림에 얼굴을 붉히고 말았다. 함무라비 법전의 점토 설형문자판마저 사라졌다. 인류 역사를 통해 침략자들이 상대국의 문화유산을 어떻게 보호해 주었는가는 그들 자신의 문화가 얼마나 풍요로운가와 무관하지 않았다. 미국이 바그다드의 문화가 유린되는 걸 방관했거나 심지어 조장했을지도 모른다는 비난을 면하기 어려운 이유도 바로 미국 문화의 일천함 때문이다.

4월 23일은 유네스코가 제정한 '세계 책의 날'이었다. 대문호 세르반테스와 셰익스피어가 세상을 떠나며 우리에게 남겨 준 일종의 문화유산이다. 그러나 뒤집어 보면 책들도 곧 세상을 떠날 것 같아 보여 안타깝게 부르짖는 구호이기도 하다. 국제통화기금 관리 체제 때 아이들 우유부터 끊었듯이 요사이 경제가 좀 어렵다 하니 모두 책부터 끊는다. 그래도 철학자 김용석은 책이 아직 살아 있다고 외친다. '한 팔을 곱게 펴고 비스듬히 누운 나신(裸身), 애무를 기다리는 열정으로' 말이다.

반만년 문화의 역사를 자랑하는 대한민국에 반듯한 도서관과 박물관이 몇 안 된다는 것은 한마디로 수치이자 죄악이다. 김영삼 정부 시절 시작되었지만 김대중 정부 내내 철저하게 외면당했던 국립자연사박물관 건립을 노무현 정부가 하루빨리 실현해 주기를 진심으로 기대한다. 같은 맥락에서 '책 읽는 사회 만들기 국민 운동'과 MBC의 「느낌표!」가 함께 추진하고 있는 도서관 짓기 운동에 거는 기대 역시 각별하다.

우리는 지금 잠시 무력이 천하를 평정하는 것 같은 착각에 빠져 있지만, 결국에는 문화의 힘이 세상을 지배한다. 도서관과 박물관이 바로 문화 권력가들을 길러 내는 곳이다. 삶의 전쟁터에서 자꾸만 문화가 죽어 나가는 이 봄날, 나는 그래도 또 한 번 르네상스를 꿈꾼다.

〈동아일보 2003. 04. 30.〉

개성공단과 문화재

안병우

한신대 교수, 국사학과

남북 경제 협력이 본격적으로 추진됨에 따라 남북 경협의 최대 사안이라고 할 개성공단 개발 사업이 지난 6월 30일 착공식을 가졌다. 이제 개성공단은 측량 설계 등을 거쳐 내년 초에는 공사가 시작될 예정이다. 개성공단 개발에 따른 문화재 보호 문제는 거론된 바 있지만 한 번 더 제기하고자 한다. 새로운 사태가 발생했기 때문이다.

새로운 사태란 영국계 경영 컨설팅 회사가 만든 유로아시아유적개발회사(Euro Asia Heritage Development)가 개성 시내와 주변에 대한 관광 사업 및 유적 발굴 조사권을 확보했고, 이 사업을 수행하기 위해 북한 관광총국과 공동 투자하여 개성관광개발유한회사를 설립한 일이다. 북한이 개성 일원의 관광 개발권과 운영권, 그리고 그와 관련한 유적의 조사 및 발굴권을 영국계 회사에 넘긴 것이다.

500년 고려의 수도였던 개성은 선죽교 같은 상징적 유적뿐 아니라 흥왕사를 비롯한 거대한 사찰과 왕릉, 주거지 등 가치가 높은 유적이 널려 있는 중세 문화재의 보고(寶庫)로 관광을 비롯한 문화 산업의 중심지가 되기에 충분한 곳이다. 이런 점 때문에 영국계 회사도 개성 관광 사업에 뛰어들었을 것이다.

문화재 조사와 관광 사업권을 외국계 회사에 넘긴 것은 작지 않은 문제다.

첫째, 문화재를 보는 시각과 가치 평가에 문제가 생길 수 있다. 관광 개발 회사는 문화재를 관광 자원으로 삼아 영리를 추구하는 기업이다. 그러므로 학술이나 문화 차원보다는 관광과 수익 차원에서 문화재의 가치를 평가하게 될 가능성이 매우 높다. 문화재는 관광 자원으로도 활용해야 하겠지만 그것이 제일의, 궁극적인 목적이 되어서는 안 된다.

둘째, 가치 평가에 관련된 문제로 외국계 회사가 사업을 주도할 때 한국 역사, 한국 문화의 안목에서 개성의 문화유산을 평가할 수 있을지 의문이다. 문화유산이란 그 자체로 생명을 가진 것이어서 그것이 생성된 땅, 역사적 배경에서 생성자와 같은 역사 경험과 의식을 가진 사람들에 의해 가장 정확하게 평가될 수 있다고 믿기 때문이다.

셋째, 영국계 회사가 조사 발굴을 담당하게 되면 남북한의 고고학계와 역사학계는 학문 발전의 좋은 기회를 잃게 될 것이다. 고려 시대 유적이 밀집된 개성 일원보다 더 학술적으로 가치 있고 중요한 중세 유적지가 한반도에는 없다. 이런 곳의 조사를 외국에 넘겨주는 것은 지금 막 활성화되기 시작한 중세 고고학 연구가 한 단계 도약할 수 있는 기회를 영영 상실하는 것이다. 발굴 조사 과정에 한국 학계가 부분적으로 참여한다고 해도 하도급 이상의 의미를 갖기 어렵다.

그러므로 개성 일원의 문화 유적은 공단 조성 이전에 관광이 아니라 학술 목적으로 먼저 조사하고, 그를 바탕으로 종합적인 보존과 활용 계획을 세워야 한다. 물론 그 주체는 남북한이어야 한다. 조사는 문헌 기록과 지상에 유구가 남은 유적을 1차 대상으로 삼아야 하지만 그 외에 얼마만큼의 매장 유적이 있는지는 알 수 없다.

다만 근래의 북한 사정을 보면 유적이 제대로 보존되어 있을까 걱정스럽다. 일반적으로 유적은 흙에 덮여서 보존되는데 지난 몇 년 사이 빈번하게 입은 홍수 피해로 유적을 덮고 있는 퇴적토가 유실되었을 가능성이 높기 때문이다. 아마도 도자기나 토기 파편 같은 유물은 유적지 지표 조사를 통해서는 발견할 수 없고 냇가나 강가에서 만나게 될지도 모른다. 그래도 땅을 파고 만든 유적, 예컨대 무덤 같은 것은 남아 있을 것이다. 공단 예정지의 문화재는 이러한 점까지 고려하여 더욱 세밀하게 조사해야 할 것이다.

지금까지 몇 차례에 걸쳐 제기된 개성공단 예정지의 문화재 조사는 정부의 소극적 태도와 개발 업체의 경제 논리, 그리고 무엇보다도 북한의 반대로 실현되지 못하고 있다. 공사가 본격적으로 시작되기 전인 지금이 문화 유적을 조사할 수 있는 마지막 기회다. 개발 업체와 정부는 깊은 관심을 갖고, 북한은 민족의 문화유산이 제대로 조사되고 보존될 수 있도록 공동 조사 요구를 대범하고 겸허하게 수용하기를 촉구한다. 〈국민일보 2003. 08. 04.〉

평양에서의 8·15 민족 대회

김희택

민주평화통일자문회의 사무처장

곧 순안공항에 착륙한다는 대한항공 승무원의 안내 방송이다. 아 이곳이 그 평양이란 말인가. 창밖을 내다보니 과연 '평양(平壤)'이 틀림없다. 427년에 이 대평원을 고구려의 세 번째 수도로 삼아 천도한 제20대 장수왕(長壽王)은 국내성(國內城)이 위치한 집안(輯安)의 답답함에서 벗어난 해방감을 이 한마디 지명 속에 표현했던 것일까.

문을 나서자 너무도 낯익은 한 장면이 펼쳐진다. 3년 전 김대중 대통령과 김정일 국방위원장이 감격의 악수를 하던 바로 그 한 폭의 역사적 그림이다. 오늘도 그날처럼 한복을 곱게 차려입고 빨간 조화를 손에 든 인민들이 "민족 자주"와 "조국 통일"을 목청껏 외치면서 "반갑습네다"를 연발한다. 웬만한 강심장을 소유한 사나이라도 이 장면에서 목젖이 울컥하고 눈시울이 뜨거워지지 않을 수는 없을 것이다.

가까이 다가가 손을 잡아 보니, 아니 이 아줌마들 봤나, 시커먼 정도를 넘어 아예 검정 물감을 들인 듯한 얼굴이다. 농사짓는 촌 아낙네들이 일하다 말고 뛰쳐나와 한복 차려입고 나온 모양이다. 꾸밈없이 보여 주는구나! 이쁜 여자들 골라다가 그럴듯하게 꾸미지 않았으니, 그 순간 나도 절로 꾸밈없는 사람으로 변해 가고 있었다……

평양 8경 가운데 하나인 보통강송객(普通江送客)의 버드나무 늘어선 보통강, 그리고 늘 궁금하기만 했던 드넓은 강폭의 대동강을 지나서 숙소인 양각도 호텔 입구에 다다랐을 때 길 한쪽 구석진 곳에 조그만 간판이 하나 서 있다. '웃으며 가자!' 이 한마디가 내 머리를 쳤다. 그리고 3박 4일 내내 떠나지 않는 화두로 나를 맴돈다. 북한 인민들의 지금의 고난을 이 짧은 말속에 몽땅 싸 넣은 까닭인가. 그들의 장기적 낙관주의를 너무나 함축적으로 표현한 까닭인가.

객실이 배정되었다. 방에 들어서자 오른쪽 벽면에 달력이 붙어 있다. 어떤 아름다운 모녀의 사진 아래 8월 달력을 보니 15일이 빨간 글씨로 되어 있다. 이 지구상에 우리와 똑같은 날을 국경일로 하는 곳이 이곳에 있는 것이다. 한 장을 더 넘겨 보니 9월에도 11일이 빨간 글씨다. 한가위 명절인 것이다. 그렇지. 우린 핏줄이 하나지. 나는 그것을 지식으로는 알고 있지만 나의 일로 느낄 수는 없었다. 오늘 이 달력 앞에서야 그것을 체감할 수 있다니, 참으로 부끄럽도다.

대성산(大城山) 광법사(廣法寺)에서 열린 '평화와 통일을 기원하는 남북 공동법회'에 북쪽에서 스님 열다섯 분과 50여 명의 보살(아줌마 불자)이, 남쪽에서는 일곱 분의 스님과 30여 명의 불자가 참여했다.

스님들의 긴 머리카락이 생소하고 거슬린다. 그러나 삼귀의(三歸

依), 반야심경(般若心經), 사홍서원(四弘誓願) 등 염불 가락이 남쪽보다 훨씬 씩씩하여 강한 인상을 풍긴다. 우리나라가 낳은 세계적인 음악가 윤이상 선생의 부인과 딸도 독일 교포로 이 법회에 함께 참석하여 법당 앞에서 기념 촬영을 하니 참으로 감격스럽다.

대동강변 모란봉의 능라도(綾羅島) 공원에서 펼쳐진 '평화와 통일을 위한 8·15 민족 대회'는 북쪽에서 내각총리를 비롯한 조평통, 민화협 간부들과 평양 시민 3천여 명, 남·북·해외 대표 9백여 명이 참석한 가운데 진지한 분위기 속에서 진행됐다.

모든 연설자의 외침을 한마디로 요약하자면 '6·15 공동 선언을 잘 발전시켜서 민족 공조 아래 한반도의 전쟁 위험을 제거하고 통일을 촉진하자'는 내용이다. 그러나 북쪽 대표들의 연설에서 6·15 선언이 더 절실하게 강조되고 한 사람의 연설에서 적어도 열 번 이상은 나오곤 했으니 아마도 남쪽의 실천 의지를 의심하고 있는 분위기를 반영하는 것 같다.

개막식 후에 진행된 체육 경기는 모든 종목이 개인보다는 우리를 내세우는 단합 경쟁들이어서 새삼 그 뜻을 새기게 만들었다. 예컨대, 두 사람이 손을 잡고 줄넘기를 하면서 뛰는데 생각보다 훨씬 어려운 경기였다. 마음을 단합시키지 않고는 몇 발 못 가서 줄이 얽혀 그 자리에 멈춰 서고 마는 것이다.

또한 '단합' 팀과 '련대' 팀의 응원단장은 남쪽의 연고전이 연상될 만큼 수준급의 익살꾸러기들이고, 한복을 곱게 차려입은 여성들의 열띤 응원과 스스럼없이(!) 마당에 뛰쳐나와서 추는 한 무리의 군무는 가위 환상적인 한 폭의 그림이다. 도대체 울긋불긋 아름다운 한복을 입은 보통 사람들의 집단 가무는 어디서 익히는 것일까. 이렇듯 지성으로 보통 사람들이 모두 한복을 입고 살기로 한 교리는 어디서 출발한 것일까.

쇼와 야구 경기는 안방에서 TV로 백 번 구경하는 것보다 한 번 현장에서 보는 것이 낫다는 말이 있다. 대성산의 폐막식에 앞서 열린 남북예술공연은 이 말을 정말 실감나게 했다. 이곳에서도 역시나 현란한 원색의 한복을 곱게 차려입은 평양예술단의 춤과 노래는 우리 모두를 압도하기에 충분했다.

감동의 근원은 간단하다. 소재는 철저히 민요를 비롯한 전통문화에서 구하되 음악과 춤의 속도는 또한 철저히 빠른 템포로 현대화하는 것. 바로 이 간단명료한 원리를 갖가지로 변형하면서 우리의 마음을 흔들어 대는 것이다.

3박 4일의 8·15 민족 대회는 성대히 막을 내렸다. 2년 전에 통일 부장관의 경질 사태를 몰고 왔던 그 요란했던 민족 대회가 마치 수십 년 전의 옛이야기처럼 느껴질 만큼 평온하고 진지했다. 남쪽 대표들도 신중한 모습이 역력했고 북쪽 대표들도 서두를 필요가 없다는 듯 느긋한 표정들이었다. 이성보다 감정이 앞서는 격정의 시대는 흘러가고 냉정한 설계, 차가운 계산으로 우리의 미래를 그려 보는 이성의 시대가 눈앞에 온 것일까? 항일과 친일, 좌익과 우익, 친미와 반미, 보수와 진보, 이러한 대립각 속에서 정신없이 쫓겨 온 우리의 자화상, 이제 이성의 눈으로 대립을 아우르는 새로운 포용의 시대가 열리기 시작하는 것일까. 정말 우리는 이제 성숙해지기 시작하는 것일까.

8월 16일 밤 송별 만찬에서 내 옆자리에는 북쪽 동포 한필화 씨가 앉았다. 그녀는 1964년, 1968년, 1972년, 이렇게 세 번이나 스케이

228

트로 올림픽에서 메달을 수상한 사람이다. 그녀는 나에게 이런 글귀를 써 주었다.

'6·15 공동 선언을 받들고 모든 단체들이 련대 련합하여 조국을 통일하는 데 앞장서 주십시오. 올림픽 메달 수상자 한필화, 2003년 8월 16일 평양 양각도호텔, 김희택 선생님께 부탁합니다.'

〈문화일보 2003. 08. 20.〉

문화도 지방 분권 필요하다

유민영

단국대 석좌교수 · 예술대학원장

이른바 참여 정부가 들어선 지 반년이 지났음에도 특별한 문화 정책이라는 것이 전혀 드러나지 않는다. 전(前) 정부의 문화 정책을 그대로 계승하겠다는 것인지, 아니면 아직 준비가 덜 된 것인지 아무런 언급이 없다. 새 정부가 간간이 민주당의 법통을 잇지 않는 듯한 뉘앙스를 풍기니 문화 정책 역시 전 정부를 계승하지 않는 것으로 보아도 되는 것인가. 그렇다면 결국 이 정부가 적어도 문화 정책만은 특별한 비전이 없거나 아직 준비가 안 된 것으로 단정해도 될 것 같다. 눈에 띄게 달라진 것이라고는 특정 문화 단체 간부 출신들이 정부 산하 문화 기관의 요직에 임명되는 정도다.

물론 시대가 변하고 정권이 바뀌면 새로운 사고를 가진 인재들이 정체된 조직에 활력을 불어넣고 참신한 정책을 집행하는 것이 자연스럽긴 하다. 그러나 인물 등용도 어디까지나 정부가 새로운 청사진을 제시한 다음 그에 걸맞은 사람을 찾아 적소에 배치하는 것이 순리이고 또 성숙한 정부다운 모습이다. 그렇지 못한 가운데 특정 이념을 가진 인물들만 골라 쓴다면 조직 갈등과 혼란을 야기할 가능성마저 없지 않다. 문화라는 것은 단기간에 효과가 나는 것이 아니다. 그 점에서 문화 정책도 교육 못지않게 장기적인 안목을 갖고 확실한 목표를 세워 실천해 가야 하는 것이다. 민주화가 이룩된 뒤 전 정부에서는 좋은 문화 정책을 적잖게 제시했지만 제한된 기간 내에 추진되다가 흐지부지된 것도 꽤 있다. 가령 문화 예산 증액을 위시해 산업 차원에서의 접근, 정부 산하 기관의 자율화, 관립 문화 공간의 민간 위탁, 그리고 지방 문화 육성을 위한 공간 확대와 축제 문화 권장 등이 그런 예다.

현 정부는 오만과 편견을 버리고 전 정부의 좋은 문화 정책을 확실하게 계승해 심화 발전시켜야 한다. 마침 현 정부는 지방 분권화를 가장 중요한 국가 정책의 하나로 제시한 바 있다. 모든 것이 중앙에 집중돼 있는 우리로서는 그야말로 가장 시급히 해결해야 할 과제다.

그런데 지방 분권화는 관청을 옮긴다든가 공장과 학교를 짓는다고 되는 것이 아니다. 지방화란 사람들이 뿌리내리고 만족스럽게 살 수 있는 고장을 만드는 일이며 그것은 두말할 필요 없이 안정된 직장과 함께 균등한 교육과 문화적 혜택을 줄 때 가능하다. 선진국이란 중앙과 지방의 문화 격차가 적은 영국·프랑스·미국·독일 등을 가리킨다.

뮤지컬이나 발레, 오페라 한 편을 보기 위해 서울에 가야 하고 고갱의 그림 한 점 보기 위해 반드시 서울에 가야 한다면 누가 지방에서 살려고 하겠는가. 다행히 그동안 지방 문화 육성을 위한 인프라는 대충 깔아 놓은 상태다. 이제 웬만한 도시에는 문예회관, 박물관 등이 건립돼 전국적으로는 수백 개나 된다.

문제는 이러한 문화 공간이 관청처럼 일반직 공무원의 군림 속에서 제 기능을 못하고 있다는 데에 있다. 그런 경직된 구조 속에서 예술 창조자들은 주눅이 들어 자위 수단으로 노조까지 결성할 정도인 것이다. 그래서 문화 공간 활성화가 시급한 것이고 그 방법은 다름 아닌 공법인화인 것이다. 그것은 이미 전 정부가 제시한 민간위탁 제도로서 경기문화의전당과 국립극장의 성공 사례가 있다.

공법인화로 민간에 운영 맡기자

공법인이 되면 민간 전문가들이 문화 공간을 운영하므로 당장 중앙의 유능한 인재들이 지방으로 유입되고 창의성이 최대한 발휘되어 지역 문화가 활기를 찾게 될 것이다. 이제 문화야말로 가장 중요한 서비스다. 지방 거주자도 격조 높은 문화 서비스를 받을 때가 된 것이다. 비전문 관리는 문화의 속성과 다면성을 모르는 데다 서비스 훈련이 안 되어 있기 때문에 하루빨리 예술과 공간 관리를 아는 전문가들로 교체돼야 한다.

최근 어느 고장에서 깨어 있는 문화인들이 행정 과시용으로 건립 중인 대형 문화 공간의 건립을 중지시킨 일이 있다. 이는 기존 건물이나 잘 운영하라는 경고로 주목할 만한 사건이었다. 바로 그 점에서 문화 공간을 효율적으로 활용할 수 있는 공법인화가 시급한 것이다. 어차피 도시화된 산업 사회에서 격조 있는 문화는 문예회관이나 박물관을 중심으로 창조될 수밖에 없기 때문이다.

〈동아일보 2003. 09. 06.〉

가을은 '이해의 계절'

장영희

서강대 교수, 문학부

그렇게 지긋지긋하게도 비가 오더니 어느새 가을이다. 볼랜드라는 미국 작가는 '가을은 이해를 위한 계절이다'라고 했다. 이해의 계절—무슨 말일까.

계절의 순환을 인생에 비유한다면 봄은 새로움에 대한 설렘과 희망의 시간이요, 여름은 삶에 한껏 부대끼며 죽도록 사랑하고 미워하며 지내는 치열한 시기이고, 가을은 지나간 나날을 뒤돌아보고 반추하며 드디어 진정한 삶의 의미를 이해하는 시기라는 뜻일까.

아니면 언제나 바로 눈앞의 길모퉁이에서 자취를 감춰 버리는 삶을 좇다 지쳐 넘어져 결국 혼자 남는 허무함과 외로움을 이해한다는 뜻일까.

오늘은 차를 몰고 학교에 나오는데 플라타너스 잎 하나가 '탁' 하고 차창을 쳤다. 희미한 그 소리가 문득 내 가슴을 때리면서 "아, 가을이구나!" 하는 탄성이 나왔다. 그리고 이제 어느덧 내 삶도 가을을 맞고 있다는 생각이 들었다. 가을을 타는지 집에 와도 집중이 안 돼 무심히 인터넷을 기웃거리다 두 개의 글을 발견하였다.

〈창가의 남자〉
두 남자가 중병으로 같은 병실에 누워 있었다. 한 명은 폐에서 물을 빼내기 위해 하루에 한 번씩 오후에 일어나 앉아 있는 것이 허락되었다. 그의 침대는 그 방에 있는 단 한 개의 창문 옆에 있었다. 또 다른 남자는 하루 종일 침대에 누워 있어야 했다.

창가의 남자는 늘 창밖으로 보이는 풍경을 다른 남자에게 묘사했고, 다른 남자는 바깥세상의 활기와 색깔이 느껴지는 그 한 시간을 위해 하루를 살았다. 창밖의 호수에서는 아이들이 종이배를 띄웠고, 젊은 연인들은 꽃밭을 거닐었다.

몇 주가 지나고, 어느 날 간호사는 창가의 남자가 평화롭게 숨을 거둔 것을 발견했다. 다른 쪽 침대의 남자는 간호사에게 창가의 침대로 옮겨 달라고 부탁했다. 간호사가 그를 창가 침대로 옮겨 놓고 나가자마자 그는 친구가 묘사하던 창밖의 세상을 보기 위해 고통을 참고 일어나 앉았다.

그러나 창밖을 내다본 그는 놀라지 않을 수 없었다. 창밖은 벽돌 벽으로 막혀 있었다. 그는 간호사에게 물었다. "여기 벽밖에 없는데 그 친구는 어떻게 그렇게 멋진 풍경을 볼 수 있었을까요?" 간호사가 대답했다. "그분은 맹인이어서 이 벽조차 볼 수 없었는데요. 아마 당신에게 조금이라도 기쁨을 주려고 그랬나 봅니다."

〈축복의 통계〉

*당신이 오늘 아침 건강하게 일어났다면 이번 주 안에 이 세상에서 죽을 1백만 명보다 훨씬 더 축복받은 셈입니다.

*당신이 배고픔을 겪지 않고 있다면 이 세상 사람 중 5억 사람보다 더 축복받은 셈입니다.

*당신이 비를 피하고 잠을 잘 수 있는 집이 있다면 이 세상 사람들의 75%보다 더 축복받은 셈입니다.

*당신이 은행에, 그리고 지갑에 약간의 돈이 있고, 어딘가 작은 접시에 동전을 모아 놓았다면 이 세상의 8% 안에 드는 부자입니다.

*당신이 지금 이 글을 읽고 있다면 글을 읽을 줄 모르는 이 세상의 20억 사람들보다 더 축복받은 셈입니다.

*그리고 당신이 웃는 얼굴로 이 모든 축복을 깨달을 수 있다면, 그러지 못하는 사람들보다 더 축복받았습니다…….

내 방의 작은 창밖으로 유난히 파란 하늘, 그리고 이제 마지막을 준비하면서 노란 화관을 쓰기 시작한 은행나무가 보인다. 문득 나는 생각한다. '이해의 계절'이란 어쩌면 이제 내리막길을 달리기 시작한 이 지상의 삶에서 내가 누리고 있는 축복들을 더욱 소중히 여기고 이 땅에 손톱만큼이라도 기쁨을 남기고 가기 위해 노력하기 시작할 때를 말할지도 모른다고.　　　　　　　　　〈중앙일보 2003. 10. 17.〉

'문화의 눈'으로 미래를 보자

김수연

전 문화관광부 감사관

　최근 들어 실업 문제가 무거운 사회적 현안으로 떠오르고 있다. 특히, 대학을 졸업한 청년 실업이 더욱 심각하다고 한다. 우리가 실업의 문제를 심각하게 느끼는 이유는 생존과 직결되기 때문이다. 농경 시대에는 농지가 삶의 터전이었다면 산업 사회에서는 직장이 삶의 터전이다.

　우리는 이 터전에서 희망과 열정으로 삶을 일구어 간다. 이러한 희망과 열정이 역동적인 창조를 이루어 내고 그 결과 나라가 발전한다. 그러나 실업은 이러한 열정과 희망을 꺾어 버린다. 정부가 실업 해소에 힘써야 하는 이유가 여기에 있다.

　그렇다면 우리 사회에 심각하게 다가오고 있는 실업을 해소할 길은 없을까. 이 물음에 대한 해답을 찾기 위해서는 먼저 날로 심해지고 있는 실업의 원인을 알아야 한다. 일반적으로 실업의 문제는 경기 불황 때문이라고 생각한다.

물론 불황이 실업을 심화시키는 큰 원인 가운데 하나이긴 하지만 이것이 전부는 아니다. 보다 심각한 원인은 생산 수단의 전환이라는 구조적인 문제에 있다. 따라서 경기가 호전되면 실업이 해소될 것이라는 성급한 기대를 한다면 이는 큰 오산이다.

왜 그럴까? 그것은 우리 산업이 선진국형으로 발전하고 있는 데 기인하고 있다. 즉, 국제통화기금 구제금융 이후 우리 산업계에서는 생산성을 높이는 데 심혈을 기울여 왔고 앞으로도 더욱 박차를 가할 것이다. 생산성을 높이는 가장 쉬운 길은 자동화이다.

따라서 기업은 생산성을 높이기 위해 노동 중심의 생산 구조에서 자동화 구조로 전환할 수밖에 없으며 이는 산업 환경이 만들어 낸 필연적인 과정이라고 할 수 있다. 생산 라인의 자동화로 사람의 자리를 기계로 대체하기 때문에 경기가 호전되더라도 기대했던 만큼의 일자리는 창출되지 않게 되는 것이다.

우리의 산업 환경이 이렇다면 자동화를 할 수 없는 분야에 눈을 돌려야 한다. 이러한 조건을 갖춘 분야 가운데 하나가 관광 산업이다. 관광 산업은 자동화가 거의 불가능한 분야로, 많은 인력을 필요로 한다. 관광 단지 하나가 조성되고 컨벤션 센터 하나가 건립되면 여기에 수많은 일자리가 창출된다.

특히, 주5일 근무 시대가 열리면 관광 수요가 크게 확대될 것이기 때문에 더 많은 일자리 창출을 기대할 수 있다. 관광 산업은 일자리 창출뿐만 아니라 높은 부가 가치를 창출한다는 점에서 전략 산업으로 키워야 할 유망 산업이다.

관광 산업을 진흥시키려면 관광지를 많이 만들어야 하겠지만 관광지 조성만이 능사가 아니다. 관광은 긴장된 일상에서 벗어나 휴식을 통해 자신의 삶을 되돌아보고 에너지를 재충전하는 기회이다.

따라서 관광지가 관광객을 끄는 매력을 가지려면 먼저 특화된 개성이 있어야 하고 다음은 볼거리, 먹을거리, 놀거리가 있어야 한다. 금강산을 관광하고 돌아온 분들의 한결 같은 반응은 볼거리는 많은데 먹을거리, 놀거리가 없다고 아쉬워한다. 이 아쉬움 속에 바람직한 관광지 개발의 해답이 담겨 있다.

우리나라는 관광 자원이 부족하기 때문에 발전 가능성이 없다는 말을 하는 사람도 있다. 그러나 이러한 의견에 동의하지 않는다. 관광 자원이라고 하면 문화, 역사, 자연경관, 인공 조형물 등 다양한데 우리나라는 이들 관광 자원을 두루 가지고 있다.

문제는 관광 자원을 얼마나 많이 가지고 있느냐가 아니라 얼마나 잘 활용하느냐에 달려 있다고 본다. 예를 들면, 1990년대 이전까지만 해도 혐오 시설로 악명이 높았던 '난지도 쓰레기 처리장'이 세계에서 유례를 찾아볼 수 없는 훌륭한 관광지 '하늘공원'으로 탈바꿈했다.

이와 같이 관광 자원은 외형적인 부피가 아니라 어떻게 활용하느냐가 더 중요하다. 최근 국토 개발의 불가피성과 환경 파괴의 문제점을 놓고 논란이 많다. 그 논란을 풀 수 있는 해법은 없을까.

문화적으로 접근한 '하늘공원'에서 그 해법의 실마리를 찾을 수 있다고 본다. 우리는 지금 문화의 시대에 살고 있다. 모든 문제를 산업 시대적인 고정관념에서 벗어나 창의적인 문화의 눈으로 보자. 문화의 눈으로 보면 길이 있고 미래가 있다. 〈문화일보 2003. 11. 12.〉

새해엔 독서 계획표 짜 보자

표정훈
출판 평론가

오늘날 젊은 세대가 영위하는 문자 생활의 대부분은 더 이상 책에서 이뤄지지 않는다. 그보다는 다양한 정보 통신 기기를 통해 이뤄진다. 책장을 넘기는 손길보다는 휴대 전화 자판을 누르는 손가락이 우리 시대의 익숙한 풍경이다. 이른바 다매체 시대에 책의 위상은 폭풍우 몰아치는 황야에서 풍찬노숙하는 리어 왕을 보는 듯 안쓰럽기까지 하다. 여기에 불황이 더해졌기 때문일까? 올 한 해 우리 출판계의 일기는 전반적으로 '흐림'이었다.

주식 시장에 견준다면, 매수세가 부진한 가운데 분명한 장세 주도 주도 없었고 별다른 호재도 없이 개별 종목 장세가 지루하게 펼쳐졌다. TV 주말 오락 프로그램 「느낌표」의 독서 캠페인 코너가 일종의 기관 투자가 혹은 큰손 역할을 했지만, 그 공과에 대한 논란이 분분한 채 올해를 끝으로 막을 내리게 됐다. 출판계야 그렇다 치고, 한

해가 저무는 이때 우리 각자의 독서 대차 대조표는 어떤 상황인지 돌이켜 볼 필요가 있다.

일단 양적으로 몇 권의 책을 읽었는지, 또 질적으로는 읽은 책 가운데 만족스러웠던 책은 어떤 것이었는지, 지적으로 혹은 정서적으로 크게 도움이 된 '결정적 한 권'은 없었는지, 책 읽을 시간을 확보하려 애썼는지, 한 분야에 편중된 독서를 하지는 않았는지, 자녀의 독서 생활에 신경을 썼는지. 이런저런 사항들을 가만히 돌이켜 보는 것이다. 그 결과 마음에 걸리는 점이 있다면 그 대목을 해소하는 내용으로 내년 한 해의 독서 계획을 세워 보는 것도 좋은 일이다.

물론 우연하게 만난 책과 단번에 불꽃이 튀어 진한 사랑을 나누는 경험도 좋다. 하지만 그런 사랑은 흔치 않을뿐더러 그 상대가 책인 한, 꾸준히 준비하는 사람에게나 허락되는 경험이다. 책의 에로스는 로고스와 늘 함께 작동한다고 볼 수 있다. 독서 계획을 세우는 일은 책의 에로스를 맞이하기 위해 길을 닦고 청소하고 단장하는 로고스의 일이며, 그 자체가 의미 있는 지적 훈련이기도 하다.

가장 야심 찬 독서 계획의 예로는 필립 워드의 '평생 독서(A Lifetime's Reading)'를 들 수 있다. 동서고금의 명저 500권을 망라하고 있으며, 계획대로라면 50년 동안 모두 읽게 되어 있다. 동아시아에서는 량치차오(梁啓超 · 1873~1929)의 '독서분월과정(讀書分月課程)'을 들 수 있다. 아침에는 유교 경서, 낮에는 사상서, 저녁에는 역사서, 밤에는 문집을 읽는 방식으로 구성돼 있으니 오늘날의 관점에서는 빡빡하기 그지없다. 방학 생활 계획표가 치밀할수록 계획을 지킬 가능성도 낮아지지 않던가. 결국 각자의 처지와 취향과 목적에 따라 여유 있는 계획, 실행 가능한 계획을 세우는 게 중요하다.

예컨대, 중점 독서 분야 같은 것을 정하여 해당 분야의 입문서에서부터 전문적인 내용의 책까지 차례로 읽어 나가는 방법도 좋다. 매년 분야를 바꾸어 가며 그렇게 하기를 여러 해 거듭하다 보면, 스스로를 눈을 비비고 다시 보는(刮目相對) 날이 반드시 올 것이다.

비단 개인뿐 아니라 학교나 기업, 나아가 국가 차원에서도 전체적인 실력과 경쟁력 향상을 꾀한다면, 그 성원의 체계적인 독서를 제도적으로 권면하는 게 지름길이다. '내가 다른 사람들과 같은 정도로 책을 읽었다면 다른 사람들과 같은 정도에 머무르고 말았을 것'이라는 토머스 홉스의 말은 당연해 보이면서도 결코 범상치 않다.

책 좀 읽어야지 생각하면서도 그동안 책과 너무 멀리 떨어져 지낸 탓에 망설이는 사람이 있을지도 모르겠다. 스스로를 애당초 책하고는 거리가 먼 사람이라 단정해 버리는 사람도 있을지 모르겠다. 윈스턴 처칠이 1932년에 출간한 산문집에 실린 「취미」라는 글의 일부를 떠올려 본다. '설령 책이 당신의 친구가 되지는 못하더라도, 최소한 당신과 일면식이 있는 관계로 묶어 둘 수는 있지 않은가. 설혹 책이 당신의 삶에서 친교의 범위 안으로 들어오지는 못한다 해도, 알은체하며 가벼운 인사 정도는 반드시 하고 지낼 일이다.'

〈동아일보 2003. 12. 20.〉

가난한 씨름, 부유한 스모

홍윤표

OSEN 대표 기자 · 전 민속씨름연맹 사무총장

작가 박완서 선생은 「씨름이 좋아」라는 글에서 '내가 유일하게 즐기는 스포츠가 씨름이다. 그렇게 말해 놓고 나니 좀 우스워진다. 스포츠라는 말과 씨름이라는 말은 듣기에 궁합이 안 맞는다. 운동이라고 해도 어색하기 마찬가지다. 그냥 씨름은 씨름이라고 해야만 제맛이 난다'고 했습니다.

씨름의 요체를 아주 쉽고도 간결하게 표현한 말입니다. 그렇습니다. 씨름은 그저 씨름일 따름입니다. '씨름한다'는 말은 여러 의미를 내포하고 있습니다. '씨름'이라는 말속에는 우리 민족의 얼과 숨결과 애환이 배어 있습니다.

씨름은 고구려 고분 벽화에도 그려져 있듯이 삼국 시대 초기 이미 한반도에 자리를 잡았던 것으로 보입니다. '씨름'이라는 말이 현존하는 한글 활자의 최고본인 『석보상절』에 '실흠'으로 표기돼 있는 것만

242

봐도 그 뿌리를 알 수 있습니다.

일제 때는 민족의 정신을 상징하는 운동으로 낙인 찍혀 극심한 탄압을 받았던 것이 바로 씨름입니다. 하지만 씨름은 그에 굴하지 않고 광복 이후 되살아났습니다.

1983년 프로화의 첫발을 내디딘 씨름은 공영 방송 KBS의 전폭적 지원과 언론의 깊은 관심 속에 1996년에는 씨름단이 8개에 이를 정도로 성황을 누렸습니다.

그러다가 외환 위기의 된서리가 씨름판에도 덮쳤습니다. 시나브로 팀이 줄어 현재는 겨우 3개 팀, 50명의 선수로 명맥을 유지하고 있습니다. '한민족의 국기'로 자처하기에는 너무 초라한 형편입니다.

일본 스모가 54개 도장, 3백 명이 넘는 선수로 활황인 것과는 대조적입니다. 각종 세제 혜택 등 정부의 적극적 지원을 받고 있는 스모는 일본 문화를 상징할 정도로 큰 인기를 누리고 있습니다.

그런 스모가 이 땅에 상륙합니다. 일본스모협회는 '한일 문화 교류'라는 명분을 내세워 내년 2월 서울과 부산에서 스모 공연을 갖습니다. 그들은 풍부한 재정적 뒷받침을 토대로 세계 각국을 돌아다니며 일본 정신을 전파하는 데 힘을 기울이고 있습니다.

유감스럽게도 우리는 그럴 여유가 없습니다. 씨름이 곤궁한 지경에 처하게 된 데에는 여러 이유가 있습니다. 아무리 민속 경기라 할지라도 주변 환경 탓만을 하며 시장 논리를 마냥 외면할 수는 없습니다. 무엇보다 씨름연맹이 뼈를 깎는 자성 속에 경기장 시설과 경기 방식 개선 등 관중에게 멋과 재미를 안겨 주기 위해 온힘을 다해야 하는 줄 압니다.

이 지면을 빌려 간곡하게 호소합니다. 정부는 민속 경기인 씨름을 더 이상 방치하지 말고 정책적으로 지원해 '아름다운 민족 문화의 유산'으로 영원히 살아남을 수 있도록 해야 합니다.

한 가지 제언을 드립니다. 2005년 청계천 복원이 이루어지면 동대문운동장 재개발과 연계해 40년 된 장충체육관도 낡은 시설을 헐어내고 재건축이나 리모델링을 해야 할 시점입니다. 이참에 장충체육관을 민속 경기의 상설 공연장으로 만들어 외국 관광객도 유치하고 씨름의 전당으로 터전을 잡도록 정부가 앞장서서 해결해 주길 바랍니다.

기업들도 씨름을 외면해서는 안 됩니다. '우리 기업과 이미지가 안 맞는다', '인기가 없다'는 등의 이유로 고개를 돌릴 것이 아니라 '우리 것이 세계적인 것'이라는 인식을 바탕으로 기업 이익의 사회 환원이라는 대승적 차원에서 팀 창단에 도움을 주기 바랍니다. 민속 경기에 대한 무관심은 바로 민족에 대한 배신이나 다를 바 없습니다.

〈한국일보 2003. 12. 25.〉

교육

영재 교육 인프라부터 갖춰야

박인호

인천대 교수 · 영재교육연구소 소장

지금 평준화 논란이 많이 일고 있으나 이미 '평준화된 평준화'는 평준화로서의 효과성과 그 의미를 상실하였다. 교육 평등을 추구하다가 실질적 의미의 교육을 받지 못하는 결과가 초래된다면 과연 누구를 위한 평등 교육인가? 영재들도 '그들에게 맞는 평등한 교육'을 받을 기회가 필요하다는 목소리가 이제야 그 결실을 보고 있다. 현재 전국 81개 초·중등학교 176개 학급과 36개 시·도 교육청 영재교육원, 15개 전국 대학 부설 과학 영재 교육원에서 1만여 명이 과학 영재 교육을 받고 있다. 최근 교육인적자원부가 발표한 '영재 교육 진흥 종합 계획'에 따르면, 앞으로 영재 교육 대상은 현재의 1만 명에서 4만 명으로 늘어나고, 초등학생의 수가 확대되고, 대상 분야도 과학 위주에서 예술·정보통신까지 포함하게 된다.

영재 교육의 기회가 양적으로 확대되면서 최근 초등학생을 중심으로 영재 교육 과열 조짐이 나타나고 있다. 영재 교육의 확대는 보다 많은 잠재적 영재 어린이들에게 교육의 기회를 제공함으로써 재능의 개발을 촉진시키게 될 것이다. 이제는 영재 교육의 당위성 논의에서 한 단계 올라가 어떻게 하면 성공적인 영재 교육을 실현할 수 있는가에 지혜를 모아야 할 때다.

성공적인 영재 교육을 위해서는 철두철미한 준비와 함께 선발과 교육 과정 전반에 걸쳐 지속적으로 전문가와의 합의를 도출해 함께 도와서 운영해 가는 것이 중요하다. 특히 일반 학교의 장비와 실험 기구들이 많이 낙후된 관계로 지역 대학과의 연계로 학생들이 최첨단 기자재를 이용할 수 있게 하고, 교수와의 공동 연구를 통한 최신 이론을 접하게 하는 것도 필수적이다. 교재는 학생들의 특성이나 능력을 고려해 모든 영재들의 지적 갈증을 해소할 수 있는 방향으로 개발되고 사용돼야 할 것이다.

그러나 영재 교육을 담당할 교사의 영재와 영재 교육에 대한 인식 없이 얼마나 효과적인 교육이 이뤄질 수 있을지는 의문이다. 영재 교육의 밑바탕에 깔려 있는 기본 철학은 모든 아동은 자신의 능력·흥미·학습 양식에 적합한 교육을 받아야 한다는 것이다. 영재로 판별되어 영재 교육을 받더라도 이러한 개인적 특성의 고려가 없다면 그것은 이미 영재 교육이라 할 수 없다. 각 개인이 가지는 개성이 존중되며, 각 학생들의 다양한 요구를 충족시킬 수 있는 방향으로 교육 과정이 개편돼야 한다.

영재 교육이 사회적 관심사로 떠오르고, 보다 많은 학생들이 영재 교육을 받게 되는 것은 반가운 일이 아닐 수 없다. 그러나 '인재의 조기 발굴 및 육성을 통한 수월성의 추구'라는 영재 교육의 본질을 지키기 위해 무엇보다 중요한 것은 전문적이고 효율적인 영재 교육의 인프라를 구축하는 일이다. 과열된 영재 교육의 부작용으로 또다시 '획일적 평등'을 주장하는 목소리가 불거져 나와서는 안 될 것이다. 대부분의 나라에서 일찍부터 시행되어 온 영재 교육이 우리나라에서만은 평준화 교육의 논리에 의해 그동안 시행될 수 없었던 것은 안타까운 일이다.

늦기는 했지만 이제라도 영재 교육이 제도적 틀 안에서 그 전환점을 맞게 됐다는 것은 매우 다행한 일이다. 지금의 교육 환경과 시대 상황은 평준화의 벽을 넘어 새로운 돌파구를 찾아야 하는 단계다. 혹자는 "교육에는 개혁이 없다. 단지 준비한 만큼 변화할 뿐이다"라고 말한다. 철저한 준비와 치밀한 계획으로 보다 성공적인 영재 교육이 될 수 있기를 기대해 본다.　　　　　〈조선일보 2003. 01. 17.〉

쌍방 통행 교육 문화 기대

유상덕

동국대 겸임교수 · 전 교육혁신위원회 수석전문위원

노무현 정권의 성립으로 국민들은 기대감에 부풀어 있다. 무언가 변화하리라는 기대감, 이것은 적어도 초기에는 노 정권을 밀어 주는 힘이 될 것이다. 그리고 이 기대감을 어느 정도 충족시키면서 살려 나갈 수 있는가가 노 정권의 성패를 좌우한다고 해도 과언이 아니다. 그렇기 때문에 새 정부의 틀을 짜는 시점에서 국민들이 구체적으로 무엇이 어떻게 변화하기를 바라고 있는가를 정확하게 파악하는 것은 매우 중요한 문제이다.

국민들이 가장 먼저 변화하기를 바라는 것은 정치일 것이다. 이른바 지식·정보화 사회로 진입하면서 우리나라는 경제·사회·문화적으로 이미 큰 폭의 변화를 겪었고, 지금도 겪고 있다. 그런데 유독 정치가 낙후되어 사회 발전의 발목을 잡고 있다는 사실은 누누이 지적되어 온 바이다. 노 정권이 정치 개혁을 통해 이러한 정치 현실을 바꾸어 나갈 것이라는 국민들의 기대는 자못 크다. 그러나 당장 그 결과가 눈에 보이는 정치 개혁 못지않게 중요한 것이 교육의 변화이다. 장기적으로 변화의 방향을 정착시키고 지속시키는 것은 교육을 통해서 가능하기 때문이다.

노 당선자가 있기까지 젊은 층의 열정적 지지가 큰 힘이 되었다는 것은 주지의 사실이다. 왜 젊은 층이 그를 열정적으로 지지했을까? 서민 출신이므로 약자를 대변해 줄 수 있다는 기대 등 많은 이유가 있겠지만 젊은 층들에게서 가장 많이 나오는 대답은 "그는 터놓고 얘기하기 때문에 좋다"이다. 소탈하고 사람 사이에 벽을 두지 않으려는 모습, 일방통행이 아닌 쌍방 통행적인 자세가 좋다는 것이다. 이런 젊은 층의 정서와 가치관에서 우리는 지식·정보 사회로의 변화를 실감한다. 사이버 공간에서 지식과 정보의 흐름은 일방통행이 아니라 쌍방 통행이다. 대선 과정에서 우리는 이러한 공간에 익숙한 사이버 세대의 정서와 가치관이 사회적 힘으로 표출되는 모습을 보았다. 21세기는 문화의 시대라고 한다. 먹고 사는 문제가 기본적으로 해결된 상태에서 삶의 질 향상이 중요한 문제가 되는 시대라는 뜻일 것이다. 삶의 질과 관련된 문화는 쌍방 통행을 본질로 한다. 이 점에서 사이버 세대는 문화의 세대이기도 하다.

이번 대선 과정은 앞으로 젊은 세대로 가면 갈수록 쌍방 통행적인 정서와 가치관이 확대·심화될 것이고, 이에 반하는 일방통행의 제도와 가치들은 결국 무너질 수밖에 없다는 사실을 명백하게 보여 줬다. 이런 측면에서 지금 가장 심하게 홍역을 앓고 있는 곳이 학교이다. 가장 젊은 세대를 가장 먼저 만나는 사회 제도가 학교이기 때문일 것이다. 학교 교육은 그간의 일방통행의 틀에서 크게 벗어나 있지 않기 때문에 쌍방 통행의 정서와 가치를 체화하고 있는 학생들과 충돌하고 있다. 이런 갈등이 깊어지면서 교사와 학생 간의 의사소통에 장애와 단절이 일어나고, 급기야는 교실 붕괴라는 말이 심심치 않게 떠돈다. 의사소통의 장애는 비단 학생과 교사뿐만 아니라 교사와 관리자, 학부모와 학교, 일선 학교와 교육 행정청 사이에도 나타나고 있다. 그래서 사회 일각에서 학교 교육 자체에 대한 회의론마저 제기되고 있는 형편이다.

학교 교육을 시장의 논리로만 접근하고 있다고 비판받아 온 김대중 정부 교육 개혁의 핵심은 '교육 수요자 중심론'이었다. '교육 수요자 중심론'은 일단 국가 중심의 권위적이고 일방통행적인 교육 체계에 대한 문제 제기로서 충격 효과를 거두었다. 하지만 내리먹이기식 추진 방식 때문에 아래로부터의 개혁 주체 형성이 미미했고, 대안적 교육 체제도 제시하지 못했다는 점에서 많은 상처를 남겼다. 그 결과 교육 담론이 사라진 상태에서 교사와 학생들이 의욕 상실과 무기력감에 빠져 있다. 이를 치유하고 나가기 위해서는 교육 개혁 추진 과정 자체에서부터 쌍방 통행의 문화를 정착시켜 나가는 것이 필요하다. 〈한겨레신문 2003. 01. 20.〉

뇌 지식을 기반으로 한 교육 이뤄져야

서유헌

서울대 교수 · 신경과학연구소장

한국뇌학회와 한국뇌신경학회 등은 최근 뇌 주간을 맞아 서울대·포항공대 등에서 '두뇌의 인공 지능과 인식 기능'을 주제로 강연회를 가졌다. 뇌의 신비와 연구에 관해 전문가의 글을 싣는다.

인간을 포함한 모든 창조물은 뇌에 의해서만 실체를 표현할 수 있다. 이는 뇌의 구조가 어떻게 돼 있느냐에 따라 좌우된다. 뇌의 구조는 창조물과 창조물, 인간과 인간에 따라 다르기 때문이다. 뇌는 인간의 정체성을 결정하고, 생명의 최고 가치일 뿐만 아니라, 마음·정신·의식·감정을 나타내는 주체이자 우리 신체를 컨트롤하는 중심이다. '나는 뇌이며 뇌가 곧 나'라고 할 수 있다.

인간의 뇌는 신경 세포와 신경 섬유로 구성된 생물학적 존재다. 동시에 고도의 정신 활동의 근원이 되는 소우주로 불릴 정도로 복잡하다. 실로 우주 연구에 비길 정도로 어렵고 끝이 없다. 앞으로의 세기에는 크게 두 가지 문제가 과학적 과제로 대두될 것으로 본다. 하나는 우주의 신비를 밝히는 것이고, 다른 하나는 내(內)우주라 할 수 있는 인간의 뇌에 대한 신비를 밝히는 작업이다.

뇌를 연구하는 신경 과학 연구에는 1970년대 이후 새로운 연구 기법들이 많이 도입돼 혁신적인 발전이 이뤄지고 있다. 예컨대, 유전자 차원에서 연구하는 분자생물학의 발전으로 미지의 상태로 남아 있던 많은 신경 정신 기능 관련 유전자와 질병 유전자가 밝혀지고 있다. 첨단 공학 기술의 발전에 힘입어 뇌의 형태는 물론 기능까지도 영상으로 볼 수 있는 자기공명 영상기법(MRI)과, 양전자 방출 단층 촬영술(PET)이 개발돼 뇌의 고차적인 기능을 눈으로 직접 볼 수 있는 영상시대가 다가왔다.

이러한 신경 과학 연구에 철학·심리학·언어학 등의 인문 사회 과학과 신경 회로망·인공 지능·로봇을 연구하는 공학 분야가 연계됨으로써 뇌 연구는 새로운 차원으로 발전하고 모든 학문에 크게 영향을 미치고 있다. 최근 OECD CERI(교육 혁신 센터)에서는 OECD 각국이 공동으로 뇌 연구를 수행하여 교육 혁신에 이용하려고 노력하고 있다. 우리나라도 뇌 지식을 기반으로 한 교육(뇌 기반 교육)이 하루빨리 이뤄져 무모한 양적 교육에서 탈피해야 한다고 본다.

이런 신경 과학계에서의 발전을 뒷받침하기 위해 최근 미국에서는 국가적 차원에서 10년간 뇌 연구 촉진법인 '뇌 연구 10년 법안'을 마련해 연간 10조 원 이상을 국가에서 지원하고 있다. 때늦은 감은 있지만 우리나라에서도 1998년 '뇌 연구 촉진법'을 제정·공포해 뇌 연구에 박차를 가하고 있다.

뇌는 유전적 소인에 따라 기능하고 있지만 유전자는 환경 속에서 발현되어야 하고 환경의 영향을 받는다. 뇌는 전기·화학적으로 작동되며, 사회·문화적 세계와의 끊임없는 교감을 통해 작동한다.

철학자 이마누엘 칸트는 뇌에 관해서 이야기한 적은 없지만, "존재하고 있는 대로 일들을 경험하는 것이 아니며 마음(뇌)의 메아리를 통해 여과되는 것만을 경험한다"고 했다. 뇌의 구조와 작동, 그리고 이 세상의 부분으로서 우리 자신에 대해 배울 수 있는 것 사이에는 직접적인 관계가 있음을 암시한 것이다. 대부분의 신경 과학자들이 지금 믿고 있는 바와 같이, 우리 뇌의 작동으로부터 자연을 떼어 놓고 생각할 수 없다. 그러니 21세기에 뇌에 관해 배우는 것보다 더 가치 있는 것이 무엇이겠나.

신경 과학의 발전 추세와 미래를 예측해 볼 때 우리나라에서도 이를 발전시켜야 한다는 것은 국가적 차원에서 당연한 과제이다. 무한 경쟁 시대에서 국가적 생존, 나아가 선진국 진입의 목표를 달성하자면 신경 과학 분야가 우리나라의 과학 기술 발전의 견인차 역할을 해야 한다고 본다. 신경 과학의 발전은 21세기 과학 기술의 중요한 핵심이 될 것이기 때문이다.　　　　　　〈서울신문 2003. 03. 19.〉

교육 시장 개방은 기회다

한준상
연세대 교수, 교육학과

정부는 세계무역기구(WTO)에 고등 교육과 성인 교육 부문을 개방키로 했다. 설령 교육 시장 개방 양허안 제출을 '교육 주권을 짓밟는 21세기판 을사조약 같다'고 비판할 수는 있겠지만 주무 장관인 교육부총리를 '참여 정부의 이완용'이라고 몰아붙이는 것은 말도 안 된다.

외국 분교 진출 일본에선 참패

교육 시장을 닫아 놓는다 해도 교육 이민의 절규가 없어지거나 외국 유학이 감소할 것 같지는 않다. 지금과 같은 공교육의 붕괴는 그것과 상관없이 계속 진행될 것이다.

솔직히 말해 대학 시장을 개방해도 우리나라에 들어올 외국의 유명 대학은 별로 없다. 수도권을 벗어난 지역에 학교 시설이나 투자

하라는 식의 조건이라면 더욱 그렇다.

외국 일류 대학의 등록금은 국내 대학의 등록금 수준에 비해 엄청 비싸기 때문이다. 등록금의 경쟁력이 훨씬 떨어지는 외국 명문 대학일수록 우리 시장에 식상한 지 이미 오래됐다.

경영학 석사(MBA) 같은 것이 아직도 국내 시장을 넘보고 있기는 하지만 그것도 시들하기는 마찬가지다. 그런 프로그램에 오히려 국내 기업들이 더 관심을 갖고 있지만 요즘은 원격 교육을 병용하는 추세이기에 그들이 굳이 한국의 가시밭길에 들어올 리 없다.

교육 시장 개방이 지방 대학의 몰락을 가져온다는 주장도 지나치다. 일본의 대학 교육 시장 개방 사례가 그것을 증거한다. 분교 형태로 20여 개의 외국 대학이 일본 교육 시장에 진출했지만 결과는 참패였다.

막대한 이윤을 챙겼다거나 일본의 교육 주권 침탈에 성공한 외국 분교가 있다는 말을 들어 본 적이 없다. 그저 그들은 유명무실하게 하나 둘씩 사라졌을 뿐이다.

우리 국민의 교육 수준을 얕잡아 봐서는 그 어느 누구도 곤란하다. 교육 시장에서 잠식이 우려될 수 있는 곳이 있다면 사교육 부문일 수 있다. 그래서 혹자들은 외국어 교육 시장이나 학습지 시장이 취약하다고 불안해한다.

실정 모르는 빈소리다. 사교육 시장은 오히려 마음이 놓이는 부문이다. 공교육이 그들의 생존 방법과 구조 조정력을 오히려 본받아야 할 정도로 그들은 야물다.

외국어 교육 시장은 우루과이 라운드의 교육 시장 개방 때 이미 준비를 끝냈다. 정부 지원 없이도 그들 스스로 살을 도려내듯이 혹

독한 구조 조정을 거쳐 오늘에 이르고 있다.

그들은 세계 어느 시장에 내놓아도 손색없는 교육 프로그램 개발로 그들의 경쟁력을 키우고 있다. 학습지 시장은 아예 우리가 저들을 가르쳐 줄 정도로 앞서 가는 중이다.

교육 시장 개방은 우리 교육의 세계화를 위한 기회이기도 하다. 최신 제품이 세계 시장에서 통용되려면 남들보다 앞서 표준화에 성공해야 한다. 표준화에 뒤처지면 세계 시장 진출은 불가능하다.

우리의 교직도, 교육 행정도, 교육 프로그램도 세계 표준화에 약하다. 정부는 이제부터 세계 시장에서 경쟁력을 갖는 표준화된 교육 프로그램들을 개발해야 한다.

지금 겪고 있는 교육의 문제는 교육 시장 개방과 성격이 다른 별개의 사안이다. 공교육의 문제는 교육 시장 개방과는 질적으로 다른 특수한 접근과 처방을 필요로 한다.

그 현실이 우리에게는 암울하지만 반대로 외국에는 희망의 목소리일 수 있는, 외국이 본받았으면 하는 우수한 부문들이 우리 교육에도 여럿 있다.

파급 효과 최적화 모색해야

우리나라가 2년 전 교육 시장 개방을 약속하면서 정부는 중국·일본 등 11개 나라에 같은 요구를 했다. 그 요청은 정부가 우리 교육의 해외 시장 진출을 염두에 둔 야심에 찬, 계산된 정책 결정이었을 것이다.

지금 미국·뉴질랜드·호주 등 10개국이 동양의학·교육 테스팅 서비스·학생 알선 등 모든 교육 분야에 양허를 요구하는데, 우리도 저들에게 치밀하게 무엇인가를 요구할 수 있어야 한다. 아직도 교육 시장 개방의 효과를 최대화할 수 있는 방안을 마련하지 못했다면 그 책임은 정부에 있다.

교육 시장 개방은 대세에 밀려 하는 것이 아니다. 시장 개방을 뒤집으면 국가 신뢰도가 추락하겠기에 하는 것도 아니다. 우리 교육의 경쟁력을 향상시켜 줄 것 같아 시장 개방을 하라는 것은 더더욱 아니다.

사정은 정반대다. 정부는 교육 시장 개방 파급 효과의 최소화를 생각할 때가 아니라 교육 선진국처럼 그 파급 효과를 최적화해야 한다.

〈중앙일보 2003. 03. 28.〉

'다면 평가'가 최고선(最高善)일까

박성희

이화여대 교수, 언론영상학부

　대학교수들 사이의 유머 하나. 예수나 소크라테스가 대학교수가 되었다면 절대로 테뉴어(정년 보장)를 받지 못했을 것이다. 그 이유는? 예수는 제자를 12명밖에 두지 않았고, 소크라테스는 저서가 한 권도 없기 때문이다. 인류의 구세주나 철학의 아버지로 불리는 위인이 대학에서 살아남을 수 없는 이유는 간단하다. 요즈음의 평가 기준을 충족시키지 못하기 때문이다.

　그들이 기댈 곳은 이제 '다면 평가'뿐이다. 그렇다고 그 길이 순탄하냐 하면 전혀 그렇지 않다. 예수는 당시 로마에서 불온한 사상을 유포한 위험인물로 간주되어 결국 십자가에 못 박혔고, 소크라테스는 '아테네의 젊은 영혼을 썩게 한다'는 죄목으로 헴록이라는 독약을 마셔야 했다. 그들이 '다면 평가'에서 후한 점수를 받았으리라는 보장은 어디에도 없다. 만약 그들이 '다면 평가'에서 살아남는다면, 그

때는 대학이 문제다. 대학에 온통 그런 성인 현자들만 넘쳐난다면, 도대체 강의하고 점수 매기고 연구하는 소박한 사람들은 다 어디로 가란 말인가.

얼마 전 윤덕홍 교육부총리가 "예수가 부총리라도 어려웠을 것"이라고 교육 현안 타개의 어려움을 토로한 것이 보도된 적이 있는데, 그렇게 높은 직책까지 가지 않더라도 요즘 웬만한 기관에선 다양한 평가 제도가 정착돼 살아남는 일이 그리 간단치 않다. 최근 다면 평가제가 시행된 공무원 사회 역시 예수와 소크라테스에게 만만치 않은 상대였을 것이다.

샐러리맨 사이에서는 한동안 이런 유머가 있었다. 세상에는 없는 것이 세 가지가 있다. 많은 월급, 좋은 상사, 예쁜 마누라. 마치 유머의 예지력을 나타내기라도 하듯, 이제 샐러리맨들도 자신의 상사를 평가하기 시작했다. 요즘 방송사가 도입하기 시작한 '상향 평가제'가 그것이다. 부하 직원이 평가하고, 동료가 평가하고, 다시 오너가 평가하는 평가의 순환 고리에 직책의 높고 낮음이 무색해졌다. 이쯤에서 의문이 고개를 들기 시작한다. 오너의 입장에서 좋은 직원은 나쁜 간부일 수도 있을 터인데, 샐러리맨은 어느 입장에서 인생 설계를 해야 낙오하지 않을지 의문이다. 역설적이지만, 아랫사람 입장에서는 한쪽만 신경 쓰면 되는 일면 수직 평가가 차라리 편할지 모르겠다.

상향 평가와 동료 평가를 포괄하는 이른바 '다면 평가'는 무조건 위에서 아래로 평가하던 방식에 새로운 항목을 추가했다는 점에서 발전된 형태라는 인상을 준다. 인재의 고용과 평가를 전문적으로 연구하는 경영학 쪽에서 나왔다면 일단 일리가 있는 제도일 것이다. 잘만 운영하면 숨은 인재를 발굴할 수도, 그릇되게 평가되어 고통

받고 있는 사람을 구제할 수도 있는 좋은 제도다. 그러려면 '잘' 운영되어야 한다는 전제 조건이 충족되어야 한다. '상사에게 밉보여' 떨어져 나간 사람이 다른 조직에서 새로운 꿈을 펼 수 있는 반면, '여러 모로 부적격이어서' 밀려난 사람은 재기하기 어려울 것이다. 다면 평가는 치밀한 평가 제도인 만큼 사람들을 치밀하게 옭아맬 개연성 또한 높다.

다면 평가제는 지극히 노동이 분화된 사회에서 비교적 통합적인 인간형을 추구하는 특징이 있다. 맹점이 있다면 여전히 노동 분화된 사회의 평가 제도라는 점이다. 사람이 사회의 구성원으로 수행하는 역할은 결코 다면적이지 않다. 교수는 교수의 일을, 공무원은 공무원의 일을 충실히 잘하면 될 뿐이다. 그들의 일면 일면이 모여서 아름다운 다면 사회가 꽃피는 것이지 모두가 다면적인 사람이 될 수도, 될 필요도 없다.

소크라테스는 지식의 탐구를 위해 '정의(定義)'의 필요성을 역설했다. 가령 무엇을 알고자 하면, 그 알고자 하는 것이 무엇인지 정의부터 내려야 한다고 했다. 사람의 사회적인 평가도 역할의 정의에서 출발하면 어긋나지 않을 듯하다. 가령 '국가정보원장은 무엇을 하는 자리인가', 'KBS 사장은 무엇을 하는 자리인가'라는 정의에 충실한 인선을 하면 문제가 없을 것이다. 그 후에는 그들의 역할 수행을 감시하고 견제하는 장치만 있으면 된다. 그래서 국회와 언론이 필요하다.

〈동아일보 2003. 05. 07.〉

NEIS, 교육부 결단을

정진곤

한양대 교수, 교육학과

국가인권위는 그동안 교육인적자원부가 추진해 온 교육 행정 정보 시스템(NEIS)에 대하여 인권 침해의 소지가 있다는 결정을 내리고, 학교 종합 관리 시스템(CS)으로 돌아갈 것을 권고하였다. 전교조는 만일 교육부가 인권위 권고를 거부하면 연가 투쟁을 벌임과 동시에 NEIS 입력을 계속 거부하겠다고 윽박지르고 있다. 반면에 교총과 정보 담당 교사들은 교육부가 기존의 CS로 돌아갈 경우 업무 거부에 돌입할 것이라고 협박하고 있다. 교육인적자원부는 고민 끝에 결국 NEIS를 강행하기로 방침을 정한 것으로 알려졌다.

인권위의 권고대로 CS로 돌아가는 것은 현실적으로 너무 문제가 많다. 이미 98%의 학교가 2~3년간의 작업을 거쳐 고등학교 2학년 2학기까지 학생들의 성적, 수상 기록부, 사회봉사 실적 등을 포함한 학교생활기록부 자료를 CS에서 NEIS로 이관하였다. 다시 이것을

CS로 되돌려 놓기 위해서는 전환 프로그램을 개발한 후 자료를 입력하고 확인 과정을 거쳐야 한다. 그러나 상당수의 학교는 이미 관련 자료들을 폐기하였다. 당장 눈앞에 닥친 1학기 수시 모집은 그 숫자가 얼마 되지 않아 컴퓨터를 사용하기 이전의 옛날 방식대로 손으로 원서를 써서 처리한다고 할지라도, 2학기 정시 모집은 엄청난 혼란에 빠지게 될 가능성이 많다.

또한 CS는 NEIS보다 보안이 취약하여 개인 정보가 더욱 쉽게 유출될 수 있다. 최근 2년간 공공 기관에서 일어난 해킹 가운데 CS가 60~70%를 차지하고 있다는 사실은 이를 잘 말해 주고 있다. 현재로서는 CS에는 차단 시스템도 갖추어지지 않았을 뿐 아니라, 침입 탐지 시스템도 없어서 해킹에 거의 무방비 상태이다. 이에 비하여 한국전산원 등 전문 기관과 국내 최고의 전산 전문가들은 NEIS는 CS에 비하여 보안 시스템이 월등하다고 밝히고 있다.

어떻게 해야 할 것인가. 교육부가 이 문제에 대하여 신속히 결단을 내려야 한다. 어떻게 할 줄을 몰라 일손을 놓고 있는 일선 학교 교사들에게 하루빨리 확실한 지침을 내려 주어야 한다. 인권위의 권고를 글자 그대로 '권고'로 받아들이되, NEIS의 문제점을 보완하여 시행해야 한다.

국가의 장래가 교육에 달려 있다. 우리가 살고 있는 세계는 교통, 통신, 컴퓨터 등의 발달로 사회 전 분야에서 마치 하나의 국가처럼 교류가 활발해지고 있다. 세계적 경쟁력을 갖추지 않으면 이 험난한 세계에서 살아남을 수 없다. 기업들은 앞으로 10년 뒤에 무엇을 해서 먹고 살 것인지를 심각하게 걱정하고 있다. 10년 앞을 내다보고 지금부터 우리가 세계와 경쟁력이 있는 업종을 선택하여 투자도 하고, 인재를 키워 나가야 한다. 이러한 일들을 교육이 뒷받침해 주어야 한다. 미국, 영국, 일본, 중국 등 우리의 경쟁 국가들은 교육의 세계적 경쟁력을 갖추어 나가기 위하여 오래전부터 교육의 기틀을 새롭게 짜고 개혁하는 일에 주력해 오고 있다.

교육을 통하여 뛰어난 인재를 양성해 내지 않으면 나라에 희망이 없게 된다. 우리의 교육은 문제가 많지만 다행히 인터넷 등의 정보화 인프라는 세계 어떤 나라보다 잘 구축되어 있다. 시곗바늘을 거꾸로 돌려서 이제까지 이룩한 정보화의 기반을 망가뜨려서는 안 된다.

지금은 우리끼리 교단 내에서 패가 갈리어 누가 힘이 센지 겨뤄 볼 때가 아니다. 서로 싸워서 항복 문서를 받아 내거나 무릎을 꿇리는 일이 중요한 것이 아니라 우리와 경쟁 상대인 다른 나라와 싸워서 이겨야만 한다. 우리끼리 패가 갈리어 싸우면 모두가 함께 망하게 된다. 교육의 정보화를 앞당기고 기틀을 마련하는 데 힘을 모아야 한다. 전교조도 여기에 적극 동참해야 한다. 집권당인 민주당도 국가 장래를 내다보고 교육인적자원부가 올바른 방향으로 갈 수 있도록 도와주어야 한다.　〈세계일보 2003. 05. 20.〉

평준화, 왜 변화를 줘야 하나

허필수

중앙교육진흥연구소 회장

고교 평준화 제도가 시행된 지 벌써 30년이 됐다. 그동안 우리 사회는 많은 변화를 겪어 왔다. 때로는 변화가 지나치게 급격히 이뤄져 심각한 갈등 상황을 초래하기도 했지만 변화 양상을 적절히 수용하고 개선하려는 노력은 보다 나은 사회를 건설하는 데 큰 역할을 했다.

그런 점에서 평준화 제도도 이제는 변화해야 할 시기가 됐다고 본다. 학교 간 평준화는 원래부터 교사의 평준화, 재정의 평준화가 함께 이뤄져야 가능하다는 난점을 안고 있었다. 그럼에도 과거 정치적인 논리를 앞세워 무리하게 시행했던 것이 지엽적인 손질만 하면서 30년 동안이나 존속한 것이다.

모든 사람의 생각과 능력과 소질은 천차만별이다. 이를 인위적으로 평준화하려 했으니 당연히 부작용과 무리가 따를 수밖에 없다.

더욱이 획일적인 학교 교육은 창의와 개성을 잃고 수요자에게서 외면받아 왔다. 그래서 지금 공교육이 무력해지고 황폐화됐다는 비판을 받는 것이다. 이에 반해 사교육은 매년 성장해 이제 공교육을 보완하기는커녕 위협하는 실정이다. 오죽하면 최근 한 여론 조사에 교사의 57%가 자녀를 학원에 보내고 과외를 시킨다고 응답했겠는가.

학원 숫자는 매년 기하급수로 증가해 왔으며 학생의 60~70%가 학원을 다니고 있는 실정이다. 1982년 2496억 원에 불과했던 국민의 사교육비 부담도 2002년엔 9조 3천9백억 원으로 급속히 늘어났다. 자녀의 교육비를 충당하기 위해 어머니가 파출부로 나가고 자녀의 외국 유학을 위해 부부가 떨어져 사는 이른바 '기러기 아빠'도 일반화되고 있다.

더욱이 강남 지역에 부동산 열풍이 불면서 원인이 강남 지역에 일류 학원이 밀집해 있기 때문이라는 진단도 설득력을 얻고 있다. 경제 부처와 서울시가 판교 신도시와 서울의 뉴타운 지역에 학원 단지나 특목고·자립형 사립고 단지를 조성하려고 시도하는 것도 이 같은 이유에서다.

그러나 교육인적자원부는 자립형 사립고를 권장하기보다 가능하면 인가하지 않으려 하는 것 같다. 그나마 서울에는 단 하나의 자립형 사립고도 없다. 서울시 교육감은 자립형 사립고를 인가하면 전국의 학교가 입시 열풍에 휘말리게 되고 공교육이 둑 터지듯 무너질 것이라고 말한다. 그래서 서울에는 입시 열풍이 없다는 말인가.

교육부와 서울시 교육청은 아직까지 오직 평준화만이 공교육을 정상화하고 사교육비 부담을 경감해 줄 것이라고 확신하는 것 같다. 모든 교육 정책은 마치 평준화를 존속시키기 위해 있는 듯 평준화에 초점이 맞춰져 있다. 그러다 보니 학교 교육 정상화란 미명으로 여러 가지 규제와 제한으로 인해 학교장과 교사들의 자유와 재량권은 점점 더 위축되고 있다. 학교의 특기 적성 교육은 물론 자율 학습, 보충 수업, 수준·능력별 반 편성과 운영 등 세부적인 면까지 감독 관청은 학교의 자유와 재량을 제한하고 있는 실정이다. 평준화를 지금처럼 무조건 고수할 때가 아니라는 것을 여실히 보여 주는 대목이다.

학교 교육 현실이 이러한데도 아직 평준화 정책 변화를 거론하기만 하면 '평준화를 깨자는 것이냐'는 반론이 나온다. 평준화가 깨지면 국민 폭동이라도 벌어질 것이라고 믿는 일부 관료·학자·시민 단체의 주장은 선뜻 이해할 수 없다. 평준화는 획일적인 평등이 아니라 능력·소질·흥미·적성에 따른 기회의 평등을 말하는데도 무조건 평등해야 한다고 강요하는 것은 아닌지 생각해 볼 일이다.

평준화에 변화가 있어야 한다고 주장할 때 전면적인 해제를 요구하는 사람은 별로 없다. 정부나 지자체가 주인인 국·공립 학교는 정부가 평준화를 주장할 수 있어도 사립 학교는 운영 주체가 따로 있기 때문이다. 따라서 사립 학교의 의사를 존중해 학교 스스로 선택하게 해야 한다. 교육 수요자가 특색 있는 학교, 차별화된 여러 종류의 학교 가운데 하나를 선택할 때 자유와 책임이 조화되는 진정한 의미의 기회 평등이 이뤄진다. 아울러 학교 교육은 교육의 질적 개선을 통한 경쟁력도 갖추게 될 것이다. 〈중앙일보 2003. 10. 27.〉

수능 시험이 전부인가

장소원

서울대 교수, 국문학과

소화제, 돋보기, 껌, 포크, 휴지, 떡, 엿⋯⋯. 전혀 비슷한 점을 찾을 수 없는 물건들이다. 그렇지만 오늘은 이들이 한자리에서 어울리는 날이다. 대학수학능력시험을 치르는 수험생들을 위한 합격 기원 선물의 목록이기 때문이다.

오늘 전국 각지에서 66만여 명의 학생들이 대학 입학을 위한 시험을 치른다. 근래 들어 예외가 생겨나고 있기는 하지만 아직까지는 출신 대학이 취업에 지대한 영향을 미친다니 오늘의 시험이 이들의 진로에 매우 중요한 것임에 틀림없다.

TV와 신문 잡지를 가릴 것 없이 모든 매체에서는 한 달 전부터 시험 당일의 기상을 예측한다. 올해는 다행히 시험 당일 한파가 없다지만, 전래의 '입시 한파'라는 말이 '수능 한파'로 바뀌어도 누구나 알아들을 수 있게 됐으니 이 단어는 이제 사전에라도 올라야 할 지경이다. 그뿐만 아니라 수험생들을 대상으로 컨디션 유지하는 법, 스트레스 극복법, 최종 학습 전략 등 각종 정보가 쏟아진다. 인터넷을 통해 시험 운을 알아보는 것이 유행이고 'XX거사 신령 부적'이라는, 휴대 전화용 신종 부적까지 등장했다고 한다.

온 나라가 들썩이는 것이 어찌 시험 당일뿐이랴. 사실 우리나라는 이미 오래전부터 수험생들을 중심으로 돌아가고 있었던 것이다. 입시철이 아니어도 매일 아침 집어 드는 신문이 예외 없이 묵직한 것은 그 전날 일어났던 각종 사건, 사고의 양 때문이 아니라 신문 속에 들어 있는 전단지 때문이다. 그런데 그 전단지의 반 이상을 각종 학원 광고가 차지한다. 영어 유치원에서 시작해서 피아노, 글짓기, 그림 그리기, 태권도 등 초등학생 대상의 특기 학원, 거의 학교 수준의 규모를 자랑한다는 입시 학원에 이르기까지 엄청난 사교육 시장이 아침마다 눈앞에 펼쳐진다.

자녀들에게 이렇게 엄청난 사교육을 제공하는 것은 우리의 부모들이다. 내 주변만 보더라도 초등학생인 자녀가 밤늦게 귀가한다고 가슴 아파하면서도 남들이 다 하니 따라서 과외를 시킬 수밖에 없다는 부모가 많다. 이들은 자식이 고등학생이 되면 아예 새벽까지 자식의 공부방을 지키곤 한다. 그것으로도 모자라 입시가 가까워 오면 학부모들은 백일기도를 올리고 종교 단체들은 수험생들의 선전을 기원하는 각종 행사를 개최한다.

그렇다면 이렇게 넘치는 사교육의 혜택을 받은 우리의 자녀들에게서 바람직한 대학 신입생의 모습을 기대할 수 있을까. 안타깝게도 대학 안에서 이들을 바라보면 별로 그런 것 같지 않다.

면접 시험을 치르러 온 학생에게 한자로 쓰인 '공자(孔子)'를 읽어 보라고 했더니 '맹자'라고 읽어 허탈했던 기억이 있다. 요즘의 사교육은 한자 교육까지는 커버해 주지 않는 모양이다. 몇 년 전 논술 시험이 있었을 때 작문을 한 학생들이 한결같이 예로 든 속담이 있었으니 바로 '언 발에 오줌 누기'라는, 평소에는 들어보기 힘든 말이었다. 그 때문에 채점하던 교수들이 채점실에 지린내가 진동한다고 우스갯소리를 하기도 했다. 틀림없이 학생들이 받았던 논술 과외 모범답안에 이런 속담을 인용해 작문한 사례가 있었기 때문이었으리라. 논술 과외를 통해 학생들이 배우는 것은 이 같은 획일적 사고와 정답 기술에 불과했던 것이다.

무사히 대학에 들어온 신입생들에게서 창의성과 자주성을 찾아보기 어렵다. 대학국어 시간에 자신의 애송시를 하나씩 골라 암송하고 그 시가 왜 좋은지 논리적으로 설명해 보라고 했더니 "이 시는 우리 엄마가 좋다고 골라 주셨어요"라고 당당하게 말하는 학생을 보면 혀를 차게 된다. 사정이 이쯤 되고 보면 10여 년 간 공들여 온 부모의 교육열이 독립적인 성인이 돼야 할 자식을 미숙아로 남게 만드는 것은 아닌지 염려된다.

강남 집값 상승이 교육 문제 때문이라고 하는 말을 들으면 스스로 '맹모삼천(孟母三遷)'의 길을 가고 있다고 믿고 있는 학부모들이 많은 것 같다. 그러나 이 말의 참뜻은 대학 진학률이 높다는 소문을 좇아 이리저리 입시 학원을 옮기라는 것은 결코 아니다. '공자'를 '맹자'로 읽고 엄마가 골라 준 시를 자신의 애송시로 내세우는 아이에게 맹자와 같은 인물이 되기를 바랄 수는 없는 일 아닌가.

〈동아일보 2003. 11. 05〉

기여 입학제 도입 채고해야

윤평중

한신대 교수, 철학과

연세대와 고려대 총장들은 지난 7일 서울에서 열린 '제2차 한일 밀레니엄 포럼'에서 재정 확보를 위한 기여 입학제를 두 학교가 함께 추진할 의사를 내비쳤다. 연세대는 10여 년 전부터 기부금과 대학 입학 연계를 포함한 '기여 우대제'를 도입하겠다는 의사를 종종 밝혀 왔으나 교육부와 여론의 강력한 반대에 부딪혀 시행하지 못한 바 있다. 이제 고려대가 합류함으로써 기여 입학제 도입이 급물살을 탈 가능성이 커진 것이다.

이 포럼에는 와세다대와 게이오대의 총장들도 참석, '대학의 글로벌 경쟁력 강화를 위해 산학 협동과 재정 확충을 위한 자율성의 증진이 필요하다는 데 인식을 같이한다'는 합의문을 내놓았다. 이미 일본 대학에서 기여 입학제가 실시되고 있다는 사실을 감안하면, 여기서의 자율적 재정 확충 방안이란 곧 기여 입학제의 전면적 도입을 의미한다고 보아야 할 것이다.

　연·고대를 비롯, 기여 입학제 도입의 불가피성을 주장하는 쪽에서도 할 말이 적지 않다. 한국 대학들의 국제 경쟁력이 매우 저조하다는 것은 어제오늘의 얘기가 아니기 때문이다. 사립대가 우리나라 대학 교육에서 차지하는 비중에 비추어 볼 때, 정부 교육 재정의 사립대 지원 비율도 다른 나라에 비해 턱없이 낮다. 정부에서 도와주지도 않고 재단 전입금은 미미하며 등록금을 대폭 올릴 수도 없는 상황에서 어떻게 교육 여건을 개선시키란 말이냐고 이들은 항변한다.

　또한 이들은 기여 입학제가 결코 기부금 입학제가 아니며 많은 선진국에서 이미 성공적으로 수행되고 있는 제도라고 주장한다. 기여 입학이 정원 외 2~3%만을 받을 것이기 때문에 일반 학생들에게 피해를 주지 않으며, 오히려 이렇게 걷은 돈을 시설 확충과 장학금 등에 쓸 수 있기 때문에 자연스러운 부의 재분배 효과도 기대할 수 있다는 것이다. 이런 주장에 일리가 없지는 않다. 그러나 기여 입학제 찬성론은 한국 교육의 구조적 적폐와 사회 갈등과 관련된 치명적 문제점들을 간과하고 있다.

　먼저 기여 입학제 도입론자들이 공로자 우대니 비물질적 기여니 하며 정당화를 시도하고 있지만 기여 입학제의 핵심은 거액을 받고 학생을 합격시키는 기부금 입학일 수밖에 없다. 이는 돈이면 못할 것이 없고 각종 반칙이 횡행하는 한국 사회에서 그나마 어렵사리 지켜 오던 '제도적 공정 경쟁'의 마지막 보루가 무너지는 것을 뜻한다. 즉 사회적 정의관의 마지노선이 결정적으로 균열된다는 것이다.

　가장 심각한 문제는 몇몇 명문 대학의 졸업장이 현대판 계급 증명서로 기능하는 학벌주의 현상을 기여 입학제가 더욱 부추길 것이라는 사실이다. 극소수 명문대 출신들이 거의 모든 영역에서 의제 형성과 정책 결정을 독점하고 지배층을 형성하고 있는 상황에서, 기여 입학제는 상류 계층의 계급적 재생산을 제도적으로 보장한다. 얼마 전 발표된 서울대 신입생들의 계층별 입학 비율 조사도 부모의 경제적 수준과 맞물린 부와 사회적 지위의 재생산 과정을 통계적으로 입증한 바 있다. 기여 입학제는 물밑에서 도도히 진행되는 이런 흐름을 합법화시킴으로써 완전히 고착시킬 것이다. 그 결과 교육을 통한 계층 순환의 통로가 차단되고 한국의 계급 사회화가 한층 공고해질 것이다.

모든 국가에는 명문대가 존재한다. 또 기여 입학제가 큰 무리 없이 시행되고 있는 나라들이 있는 것도 사실이다. 그러나 우리와 그네들은 다르다. 그 내실과는 별 상관 없이 명문 대학 간판이 인생의 성공을 처음부터 끝까지 결정적으로 규정하는 호패 노릇을 하는 우리 사회와, 대학에 가지 않고도 나름대로 자긍심과 만족감을 가지고 살 수 있는 사회 제도와 문화적 여유를 지닌 나라들을 평면적으로 비교할 수는 없다.

따라서 현 단계 교육 정책의 목표는 갈수록 심해지는 학벌의 공고화 현상을 완화시키는 데로 맞추어져야 한다. 이런 목표에 반하는 기여 입학제가 극소수 대학의 발전을 가져오는 대가로 우리 사회 전체가 치러야 할 비용은 엄청난 것이 될 것이다. 지금 시점에서 기여 입학제는 막말로 하자면, '돈 놓고 돈 먹기'를 사회적으로 공인하는 제도가 될 개연성이 크다. 우리 사회를 이끌어 온 연세대와 고려대는 각기 기독교 대학과 민족 대학의 건학 이념을 성찰해 반사회적인 기여 입학제 도입을 철회해야 마땅하다. 〈조선일보 2003. 11. 10.〉

교육 문제 이렇게 풀자

김범주

한국교원대 교수, 일반사회교육과

국민의 교육열은 교육 수준을 빠른 속도로 성장시켰지만 또 다른 폐단을 양산했다. 과열된 경쟁 교육이 극도의 개인주의에 접목하면서 '내 자식만은'이라는 특별 의식을 형성시켰다. 이 의식은 특히 대학 입시에 연계돼 수많은 사회 문제를 만들어 냈다. '대학 부정 입학', '공교육 붕괴', '참다운 선생의 부재', '촌지', '체벌', '강남 교육특구', '사교육비로 인한 가정 경제 파탄', '고3 수험생의 가족 독점', '이력서의 학력란', '조기 유학', '원정 출산' 등 수많은 사회문제가 교육 현장 내지 교육 제도와 관계가 깊다.

이중 최근 문제가 되고 있는 아파트값의 상승 요인도 서울 강남구 대치동의 교육특구와 관계가 깊다고 한다. 과거에는 '8학군'이란 명목이 대치동 아파트값을 상승시키더니, 이제는 '사설 학원의 천국'이란 명제로 그 특권을 지속시키려고 한다. 결국 교육 환경 우월이란 이유로 장소적 특권 의식이 형성되고 그것을 어떠한 명목으로든 유지하려는 보수 집단의 기득권은 사회 문제가 아닐 수 없다.

이러한 문제들이 교육 환경에서 출발한 것이니 교육 제도 개선 차원에서 해결할 수밖에 없다.

그러나 교육이란 그 자체가 복합적 행위이므로 그 해결책 역시 복합적이고 다양할 수밖에 없다. 가장 근본적인 것부터 제시하면 다음과 같다.

첫째, 학제를 현실에 맞게 재조정해야 한다. 지금의 6-3-3-4 제도에는 문제가 많다. 이 제도는 유아·보육의 교육을 도외시하고 초등 기간이 장기간이며, 중학교 과정이 어정쩡하고, 입시 기관화한 고교 기간이 너무 길다. 7차 교육 과정에 맞추어 2-4-4-2-4 제도로 점진적으로 개선해야 한다. 이 제도는 유아 교육의 발전을 기할 수 있으며 심화 과정을 대학 입시와 연계시키면 사설 학원의 문제까지 해결할 수 있다.

둘째, 유아·보육에 공교육 기회를 확대해야 한다. 지금의 제도는 예체능 사설 학원과 연계돼 주로 사교육적으로 처리함으로써 사설 학원을 양산할뿐더러 맞벌이 부부 등 학부모의 교육 의지를 불안하게 만든다.

셋째, 특별·특수 교육의 기회를 확대해야 한다. 단순한 명문대 선택이 아니라 능력과 자질에 따른, 적성에 맞는 교육의 기회를 확대시켜야 한다. 진로를 조기에 과학적으로 판단하도록 하는 것이 시간과 경비를 절약케 해 준다.

넷째, 대학 교육이 전문가가 되는 길잡이가 되도록 해야 한다. 무조건 명문대를 가야 한다는 욕구를 채우고자 백화점식으로 나열한 학과 중에서 선택해 허송세월을 하는 것은 비생산적이다.

전공을, 입학 시에는 범위를 넓게 하고 졸업 시에는 다양하게 하도록 하며, 현실성이 없거나 맹목적인 분야는 정리해야 한다.

다섯째, 교사의 질을 높일 수 있는 교사 양성 제도를 갖추어야 한다. 학교 교육의 부재 요인 중에는 교사의 질 문제가 있다. 단순한 임용 고사식 교사 선발은 교사 양성 제도의 질을 저하시킨다. 전문가로서 긍지를 갖고, 학생에게 추앙받는 교사를 양성해 교육 현장에 배치해야 한다.

여섯째, 사교육 시설을 정비해야 한다. 학교 교육에서는 실현하기 어렵고 부족한 부분에 한해 사교육 시설에서 보완·보충하게 해야 한다. 지금같이 사교육 기관이 교과 내용 전부를 전담하면 공교육을 위축시킬 수밖에 없다.

일곱째, 신행정수도를 건설할 경우 서울대와 명문 사립대 일부를 이전하도록 하는 것도 필요하다.

서울이 비대해지는 이유 중에, 자녀 교육 때문에 지방 거주자가 서울에 아파트를 마련한다는 사실을 간과할 수 없다.

이같은 치유책들을 종합적으로 조사·검토한 뒤 장단기 계획을 수립해 순차적으로 진행해야 한다. 교육 제도는 현실성을 감안하면서 꾸준히 실행해 나가야만이 결실을 거둘 수 있다. 단지 책상에 앉아 계획을 수립하고 하향식으로 개선하려 들면 그 계획은 또 다른 교육 문제를 만들 수 있다. 〈서울신문 2003. 11. 11.〉

세계 수준 대학 만들려면

주인기
연세대 교수, 경영학과

이제까지 우리 사회는 대학의 양적 팽창에 주력해 왔을 뿐, 대학 교육의 질적 향상에 대해서는 큰 관심을 갖고 있지 않았다.

학생들의 초과 수요가 있었기 때문에 대학에 입학하는 것만이 중요했고, 대학에 입학하면 졸업하는 것을 당연하게 생각하고 있었으며 그 졸업생이 대학에서 무엇을 배웠는가보다는 무슨 대학, 무슨 전공인가에 더 관심이 많았다. 하지만, 세계화 시대에는 형식적인 학벌보다는 사회가 필요로 하는 진정한 실력을 갖춘 인재를 길러 내는 대학 교육이 절실히 필요하다.

얼마 전 고려대와 연세대, 일본의 게이오대와 와세다대 총장이 함께 모인 포럼에서 한국과 일본의 대학이 선진국의 대학들과 경쟁하기 위해서는 세계적 수준의 교육이 필요하다는 사실을 다시 한 번 확인했다. 이는 우리나라나 일본의 대학이 현재와 같은 교육 수준으로는 동북아 차세대 지도자를 육성할 수 없다는 절박한 위기 상황을 표현한 것이라 할 수 있다.

교육 재원 2배 이상 필요

현재 우리나라 대학 교육의 질적 수준은 대단히 미흡하다는 평가를 받고 있다. 세계적인 대학들과의 격차가 좀처럼 줄어들지 않고 있으며, 아시아권 대학들 중에서도 앞서 가지 못하고 있다. 세계화가 가속되고 있는 현실에서 지금과 같은 교육 수준으로는 사회에서 필요로 하는 최고 수준의 인재를 선진국의 일류 대학 출신자들에게 더욱 의존할 수밖에 없다는 위기감마저 고조되고 있는 실정이다.

대학 교육의 질적 향상을 위해서는 체계적인 계획을 수립하고 지속적인 투자가 있어야 한다. 대학에 따라 다소 차이가 나겠지만 적어도 지금보다 두 배 이상의 교육 재원을 지속적으로 투자해야 한다. 이를 위한 방안으로는 두 가지를 생각해 볼 수 있다.

첫째, 국가는 국립대의 예산을 확대하는 것뿐만 아니라 사립대에 대한 보조금도 현재보다 적어도 3배 이상 올려야 한다. 국가가 필요로 하는 인재를 육성하는 데 사립대가 지대한 역할을 하고 있음에도 불구하고, 우리나라 사립대의 국가 보조는 대학 예산의 약 4% 정도로 매우 부족하다.

가까운 일본만 해도 국가 보조금이 사립대 예산의 약 14% 정도이며 미국의 경우는 20~30%에 이른다. 뿐만 아니라 우리나라 대학 등록금은 미국 사립대의 6분의 1밖에 되지 않는다. 이런 재정 상태로 세계적 수준의 교육을 기대하는 것은 무리다.

둘째, 사회의 지도층이 앞장서서 대학이 국가 발전을 위한 중요한 자산임을 사회 전반에 인식시키고 대학에 대한 기여 문화를 확산시켜야 한다. 사립대에 대한 국가 보조금이 대학 예산의 12%까지 확충된다고 해도 현재 한국 대학의 높은 등록금 의존율을 선진국 수준으로 낮추기는 힘들다. 국가 보조와 더불어 대학 발전을 위한 기업과 개인을 포함한 전사회적 기여가 절실하다.

인재 자립해야 선진국

우리가 스스로 인재를 키우지 않고서는 결코 선진국 대열에 들어갈 수 없다. 선진국의 대학에서 최고 학위를 받아야 그 실력을 인정하는 사회가 어떻게 선진국과 대등한 관계를 가질 수 있겠는가? 이제는 고등 교육의 자립국, 더 나아가 수출국이 되도록 대학 교육의 질적 향상에 관심을 가져야 할 때다.

교육 재원이 획기적으로 확충되고 대학 교육이 세계적 수준으로 향상된다면 우리나라뿐 아니라 세계 각국의 우수한 인재들이 우리나라에서 교육받는 것을 자랑으로 여기는 날이 올 것이다.

〈한국일보 2003. 11. 18.〉

언제까지 사교육 타령인가

오세정

서울대 자연대학장

수능 시험이 끝나고 본격적인 대학 입학 시즌으로 돌입하면서 사교육이 맹위를 떨치고 있다. 지방의 고3 학생들이 논술과 심층 면접 준비를 위해 서울 입시 학원으로 유학 오고, 심지어 고교 교사가 단체로 인솔하는 경우도 있다고 한다. 한 인솔 교사는 최근의 논술이나 심층 면접 문제는 너무 전문적이어서 일반 학교 선생님들의 손을 떠난 지 오래라며 사설 학원의 정보력과 경험을 빌릴 수밖에 없다고 토로했다고 한다. 하기는 이제 입시 학원의 정보력은 어떤 공교육 기관보다 막강하다.

교육 황폐화 부른 하향 평준화

최근 서울대가 개최한 입시 설명회는 썰렁했던 반면 한 인터넷 사설 입시 기관이 실시한 입시 설명회는 수많은 인파가 몰려 전쟁터를 방불케 했다는 소식은 학부모들이 얼마나 사교육 기관의 정보에 의존하는가를 단적으로 보여 준다. 또한 대부분의 고등학교에서는 사설 입시 학원이 만든 배치 기준표를 이용해 진학 지도를 하고 있는 것이 현실이다. 이쯤 되면 공교육은 사교육과의 경쟁에서 완벽한 KO패를 당한 형국이다.

상황이 이 정도면 공교육을 책임지고 있는 담당자들은 마땅히 책임을 지거나 최소한 공교육이 힘을 얻기 위한 특단의 대책을 내놓아야 할 것이다. 그러나 정부는 강남 학원을 특별 단속하고 세무 조사를 실시한다는 등 사교육을 때려잡을 대책만 내놓고 있지, 공교육을 어떻게 강화하겠다는 청사진에 대해서는 감감무소식이다. 물론 사교육의 창궐은 사회의 형평성 문제를 야기하고 있어 그 대책이 절실하다. 하지만 그 대책은 공교육의 경쟁력을 높임으로써 사교육으로부터 학생들을 되찾아 오는 방법이 돼야지, 사교육을 물리적으로 위축시켜 공교육과 같이 하향 평준화시키는 것이 돼서는 안 될 것이다.

대부분의 교육 담당자도 이러한 원칙론에는 동의하면서도, 공교육을 정상화시키기 위해서는 막대한 투자가 들고 시간이 오래 걸리기 때문에 당장 급한 대로 사교육을 손보아야 한다고 주장한다. 하지만 언제까지 남의 탓이나 여건 타령만 할 것인가. 실제로 지금이라도 교사나 공무원들이 현실에 안주하지 않고 본연의 역할만 제대로 수행한다면 공교육의 위상을 획기적으로 높일 수 있는 방법이 없지 않다. 아마도 고교의 학생부(내신) 성적 부풀리기만 없어져도 상황은 훨씬 나아질 것이다. 성적 등급을 올리기 위해 문제를 알려 주고 시험을 치는 것은 학교 교육의 수준을 떨어뜨릴 뿐만 아니라 학생들에게 편법을 가르쳐 주는 매우 비교육적인 일이다. 게다가 이러한 내신 부풀리기가 대학 입시를 파행적으로 만드는 주요인이 되고 있다.

사실 내신·수능·면접의 세 가지 구성 요소로 이뤄진 현재의 입시 제도 자체에는 큰 문제가 없다. 내신을 통해 고교 3년 동안의 과목별 학업 성취도를 보고, 수능으로 대학에서 공부할 수 있는 종합적인 사고력을 측정하며, 면접에서 학생들의 인성을 확인하는 것은 상당히 합리적인 구도인 것이다. 문제는 이 구도가 고교의 내신 부풀리기 때문에 제대로 작동하지 않는 데 있다.

막강 조직 교원 단체가 나서라

대학에서 학생부 성적을 믿지 못하니까 입학 전형에서 내신의 반영률을 낮추고, 이에 따라 수능의 비중이 너무 커지면서 난이도와 변별력의 문제가 생기자 대학별 심층 면접을 도입하게 된 것이다. 하지만 아무리 심층 면접이라도 한 번의 면담으로 학생들의 능력을 알아내는 것에는 많은 한계가 있기에 고교 3년 동안의 성취도를 나타내는 학생부의 객관성만 보장된다면 대학에서도 심층 면접을 굳이 고집하지는 않을 것이다.

물론 고교의 내신 부풀리기를 없애는 것은 어느 한 학교나 소신 있는 선생님 한 사람의 노력만으로 될 일은 아니다. 그러나 전국적인 조직을 가지고 있는 교원 단체가 나서면 못할 일도 아니다. 교육부의 정책에 대항하거나 사회적인 이슈를 내세울 때에는 막강한 조직력을 보이는 교원 단체가, 이처럼 자기 본연의 임무인 공교육을 살리는 일에 적극적으로 나서지 않는 이유를 이해하기 어렵다. 다 쓰러져 가는 공교육을 어느 한 집단이나 하나의 정책이 일으켜 세우기는 어렵겠지만, 적어도 교육 담당자들은 자기가 할 수 있는 일부터 시작해야 하지 않을까.　　　　　　　〈중앙일보 2003. 11. 19.〉

영어 공용화는 미친 짓이다

장영준

중앙대 교수, 영문학과

영어 광풍이 또다시 온 나라를 들썩이고 있다. 선무당이 사람 잡는 다는 말이 딱 맞는다. 어쩌자고 우리 사회는 자꾸 영어라는 주술(呪術)에 걸려들고 있는 것인지 참으로 안타깝다. 수년 전 시작된 영어 공용화 논쟁이 사라졌는가 했더니 그게 아니었다. 제주도의 영어 공용화 추진을 비롯해 경기도가 파주시와 안산시에 영어 마을 건립을 추진 중이고, 서울시도 여러 곳에 영어 체험마을을 건립할 예정이란 다. 이미 많은 지방 자치 단체들이 영어 마을을 시행 중이거나 추진 하고 있다. 그런데 이번에는 서울시에서 공식 문서나 국장급 이상 간부 회의에서 영어를 사용하자는 영어 공용화를 내년 중 실시한다는 방침을 세웠다고 한다.

영어 공용화의 문제점들을 다시 논할 필요는 없다. 이미 많은 연구서와 논문들이 지적했으니까. 조금이라도 실상을 아는 사람들은 쉽게 영어 공용화를 주장하지 않는다. 공용화란 무엇인가. 공식 문서와 공공 서비스에서 영어와 한국어를 함께 사용하자는 것 아닌가. 그러니까 학교, 법정, 공문서, 화폐 등 사회의 모든 영역에서 영어를 공용으로 사용한다! 도대체 왜? 우리가 필리핀처럼 미국의 식민지였는가? 인도처럼 영어가 아니고는 소통 가능한 언어가 없는가? 아니면 싱가포르처럼 다민족 국가인가?

서울시마저 영어 회의 추진

서울시의 국장급 이상 간부들이라면 엘리트 중의 엘리트들이다. 그들이 시민들의 안녕과 복리를 위해 써야 할 시간과 에너지를 혹시라도 영어 연습에 소진한다면 될 말인가. 이럴 때를 대비해 쓰지도 않는 언어를 꾸준히 연습해 뒀을 간부들도 있겠지만, 그렇지 않은 간부들도 많을 것이다. 많은 공무원과 간부 지망자들이 영어 광풍에 내몰릴 것이다. 이런 설익은 아이디어들이 어떻게 정책으로 실행될 수 있는 것인지 이해할 수 없다.

언어란 조기에 습득하지 않으면 원어민처럼 구사하는 것이 불가능하다. 일상생활에서 쓰지 않는 언어는 잊혀지게 마련이다. 더욱이 우리나라처럼 영어 화자와의 접촉이 적은 나라에서는 배운 영어를 유지하는 것조차 쉽지 않다. 그런데 생전 써 보지도 않았거나, 앞으로도 쓸 일이 별로 없을 영어를 갑자기 나이 지긋한 간부들에게 강요하는 것은 마치 오른손잡이에게 '만약을 위해서' 왼손을 사용하라고 강요하는 것과 다름없다.

영어 마을이니, 영어 카페니, 혹은 영어 회의니 하는 것들은 좋게 보면 영어를 잘해 보자는, 그래서 '국제적'이 되자는 취지일 게다. 그렇게 온 국민이 영어를 잘해서 어쩌자는 것인가? 서울 모 대학에서는 외국어 학과 선호도가 이미 영어에서 중국어로 넘어갔다고 하지 않는가. 사람들은 본능적으로 안다. 자신이 무엇을 해야 먹고 살 수 있는지를. 중앙 정부나 지방 정부가 영어 마을 어쩌구 하면서 수백억 원의 예산을 낭비하는 동안, 그들은 제 살길을 찾아 또 다른 외국어로 몰려갈 것이다. 영어 마을에는 누가 거주할 것인가. 외국인들을 데려다 무슨 인디언 보호촌 같은 것을 만들 셈인가? 영어를 쓰는 또 하나의 민속촌을 만들려는가? 아니면 수험생들을 모아다가 장사라도 하려는 것인가?

유동 인구가 많은 일부 동남아시아 국가 등에 가면 사람들의 유창한 영어 실력을 보고 놀라게 된다. 반대로 일본이나 프랑스 같은 선진국에 가면 영어를 너무 못하는 것을 보면서 우쭐함을 느끼기도 한다. 모두 부질없는 짓이다. 영어가 필요하면 배우고, 필요 없으면 안 배우면 된다. 자치 단체들까지 나서서 수백억 원의 예산을 쓰면서 영어 나라를 만들 필요는 없다.

상황 · 필요에 대한 고려 없어

실현 가능성도 없고 그럴 필요도 없는 일에 예산과 에너지를 낭비하는 데는 절대 반대이다. 진정으로 국민들의 영어 실력을 향상시키려면 사회 인프라의 경쟁력을 높여야 한다. 일본인이나 중국인이 대다수인 관광지에 영어 안내문만 있는 터무니없는 일부터 고쳐야 한다. 관광 자원을 개발하고, 문화유산을 상품화하여 더 많은 관광객들을 유치한다면 사람들은 시키지 않아도 영어 실력을 키울 것이다. 8만 평 통일동산에 영어 마을 대신 영화 마을이나 미술 마을, 혹은 조각 마을을 건립하는 것이 더 바람직하다.

　이민국도 아닌 서울시가 공식 문서나 국장급 이상의 간부 회의에서 영어를 사용하겠다는 방침을 세우는 것을 보면서 참으로 답답함을 금할 수 없다. 그 돈 있으면 실력 있는 영어 전문가를 필요한 곳에 고용하면 된다. 〈경향신문 2003. 12. 26.〉

환 경

지구 밖 '문명' 궁금하세요?

양형진

고려대 교수, 디스플레이 · 반도체 물리학과

우주의 나이가 150억 년 정도 되고 태양과 지구는 50억 년과 45억 년쯤 되며, 지구상에서 생명의 역사는 35억 년 전에 시작됐다고 한다. 최초 생명의 탄생 이후 생명체는 유전을 통해 자신의 특성을 유지하면서 동시에 진화를 통해 자신의 특성을 변화시켰다.

결코 분리될 수 없는 유전과 진화라는 두 과정을 통해 생명체는 생명 현상을 지속하면서 환경을 변화시키기도 하고 환경에 적응하기도 했다. 그 결과 현재의 지구 환경은 원시 지구와 완전히 달라져 있고 지구 위에는 적어도 150만 가지 이상의 생명 종이 살고 있다.

생명 진화의 역사에서 초기 생명인 박테리아나 남조류가 35억 년 전에 나타난 후, 다음 단계의 원생동물이 나타나기까지는 20억 년 이상의 장구한 기간이 필요했다.

그러나 최초의 육상식물이 나타나고 최초의 척추동물인 어류가 출현하고 무척추동물이 육지로 처음 진출한 것 등은 불과 4억 년 전에 일어난 일들이다.

양서류와 파충류, 포유류와 조류, 꽃식물 등의 다양한 생명종이 번성하는 데 필요했던 기간은 훨씬 짧다. 중추 신경계가 나타나고 인간 같은 지적(知的) 생물이 출현하는 데에는 더 짧은 시간밖에 걸리지 않았다.

그러므로 우주 어딘가에서 생명 현상이 진행되기만 한다면 그곳에 지적 생물이 존재할 확률은 상당히 높다. 그들이 통신 능력을 가졌다면 우리와 교신하는 것도 가능하다.

태양계를 포함하는 '우리은하'에는 다른 은하와 마찬가지로 3천억 개 정도의 항성이 존재한다. 대부분의 항성은 수십억 년의 수명을 지니고 행성계를 거느리고 있으므로, 지구에서와 같이 진화가 진행돼 지적 생명체가 존재할 시간·공간적 여유는 충분하다.

그러면 우리와 통신이 가능한 지적 문명의 수는 얼마나 되는가. 칼 세이건은 코넬 대학의 드레이크가 처음 고안한 식을 통해 이를 계산한다.

그는 어떤 항성이 행성계를 가질 확률(3분의 1)과 행성계 안에서 생명이 존재할 수 있는 생태학적 환경을 지닌 행성의 수(2), 그 행성에서 최초 생명이 탄생할 확률(3분의 1), 지적 생물로의 진화가 일어나고 그 지적 생물이 통신 능력을 보유할 확률(1백분의 1), 역사 전체에 대해 그 문명이 존재하는 기간의 비율(1억분의 1) 등을 추정했다.

그리고 이 각각의 수치에 항성의 수를 곱해 현재 우리은하 안에 존재하는 통신 가능한 지적 문명의 수를 계산했다. 계산 결과는 10이었다.

언젠가 우리는 은하 저편의 문명과 통신할 수 있을지도 모른다.

그건 우리 삶의 지평을 전 은하적으로 확대하는 일이다. 그러나 지금처럼 자연을 훼손하고 학대한다면 그 이전에 우리는 이 우주에서 사라지게 된다.

4억 년 전에 물에서 육지로 올라오며 우리의 먼 조상이 삶의 영역을 확대했듯이, 언젠가는 지구가 아닌 다른 행성으로 우리 삶의 영역을 확장시킬 수도 있을 것이다.

그러나 지구적 환경을 벗어나 그 행성의 환경에 완전히 적응하는 것은 거의 불가능하다. 설령 가능하더라도 최소한 수백만 년의 진화 과정을 거쳐야 하는데, 우리에게는 이를 견딜 만한 인내심이 없다.

그래서 38억 년의 생명사 속에서 형성된 모든 생명체와 한 줌의 흙, 한 모금의 물, 한 숨의 공기는 전 우주보다 소중하다. '오직 하나뿐인 지구'다. 〈중앙일보 2003. 01. 28.〉

핵 폐기물 처리 현세대의 의무

최창섭

서강대 교수, 사회과학부

전력 에너지의 안정적인 공급을 위한 대체 에너지원으로 개발된 원자력 발전이 국내에 도입된 지도 25년이 된다. 우리나라는 현재 17기의 원자력 발전소를 운영하는 세계 6위의 원자력 발전국이 됐다. 국내 발전량의 약 40%를 원자력에 의지, 원전 이용률은 세계 1위를 기록하고 있다.

석탄 화력과 비교할 때 매우 적은 양이기는 하지만 청정 에너지원으로 꼽히는 원자력 발전도 발전 부산물이 발생하게 된다. 또한 암치료 및 진단 등 병원에서나 산업체에서 방사성 동위 원소를 이용함에 따라 이런 곳에서도 부산물이 발생한다.

부산물인 방사성 폐기물은 단순히 쓰레기를 버리듯이 한곳에 모아 땅속에 묻거나 태워 버릴 수 없다. 우선 방사능을 띠고 있는 물질들의 부피를 작게 하고 시멘트 등을 이용해 고화시켜 방사성 물질의 누출을 차단한 뒤 여러 겹의 공학적 방벽을 설치해 생활환경이나 생태계로부터 방사능이 소멸될 때까지 완전히 격리시켜야 한다. 이렇게 함으로써 원자력 주기의 마지막 단계인 안전한 처분이 끝나게 되는 것이다.

우리나라에서도 지난 1984년에 원자력 주기를 안전하게 마무리하기 위해 방사성 폐기물 관리에 대한 기본 원칙이 수립됐다. 그러나 이 기본 원칙이 수립된 후 15년이 지났음에도 아직도 방사성 폐기물의 처분을 위한 부지 문제가 해결 안 된 실정이다.

현재 우리나라의 경우 약 5만 3천여 드럼의 방사성 폐기물이 각 원자력 발전소 내 임시 저장 시설에 저장되어 있으나 점차 저장 능력이 한계에 이르고 있다. 임시 저장은 말 그대로 임시로 저장하는 것으로서 방사성 폐기물 관리의 근본 문제를 해결할 수 있는 것은 아니다.

방사성 폐기물 관리는 우선 우리 세대가 원자력을 이용함에 따라 혜택을 받은 만큼 우리 세대에서 이러한 문제를 해결하고 후손들에게 부담을 주지 않는다는 기본적 사고에서부터 출발해야 한다. 이런 이유로 외국에서는 현재 각국의 특성에 적합한 처분 방식을 이용해 이들 방사성 폐기물을 생태계로부터 격리시켜 관리하고 있다.

물론 외국에서도 부지 확보에 많은 어려움을 겪었지만 우리 세대에서 안전하게 처분해야 한다는 소신과 책임 의식을 가지고 문제에 접근, 이를 해결했다.

당장 문제가 안 일어난다고 해서 우리 세대의 의무를 지키지 않을 수는 없는 것이다. 권리만을 찾고 의무는 다른 사람에게 미루는 비양심적인 사고는 선진 국민의 사고방식이라 할 수 없다.

원자력 발전 선진 국가로서 부산물로 발생하는 방사성 폐기물의 영구 처분을 위한 부지 확보 사업이 그 필요성과 시급성에도 불구하고 마치 뜨거운 감자처럼 지역 이기주의와 정치 논리에 휘말려 해결을 위한 시도조차 안 되고 있는 현실이 안타깝다.

꼭 필요한 시설이고, 또 우리 세대에서 해결해야 할 과제라면 우리 모두 원자력의 수혜자로서 책임 의식과 의무를 가지고 조속히 부지문제를 해결해야 한다. 그래야만 원자력 발전에 대한 신뢰성 향상은 물론 원자력 발전 및 방사성 동위 원소의 수혜자인 우리들이 현세대의 기본 의무를 다하는 것이 아닌가 생각한다.

〈서울신문 2003. 02. 07.〉

기상 정보, 선진국 수준 되려면

이동규

서울대 교수, 지구환경과학부

유엔은 매년 3월 23일을 기상의 날로 정해 인류가 겪는 기상 재해를 부각시키고 있다. 최근 지구 온난화로 지구상에 기상 이변이 속출하고 있어 강수의 정확한 예측과 물 관리가 시급한 국가의 업무가 됐다. 기상 예측 중 강수는 가장 어려운 예측이다. 우리는 폭우를 동반하는 집중 호우, 태풍으로 매년 큰 기상 재해를 겪는다. 온갖 첨단 과학 기술과 지식을 바탕으로 기상 예측 기술이 1일 예보의 정확도 수준을 3일까지 연장할 수 있게 되기까지 반세기가 걸렸다. 기상 전문가들은 다음 4반세기 동안 이 정확도를 5일까지 연장할 수 있을 것으로 보고 있다. 기상 예측 기술의 개발은 엄청난 인명 피해와 재산 손실을 예방하는 데 기여했다. 1998년 8월 초 우리나라는 철 늦은 무더기 집중 호우로 300여 명의 인명 피해와 1조 4천억 원의 재산 손실을 보았으며, 작년 8월 말 기록적인 강한 태풍이 우리나라를 관통해 100여 명이 사망·실종되고 7조 원의 재산 피해를 겪어야 했다.

　우리나라는 지난 10여 년 간 기상 관측 기기 및 시설을 꾸준히 개선해 왔으나, 여전히 인근 해양을 포함해 한반도 지역을 충분히 관측하지 못하며, 예측을 위한 소프트웨어 기술과 고도의 기상 전문가의 확보는 큰 당면 문제가 되고 있다. 국민이 행복한 삶을 영위하려면 국가를 지키는 국방력, 먹고 사는 경제력과 함께 온갖 재해로부터의 안전장치가 필요하다. 자연재해는 물론 최근의 대구 지하철 참사와 같은 인위적 재해를 보더라도 우리의 재해 대처 시스템이 체계화돼 있지 않다. 우리나라 자연재해의 대부분인 기상재해의 예측을 다루는 기상청이 아직도 1급 기관이며 정부 기관 사이의 기상재해 대처 모습은 후진국 수준이다. 공영 방송들의 기상 예보와 정보를 위한 시간 배정도 인색하기 그지없다. 기상재해가 발생하면 우리 모두 기상 예보의 정확성을 절감하고 소동을 벌이지만 시간이 지나면 그만 언제 그러했는지 잠잠해진다. 기상 정보는 재해뿐 아니라 국가 산업 경쟁력에 필요 불가결한 것으로 기후 변화에 따른 국가의 장기 발전 계획에 반영돼야 한다. 이 때문에 정부 부처 간에 기상 정보를 공유하는 정책을 정부 차원에서 점검해야 한다.

　노무현 정부는 우리나라를 동북아시아의 중심 국가로 발전시키려는 목표를 세우고 있다. 인천 국제공항을 동북아 물류 중심의 이니셔티브로 시작해 이 지역의 경제적, 지정학적 중심축을 세운다는 계획이다. 이러한 목표를 달성하기 위해서는 동북아 지역의 기상 정보 없이는 불가능하다. 우리나라의 경제력과 영향력이 글로벌화됐는데도 기상 정보 생산과 기상 발전의 국가적 비전은 한반도 지역에 국

한돼 있다. 중국이 산업화하면서 발생하는 대기 오염의 월경 문제, 지구 온난화로 인한 황사 및 물 문제를 해결하는 데는 정확한 기상 정보 생산이 우선이다. 걸프 전 당시 첨단 무기로 무장한 미국의 승리도 상세한 기상 예보의 뒷받침이 있었음을 잊어서는 안 된다. 동북아 지역 거대한 영토의 중국, 기상 선진국인 일본을 따라잡도록 서태평양을 포함하는 동북아 지역의 정확한 기상·기후 예보 생산을 서둘러야 한다. 정부는 이에 대처할 첫발로 기상청을 차관급 이상의 정부 조직으로 승격하고 기상·기후·물 관리 문제를 주요 국가 사업으로 정착시켜야 한다.

선진국들은 기상 예측 기술을 후진국과 개발도상국에 지원해 오고 있으나 막대한 예산과 첨단 기술로 개발한 기술을 이제는 우리나라와 같은 선진국 문턱의 국가에 무상 지원도, 판매하지도 않는다. 따라서 과거와 달리 기상·기후 예측 기술 소프트웨어와 우리에게 맞는 기상 정보는 스스로 개발하지 않으면 안 된다. 수퍼 컴퓨터를 도입하고, 기술 개발비를 수십억 증액한다고 될 일이 아니다. 이와 관련해 기상청 기획국장 자리에는 기상청의 크고 작은 중장기 발전 계획을 주도할 책임 있는 기상 전문가가 적합하다. 21세기 동북아 중심 국가로 발전하기 위해 정부는 첨단기기 도입, 고급 전문 인력 유치, 기상 예측 기술 개발에 필요한 균형된 예산을 대폭 늘려야 할 것이다. 〈조선일보 2003. 03. 24.〉

괴질 예방 이렇게

김형규

고려대 안암병원장

가벼운 감기라도 마스크 착용을

전 세계가 괴질 공포에 떨고 있다. 지금까지 전 세계 15개국에서 1,600여 명이 감염됐고, 그 가운데 58명이 사망한 것으로 알려졌다. 감염 지역도 중국 전역과 홍콩 싱가포르 베트남 등 동남아 지역에서 유럽·캐나다·미국 등으로 급속히 확산되고 있다.

현재 유행하고 있는 괴질은 고열과 기침, 가래와 같은 호흡기 증상이 나타난 후 호흡부전에 빠지는 중증급성호흡기증후군(SARS)의 임상 양상을 보이고 있다.

처음 증상은 감기와 비슷한데, 진행 속도가 빠르고 일부 환자들은 사망에 이르기도 한다. 실제로 며칠 전에는 이 병을 발견하고 그 위험성을 경고한 세계 보건 기구(WHO) 소속 의사 한 사람이 이 병으로 사망하는 일도 있었다.

아직 감염자가 발생하지 않은 것으로 보고되고 있으나 국내 역시 안전지대는 아니다. 이 병의 원인균이 아직 정확하게 밝혀지지 않고 있기 때문이다. 현재 보건 당국에서 괴질의 원인을 밝히기 위해 역학조사를 실시하고 있으므로 두고 봐야 할 것 같다.

이 병이 처음 발생했던 홍콩의 한 병원은 '파라믹소 바이러스'가 의심된다고 발표했다. 파라믹소 바이러스는 어느 한 가지 종류의 바이러스를 지정하는 것이 아니라 홍역·볼거리·유사 인플루엔자와 호흡기 합성체 바이러스를 뭉뚱그려서 부르는 말이다.

따라서 바이러스의 한 가문쯤에 해당된다고 하겠다. 이 중 홍역, 볼거리 등은 증상이 특이하므로 아닌 것으로 판단된다. 따라서 유사 인플루엔자나 호흡기 합성체 바이러스일 가능성이 크다.

파라믹소 바이러스는 대부분 호흡기를 통해 전염된다. 다시 말해 공기 전염이 된다는 뜻이다. 최근 1~2주 사이에 중국이나 동남아 발병 지역을 다녀온 여행객들은 감기 증상이 있는지 잘 살펴봐야 하며 감기 증상이 있다면 꼭 마스크를 써야 한다.

바이러스는 아직까지 조기 진단 방법이 없어서 호흡기 증상이 정말 감기에 의한 것인지, 아니면 괴질에 의한 것인지를 구별할 수가 없다. 때문에 발병 유행 지역을 여행하고 온 사람들은 가벼운 감기라고 해도 일단 마스크를 착용하는 것이 좋다.

공기 전염은 기침, 재채기뿐 아니라 대화 중에도 가능하다. 또한 식사 중에도 남에게 바이러스를 옮길 수가 있으므로 당분간은 가족이나 동료들과 별도로 식사를 하는 게 좋다. 이 병의 잠복기는 1~2주이므로 길어야 2주만 참으면 내 가족과 동료의 건강을 보호해 줄 수 있기 때문이다.

집안에 어린아이가 있거나 노인이 있다면 건강한 사람이라도 밖에서 집으로 돌아왔을 때에는 손을 씻고 양치질을 하는 것이 좋다. 건강한 사람은 바이러스가 침입해도 병에는 안 걸리지만 면역력이 약한 사람에게 병을 옮길 수는 있다.

바이러스 감염에 대해서는 아직까지 효과적인 치료약이 별로 없다. 바이러스는 생명체의 기본 단위로 생존 능력이 뛰어나 끊임없이 변종을 일으키기 때문이다. 수많은 변종으로 인해 초기 진단법을 개발하기도 어렵거니와 치료제의 개발도 쉽지 않다. 설사 치료제가 개발된다 해도 약값이 비싼 데다 치료를 위해서는 입원을 해야 하기 때문에 의심되는 모든 환자에게 사용하기가 어렵다.

어떤 병이든 예방이 최선의 방법이자 가장 효과적인 치료 방법이라는 것을 꼭 기억하자. 〈국민일보 2003. 03. 31.〉

지속적 관심 갖고 가꿔야 할 산림

홍성천
경북대 교수, 임학과

나무를 심어 가꾸는 계절이다. 우리나라는 지난 반세기 동안 세계 식량 농업 기구가 칭송할 정도로 그 많던 황폐된 산을 녹화시킨 지구상의 유일한 국가이다.

그러나 숲 속을 들여다보면 숲 가꾸기를 제때 못했고, 자원으로 사용할 수 있는 수종으로 바꾸어 심어 주지 못한 탓으로 짐승도 잘 다닐 수 없는 정글이 된 산림이 많다. 왜 그렇게 됐을까. 그 이유는 정부가 황폐지 산림 발달 과정의 제1단계를 마무리해 놓고는 마치 산림을 다 가꾼 양 착각해 샴페인을 너무 일찍 터뜨렸기 때문이다. 산지 녹화 후 30~40년 동안 제2단계 사업을 충실히 이행해 주어야 산림 관리의 궁극적 목표인 제3단계 지속 가능한 산림으로 가꾸어 갈 수 있다는 평범한 사실을 간과한 결과였다.

산림청에 따르면 목재 생산을 우선하고 있는 350만ha의 산림 면적 중 약 4분의 1인 100만ha가 경제성 있는 수종으로 바꾸어 심어야 하는 형질 불량한 산림이며 숲 가꾸기 사업을 해 주어야 하는 면적이 200만ha나 된다고 한다. 이젠 녹화 사업이 끝나 나무를 더 심을 산이 없고, 조림을 하려 해도 노동력도 예산도 없다. 산주들이 산림에 관심이 없다. 경제림 목적의 조림은 경제성이 없으니 임목 생장이 빠른 해외 조림으로 대치하고 국내 산림을 풍치림으로 가꾸어가야 한다는 등의 여론에 밀려 현재의 국가 정책을 답습하는 것은 정부와 산림 정책 관계자들의 책임 회피이며 직무 유기일 것이다.

필자가 숲 가꾸기 사업과 수종 갱신 조림을 산림 정책의 근간으로 삼아야 한다고 주장하는 이유는 속이 차지 않는 배추 씨앗을 심어놓고 아무리 김을 매고 병충해 구제 노력을 해 봐도 수확할 때 김치를 담글 만한 속 찬 배추는 수확하지 못하고 잎만 무성한 배추를 수확하게 되는 것 같은 실수를 범하지 않기 위해서이다. 또 다른 이유는 잘 가꾸어진 산림이야말로 산림의 순기능인 목재 생산과 대기 오염 정화 기능, 수원 함양 기능을 원활히 할 뿐만 아니라 풍수해, 산사태 및 대형 산불 등의 자연재해 예방 기능을 개선시킬 수 있기 때문이다.

이젠 더 이상의 시행착오는 안 된다. 만시지탄이지만 정부는 우리의 산림이 이제 겨우 산지 녹화를 끝내고 산림 자원 조성 시기에 진입해 있음을 직시해 지금부터라도 목재 부족 시대와 지구 환경 시대에 대비한 큰 틀의 국가 정책을 수립해야 한다. 일본의 삼나무와 편백, 중국의 홍송, 유럽 지역의 전나무와 유럽소나무, 북미 대륙의 더글라스 전나무와 폰데로사 소나무처럼 우리나라도 강원도의 횡성, 평창, 삼척 등과 경상북도의 울진, 봉화, 영양 등지의 태백산맥계에 국제 경쟁력이 있는 형질 우량한 금강소나무림이 분포하고 있다.

그러나 안타깝게도 숲 가꾸기 사업의 미흡과 병충해 피해, 대형 산불 등으로 지속 가능한 금강소나무림으로 가꾸어 가는 것이 불가능하다는 결론에 도달해 있다. 지속적인 금강소나무 목재 생산과 송이 생산, 산업이 낙후된 강원도와 경상북도 태백산맥계의 산을 세계적인 소나무 관광지로 만들기 위해선 현재의 산림 분야 예산과는 별도로 20~30년간 장기적으로 예산을 배정받는 '금강소나무림 육성을 위한 특별법'을 입법화해야 한다.

아울러 아무리 좋은 국가 정책을 수립하더라도 이해 당사자들의 공감대와 참여 없이는 소기의 목적을 이루기 어렵다는 점을 교훈으로 삼아 산주들의 사기를 높일 수 있는 정책 개발도 서둘러야 한다.

우리나라도 이젠 산주들을 보상하는 차원에서 숲 가꾸기와 수종 갱신 조림에 필요한 재원 확보에 인색해서는 안 될 것이다.

1·2차 세계 대전 후 전후 배상 과정에서 승전국들이 독일에 산림자원으로 배상할 것을 요구했으나 독일 국민들은 "도시와 공장은 수년 안에 다시 건설할 수 있지만, 산림자원이 파괴되면 복원하는 데 수백 년이 걸린다"며 끝까지 숲을 지켰다. 중앙 정부와 지방 정부 정책 입안자들의 분발을 기대한다. 〈서울신문 2003. 04. 05.〉

환경과 개발 평가 잣대 만들자

박종식

삼성지구환경연구소 소장

오늘은 '지구의 날'이다. 1969년 미국 캘리포니아 주 해안에서 유조선의 기름 유출로 해양 생태계가 심각하게 훼손되어 사회 문제화되자 당시 미 상원 의원인 넬슨이 주창해 1970년 4월 22일을 '지구의 날'로 정해 행사를 개최한 것이 그 효시다. 우리나라도 1990년부터 민간 환경 단체들의 주최로 다채로운 행사를 펼쳐 오고 있는데 '물의 날', '환경의 날' 등과 달리 민간 차원에서 시작된 기념일이라는 점에서 그 의의가 크다.

'지구의 날' 제정 이후 지난 33년 동안 각국 정부와 시민 단체, 기업들이 지구 환경 보전을 위해 많은 노력을 기울여 왔으나 주요 환경문제의 해결은 아직 요원하다는 것에 대부분의 사람들은 공감하고 있다. 특히 서울의 대기 오염이 경제 협력 개발 기구(OECD) 30개 회원국 가운데 최하위권이라는 최근 보도에서 보듯이 우리의 환경 수준은 선진국에 비하면 지극히 미흡한 수준이다.

그렇다면 우리는 어디서부터 지구 환경 문제 해결을 위한 수순을 다시 밟아야 하는 것일까. 사실 이 문제에 대해 인류는 이미 모범 답안을 내놓고 있다. 1987년 유엔 세계 환경 개발 위원회 보고서에서 제시된 '지속 가능한 발전' 개념이 바로 그것이다. 지속 가능한 발전이란 미래 세대의 필요를 충족시킬 능력을 저해하지 않으면서 현 세대의 필요를 충족시키는 것을 말한다. 다시 말해 미래 세대를 감안한 발전을 추구하자는 것이다. 이런 점에서 우리가 흔히 사용하는 상생(相生)이란 말과 일맥상통하는 개념으로 이해할 수 있다.

이제는 기업을 포함한 개발의 주체들도 성장 위주의 개발이 아닌 환경 친화적 개발의 중요성에 대한 공감대가 조성돼 있다고 생각한다. 그러나 어떻게 하는 것이 환경 친화적 개발인지 그 수단과 방법에는 아직 미흡한 면이 적지 않다.

최근 서울외곽순환도로와 경부고속철도의 노선 변경 문제, 그리고 새만금 간척 사업 등에서 볼 수 있듯이 이해 당사자 간에 지속 가능한 발전에 대한 해석이 평행선을 이루고 있는 실정이다. 한 쪽은 경제발전이나 기술 개발의 성과가 환경오염을 줄일 수 있다는 이해가 부족하고, 다른 쪽은 갯벌이나 강, 숲과 같은 생태계의 경제적 가치를 인정하는 데 인색하기 때문에 그 차이는 좀처럼 좁혀지지 않는다. 이것은 개발과 보전에 대한 판단 기준이 다른 데서 오는 것이다. 여기에 직접 이해 당사자인 지역 주민과 시민 단체의 입장 차이, 정부의 조정 능력 미흡 등으로 갈등이 해소되기는커녕 오히려 확산되고 있는 것이다.

갈등의 원인은 특히 이들이 해당 사업에 대해 갖고 있는 지표와 평가 방법에서 차이가 많이 나기 때문이다. 따라서 서로 다른 입장이 잘 반영될 수 있도록 합리적인 평가 틀과 그 추진 방법을 만들어 나가도록 해야 한다. 지속 가능한 발전의 관점에서 경제성, 환경성, 사회성을 고려한 '국가 지속 가능 발전 지표'를 개발해 국가 차원의 목표에 대해 서로 공감하도록 해야 한다. 현 세대와 미래 세대를 고려한 지속 가능 발전은 결국 국가 및 기업의 경쟁력 제고와 맞물려서 추진되어야 할 것이다.

1986년부터 1994년까지 영국과 유럽 대륙을 연결한 도버 해협 터널 공사의 경우 해양 생태계 훼손과 경제 개발, 그리고 국가 안보 등을 둘러싸고 양국 간에 많은 갈등이 있었다고 한다. 그러나 당시 양국의 사업 주체는 30%의 추가 비용을 들여 기술적 검토를 통해 이해 당사자의 평가 잣대를 통일시켜 줌으로써 생태계 피해를 최소화하는 데 합의, 터널이 완성될 수 있었다. 그 결과 엄청난 물류 비용의 절감 등 경제적 효과를 보게 된 것은 잘 알려진 사실이다.

이제 국책 사업에 대해서는 이해관계자들이 참여해 서로 공감할 수 있는 구체적인 평가 잣대를 만들어 나가자. 이를 통해 경제적으로 어떤 이익이 있고 환경적·사회적으로 어떤 문제가 있는지를 명료하게 공유하도록 하자. 서로의 시각차를 해소할 수 있는 공통의 평가 잣대를 만들어 가면 개발과 환경 사이의 갈등을 해소하는 실마리를 찾게 될 것이다. 〈동아일보 2003. 04. 22.〉

바이러스와 인간, 도전과 응전

권오길

강원대 명예교수, 생명과학부

어디서 도깨비같이 날아든 바이러스가 이렇게 세상을 놀라게 하고, 떠들썩하게 난리를 피우는 것일까. 사스(SARS · Severe Acute Respiratory Syndrome의 준말 · 중증급성호흡기증후군)란 새로운 병이 온 세상을 덮치고 있다. 말 그대로 전쟁을 방불케 하는 신종 유행병이다.

여기서 바이러스의 특성을 좀 짚고 넘어가자. 바이러스는 이리 보면 생물이고 저리 보면 무생물인 요물단지다. 생물이라 말할 수 있는 것은 번식을 한다는 점이고, 무생물일 수밖에 없는 것은 주성분이 단백질과 핵산, 그리고 일부 지방단백질(lipoprotein)로만 구성되어 있어 삶은 달걀에 비유할 수 있다는 점 때문이다. 그리고 이것은 살아 있는 숙주 세포(식물 동물 세균) 안에 들어가면 번식을 하니 생물이지만 세포 바깥에 있으면 휴면 상태에 머무는 무생물이다. 그리고 바이러스는 세포의 단계에 못 미치는 하등한 수준의 단순한 '입자(粒子 · particle)'다.

바이러스는 입자 안에 들어 있는 핵산에 따라서 DNA 바이러스와 RNA 바이러스로 나뉘고, 단백질이 주성분인 겉껍질의 크기나 모양도 중요한 분류 기준이 된다. 사스와 관련이 있는 바이러스를 '코로나 바이러스'라 부르는 것도 그 모양이 개기 일식 때 태양의 둘레에 보이는 빛살인 코로나를 닮았기 때문이다.

그 흔한 감기에서 무서운 에이즈까지 모두 바이러스가 발병시키는 것인데, 날고뛰는 현대 과학이 이것 하나를 잡지 못하는 것을 보면 이상스럽기 짝이 없는 놈이 바로 바이러스다. 무엇보다 그때그때 곧바로 변종이 생겨 버리는 것이 애를 먹이는 가장 큰 이유다. 여기서 변종이란 돌연변이를 말한다. 핵산이 바뀐다거나 바이러스끼리 핵산(유전인자)을 서로 교환해 어느새 다른 바이러스가 되어 버리니 잡을 듯하다가도 그만 놓쳐 버린다.

동물에 기생하던 것들이 갑자기 사람에게 옮아 붙는 것도 탈이다. 닭, 오리, 돼지, 원숭이, 소 등 동물의 몸속에 살던 것이 변성하면서 종(種)의 경계를 훌쩍 뛰어넘어 숙주를 바꾸는 것이다. 지금 세계를 혼란에 빠뜨린 사스도 그럴 것으로 추정하고 있다. 아마도 돼지가 아니면 새나 소에 살던 놈으로 보고 있다. 실제로 변종 바이러스가 사람에게 전염된 것이 여럿 있다. 1957~1958년 세계적으로 1백만 명 넘게 희생자를 낸 '아시아 유행성 감기'는 오리에게 기생하던 바이러스가 돼지에게 들어가 돌연변이를 일으키면서 사람에게 전염됐던 것이다. 1981년에 발견돼 지금까지 죽은 사람만도 2500만 명이나 되는 에이즈 역시 아프리카 원숭이가 바이러스를 사람에게 옮겼다고 본다. 이것 외에도 여러 병의 뿌리가 동물들에 있다는 것이 드러났다.

　사스라는 병은 추적 결과 작년 11월 중국 광둥 성에서 처음 나타난 것으로 밝혀지고 있다. 중국 당국이 세계 보건 기구(WHO)에 빨리 보고하지 않고 은폐해 많은 비난을 받고 있는 것도 참고할 일이다. 폐렴 증상(세균성)을 나타내는 환자에게 항생제를 처방했으나 낫지 않는 데서 의문을 가졌고, 그것이 사스 바이러스 때문인 것으로 밝혀졌다. 이 바이러스의 확산을 차단하기 위해 세계 각국의 공항에는 비상이 걸렸고, 우리도 예외가 아니다. 마스크를 쓰는 것으로 완전 예방이 될 수는 없지만 흡입하는 바이러스의 수를 줄일 수 있다는 점에서는 효과가 있다. 즉, 바이러스를 많이 마시면 사스에 걸릴 가능성이 더 높아진다.

　그러나 다행스러운 것은 인간이 병을 따라잡는 약을 개발하고 있고 항체가 생겨 병을 이기기도 하지만, 어느 병이나 기승을 부린 다음에는 저절로 수그러들고 만다는 점이다. 수많은 병이 생겨났다 사라지기를 반복하지 않았던가. 앞으로도 새로운 병이 생겨났다 사라질 것이다. 어떤 이는 세계사를 전쟁의 반복이라고 했지만, 실제론 유행병과의 다툼이라 해도 무방할 것이다. 사람과 병은 언제나 평행선을 달려왔다. 단지 병이 한 걸음 앞서 왔을 뿐이다.

〈동아일보 2003. 05. 03.〉

오늘은 새만금의 날

이주향

수원대 교수, 교양학부

다 죽어
시들어 없어져 버린 줄 알았던
샛맑은 그리움 한 자락
     – 김지하 〈해남에서〉

  그리움은 길이다. 물막이 공사로 물길이 막히고 있는 거대한 개펄에 대한 그리움을 안고 고행길을 떠나 우리 속의 탐욕과 이기심을 돌아보게 했던 이 시대의 성자들이 길을 따라, 마음길을 따라 마침내 서울까지 왔다. 오늘 오후 2시, 시청 앞이다. 우리는 두 달이 넘는 기간, 삼보일배를 하면서 마음길을 열며 열며 거기까지 온 묵언의 성자들과 함께 생명의 길을 기원한다.

  삶에는 지름길이 없다며 천천히, 비장하게, 낮에는 기어가고 밤에는 노숙한 성자들의 숭고한 길은 우리 마음길을 열고 드디어 보수적인, 너무나 보수적인 국회를 열었다. 국회의원 150명, 과반수가 훨씬 넘는 의원들이 서명을 한 것이다.

새만금 문제를 풀기 위한 신정책구상단을 만들고 결론이 날 때까지, 지금 밤낮 없이 진행되고 있는 새만금 사업을 중단하라고, 정파적 이해관계를 넘어 삼보일배의 정신에 동참한 것이다.

'국회 결의안'이 아닌 '정책 제안서'인 이유가 눈물겹다. 결의안을 채택하기 위해서는 6월 임시 국회가 열릴 때까지 기다려야 하는데, 밤낮없이 진행되는 물막이 공사를 하루라도 빨리 중단시켜야 하기 때문이란다.

그도 그럴 것이 물막이 공사가 끝나면 여의도 면적의 140배나 되는 1억 2천만 평의 개펄에 물길이 막힌다. 당연히 맑은 물은 들어올 수도, 나갈 수도 없다. 그렇게 되면 고여 있는 물은 썩고, 개펄에 사는 생명들은 여름 땡볕에 말라죽는다. 바다의 자궁인 개펄이 거대한 생명의 무덤, 죽음의 땅이 되는 것이다. 개펄이 죽으면 바다는 멀쩡할까? 바다도 서서히 죽어 간다.

서해 바다 새만금은 전북만의 문제가 아니다. 어디 동강이 영월만의 문제였고 내린천이 인제만의 문제였는가. 생명, 평화, 인권, 환경의 문제는 시공을 초월하는 우리 전체의 문제다. 그렇기 때문에 특정 지역의 환경 문제를 「람사 협약」에서 말할 수 있는 것이다.

소외된 지역의 문제라면 다른 식으로 풀어야 한다. 이번에 이부영 의원과 함께 정책 제안서를 만드는 데 앞장선 김원웅 의원은 일요일 여의도에서 삼보일배에 동참하고 나서 이런 제안을 했다. "쌀이 남아도는 상황에서 새만금 개펄을 간척한다는 것은 의미 없는 환경 파괴일 뿐입니다. 이 사업이 원래 소외 지역의 개발 차원에서 시작한 것이니까 '소외 지역 지원 특별법'을 만들어 새만금 사업에 상응하는 예산을 전북 지역의 합리적 발전에 투입할 수 있도록 하겠습니다."

전 국회의장 이만섭 의원은 이런 얘기를 한다. "결자해지 아닙니까? DJ 정부에서 해결했어야 하는 문젭니다." 그렇지만 어쩔까? 공은 넘어왔는데.

원래 2000년에 이 문제가 불거졌을 때 국회 예결위에서 새만금 관련 예산이 삭감되었다. 그러자 농림부는 간척을 중단한 것이 아니라 국회의 감시를 피해 갈 수 있는 기금으로 간척을 계속했다. 이른바 농지 관리 기금이다. 국민의 세금은 그렇게 눈먼 돈이 되어 환경 파괴를 위해 쓰이고 있었다. 당신의 가족이 4인이라면 한 가구당 새만금 파괴를 위해 내야 하는 눈먼 세금이 50만 원인 셈이다.

해양수산부 장관을 지냈던 노무현 대통령이 넓고 넓은 바닷가 새만금의 가치를 모를 리 없다. 민의의 전당 국회를 존중하겠다는 청와대가 모처럼 정파를 넘어 한마음으로 서명한 과반수 국회의원의 정책 제안서를 무시할 리 없다.

21세기 개혁의 중요한 축은 '친환경'이다. 개혁을 주장하는 참여 정부가 "한 걸음 내디디며 전생 현생 제가 지은 죄를 참회하고, 온몸을 낮춰 생명의 소리를 듣겠다"고 새만금에서 서울까지 기어온 수행자들의 마음 앞에서 벽을 쌓을 리 없다고 믿고 싶다.

〈한국일보 2003. 05. 30.〉

생태 파괴하는 '환경 이벤트'

이석우

국립산림과학원 국제협력팀장

환경 문제에 대한 국내외적 관심이 그 어느 때보다 높아지면서 최근 각종 환경 단체와 지방 자치 단체들이 희귀·멸종 위기 식물 종은 물론 특정 지역의 산림 식생을 대표하거나 토속적으로 신성시돼 왔던 식물 종들의 자생지를 복원하기 위한 다양한 행사를 추진하고 있다.

이런 행사들은 환경 단체의 소속 회원, 지역 주민들을 자발적으로 참여케 함으로써 인간은 자연과 더불어 살아가는 존재이며 일단 훼손된 생태계 복원을 위해서는 많은 시간적·경제적 노력이 필요함을 알리는 교육의 장으로서의 역할을 한다. 뿐만 아니라 앞으로 펼쳐질 다른 자연 보전이나 환경 보전 사업에 보다 적극적으로 동참할 수 있는 계기를 마련해 주고 있다.

그런데 자생지 복원 사업이 복원 대상 종의 생태적·유전적 특성

등 과학적 정보를 배제한 채 주먹구구식의 이벤트성 사업으로 추진될 경우 기대와는 달리 부정적인 결과들을 초래할 수 있음을 간과하면 안 된다. 특히 희귀·멸종 위기 종들은 일반적으로 자생지 안의 다른 생물 종들과의 경쟁에서 뒤처져서 희귀 또는 멸종 위기 상태에 처하게 된 경우가 많다.

이런 경쟁 관계를 무시한 채 자생지 안으로 무리하게 복원하는 일은 오히려 안정적인 생태계를 파괴시킬 수도 있다. 희귀·멸종 위기 종의 경우 자가 수정이나 혈연적으로 가까운 개체들끼리의 교배를 통해 번식되는 경우가 많다. 이 경우, 자생지 내 개체들의 유전적 조성은 매우 동질적이다.

만약 유전적 조성이 자생지 내에서는 동질적이지만 소규모로 격리된 서로 다른 자생지 간에는 매우 이질적이라면 자생지 복원 과정에서 유전적으로 상이한, 다른 자생지로부터 개체를 증식하여 이식시킬 경우 복원 대상 집단의 유전 구조를 파괴시킬 수도 있다.

이러한 위험은 자생지 내에서는 멸종 상태에 있으나 인위적으로 증식되어 상업적으로 널리 이용되는 종에서 더욱 문제가 될 수 있다. 즉, 원산지도 모르는 개체, 경우에 따라서는 외국에서 도입한 개체를 종묘상 등으로부터 구입하여 마구잡이로 자생지 복원 사업을 실시하는 경우 오히려 자생 집단의 생존에 큰 위협을 가져올 수도 있다.

또 각 식물 종들은 자신의 생존을 위해 선호하는 저마다의 자생지 특성을 가지고 있다. 즉, 어릴 때 볕이 잘 드는 곳에서만 잘 자라는 종, 그늘진 곳에서만 잘 자라는 종, 또 공중 습도가 매우 높거나 이끼 또는 죽어서 쓰러진 나무 위에서만 싹이 터서 자라는 식물 등 매우 독특한 자생지 환경을 요구하는 종들도 있다.

따라서 자생지 복원 사업을 성공적으로 끝내기 위해서는 복원 대상 종의 자생지 특성을 잘 파악한 후 적절한 자생지 환경 아래에서 실시하는 것이 중요하다. 그러지 않으면 공들여 추진한 사업이 아무런 결실도 보지 못한 채 실패로 끝나 버릴 수 있다.

결국 필요한 과학적 기초 연구가 선행되지 않은 채 섣불리 이뤄지는 자생지 복원 사업은 이 사업이 표방하고 있는 '생물 종 다양성 보전'이나 '환경 보전'이라는 대의명분에 오히려 역행하는 행위가 될 수도 있음을 유의해야 한다. 아울러 일부 '환경원리주의자'들이 발의하여 유행처럼 번지고 있는 '절대적 환경보호주의 또는 녹색주의'에도 주의를 기울여야 한다.

과학적인 논의가 배제된 상황에서의 무조건적인 환경보호주의는 과학의 진보는 물론 효율적인 자연 보전을 위해서도 바람직하지 않다. 뿐만 아니라 유엔 환경 계획(UNEP)이 추진하고 있는 '지속 가능한 개발'이라는 철학과도 부합하지 않는다.

많은 사람이 옳다고 믿기 때문에 반대한다고 말하는 것조차 불경한 것으로 간주되는 오늘의 상황에서 이 같은 논제를 발의한다는 것이 매우 위험스럽기는 하지만 '당연'하다는 믿음이야말로 가장 위험한 신뢰가 아닐까. 〈문화일보 2003. 06. 18.〉

비무장 지대를 위하여

이 반
비무장지대미술운동연구소 소장

개발론자들은 비무장 지대(DMZ)에는 온대 원시림이 없다고 주장한다. 남북이 시야를 확보하기 위해 경쟁적으로 산불을 놓은 것을 감안하면 틀린 말은 아니다. 그렇다고 식생이 파괴되어 보존 가치가 없으니 개발해야 한다고 서두르는 것은 매우 그릇된 생각이다. 그 인위적 산불 덕분에 목본 식물이 억제되는 대신 초본 식물의 밀도가 높아져 초식 동물의 다양성이 크게 늘었다는 것이 국내외 생태·동식물 학자들의 분석이다. 그래서 그곳이 야생 동물의 낙원이자 천국이요, 막개발로 인해 드넓은 초원이 사라진 이 땅에 생태계의 보고가 될 것이라고 전망한다. 이것은 '신화'가 아닌 현실이다.

비무장 지대는 정지된 긴장이 농축된 공간이다. 자연을 망가뜨리도록 길들여진 인간의 발길이 반세기 동안 닿지 않음으로써 생태 현상이 왕성하게 펼쳐져 우리에게 희망을 안겨 주는 소중한 곳이다.

그런데도 비무장 지대의 생태 환경에 대한 호기심을 못 견뎌 독자적으로 탐색에 나선 이들이나 정치적으로 선택된 소수의 학자들이 민통선 일부분을 짧은 시간에 더듬은 지식으로 비무장 지대까지 가늠하는 현실에 아무도 놀라지 않는다.

양면의 긴장된 마찰을 통해 예리한 칼날이 서는 법이다. 생태·환경학자들의 논증·사실·통계적 고찰을 배제한 채, 이른바 '독보적인 개인'의 민통선 지역 체험이 절대요 전부인 양 언론에 종종 보도되는 것은 병폐다. 이것은 비무장 지대 생태 보존이나 이 땅의 미래를 설계하는 데 걸림돌이 된다. 이런 편견들이 공론에 자주 침잠할 경우 생태 지식에 얕은 민중은 물론 민통선 개발자들의 신나는 지침서가 될 것이다. 평화를 남발하며 생태 파괴를 부추기거나 개발 이익에 혈안이 된 이들에게 기생하는, 환경 친화니 지속 가능으로 위장한 지식인들의 몰골이 안타까운 현실 아닌가 평화에 굶주린 생명의 진실은 '절제된 평화'를 지지한다. 가장 생태가 잘 보존된 강원도의 민통선 지역에 '평화 생태 마을'을 만든다는 난센스야말로 '추락하는 평화'다. 그것은 낭만적 평화 운동이요, 경계해야 할 생태 이론이요, 소멸돼야 할 사이비 환경 운동이 아닌가.

경의선·경원선 남북의 순환이 급하긴 해도 단군 이래 최대 최고의 축복이자 참회와 화합의 생태 공간이, 50년간 숙성 발효된 한반도의 산소통이 야금야금 부서져 가고 있으니 가슴이 저민다. 두 동강 난 한반도를 연결하기 위하여 앞으로 열 토막 이상으로 작살날 동서 248킬로미터 비무장 지대의 운명이 안타깝다. 남북을 여러 개의 생태 터널과 생태 다리로 결속할 세계적 명소가 무너지고 있다.

비무장 지대는 정치적 산물이다, 그러나 지금이라도 남북의 소통을 생태 생명의 논리로 엮어 가야 산다. 40년 이상 동서 유럽을 단절했던 냉전의 상징, 철의 장막 2500여 킬로미터가 다양한 동식물 보고로 변하여 자연공원으로 보호하려는 국제적 프로젝트가 추진되고 있음에 우리는 주목해야 한다.

비전이 없는 통일은 무가치한 것이다. 그 초석은 무엇인가 접경지대가 강원·경기 도민의 전유물인가? 새만금을 당장의 경제 논리로 풀 수 없듯이 백낙청 선생의 제시대로 '비무장 지대의 생태학적 상상력으로의 일대 전환'이 필연적이다. 비무장 지대 생태계에 대한 범국민적 논쟁과 범세계적 인식을 토대로, 당장의 개발 이익보다는 보존이 경제적 가치가 높고 만족도도 증가한다는 것을 규명해야 한다. 이런 기반이 없이 일시적 또는 부분적으로 접경지역 보존과 개발 전략을 세우는 것은 무가치하다.

서둘러 지뢰를 파내고 그곳에 한 그루의 나무를 심기보다는 차라리 그냥 내버려 두는 것이 건강한 땅이 될 수 있다. 더구나 남쪽만이 이런 계획을 질러 가면 세계적 손실이요 낭패다. 남북이 함께 '비무장 지대 생태 조사단'을 구성하면 보존과 개발의 통일 열차가 탄탄대로를 달릴 수 있지 않을까.　　　　　〈한겨레신문 2003. 08. 20.〉

'숲 가꾸기'를 범국가 사업으로

김외정
국립산림과학원 임산공학부장

　미국 캘리포니아 주 산림에서 1주일 넘게 산불이 확산되면서 산림과 마을의 인명과 재산이 온통 폐허가 되었다. 작년에도 미국 서부 지역에서 일어난 대형 산불로 남한 면적의 4분의 1에 해당하는 240만ha 숲과 건물 2천 채를 태웠다. 호주 시드니 근처 대형 산불도 숲 30만ha를 태우고 시 외곽 15km까지 접근하면서 이재민 5천 명을 발생시켰다.

　이처럼 대형 산불이 발생하면 숲은 자원 가치 상실은 물론 지역 사회의 재난거리가 된다. 이 때문에 부시 미 대통령은 작년 8월 '산림 건강성 회복 계획(Healthy Forests Initiatives)'을 선언하였다. 산불과 병해충의 위험에 직면한 숲 가꾸기 사업 촉진을 위해 10년 계획을 수립, 이를 지원할 특별 법안을 서둘러 마련했다. 제때에 숲 가꾸기를 하지 못해 숲 속에 방치된 덤불이 불쏘시개가 되어 대형 산불을 일으키고 있다는 판단에서다.

중국의 사막 지역과 황토고원 산림 황폐지에서 발생하는 황사는 우리나라 봄철 상공을 자주 뒤덮어 사회 문제를 일으키고 있다. 매년 비슷한 시기에 일본에서는 도쿄 외곽 지역 삼나무 숲에서 발생하는 꽃가루 때문에 도쿄 시민의 10%가량이 화분증이라는 호흡기병 증세로 고통을 당하고 있다. 이를 치료하기 위해 지출하는 연간 의료비만 2조 8천억 원, 노동 손실은 6천5백억 원으로 추산하고 있다.

일본 정부는 지나치게 빽빽한 삼나무 숲 때문에 발생하는 막대한 사회적 손실을 줄이기 위해 2000년부터 긴급 간벌 5개년 대책을 수립, 전국적으로 숲 가꾸기 사업을 벌이고 있다.

미국과 일본에서 보듯이 숲 가꾸기가 목재 가치를 높여 주는 기존의 간벌 사업 개념에서 이제는 국민의 사회적 요구를 반영하는 공공 사업으로 전환하고 있다.

우리나라도 IMF 비상 시기에는 숲 가꾸기 사업을 공공 근로 사업으로 추진, 연평균 1만 3천 명을 상시 고용하면서 44만ha의 숲 가꾸기를 실시하였다. 당시 숲 가꾸기는 실업자를 구제하여 사회 안전망 역할도 하고, 농·산촌 경제 낙후 지역의 고용 효과가 있어 지역 균형 발전에도 기여한 사업으로 평가받았다. 그러나 지금은 숲 가꾸기 사업이 일반 정책 사업으로 되돌아오면서 큰 문제에 직면하고 있다. 경제림 육성 사업 대상지의 70%나 차지하는 개인 산림 소유자가 수익성이 낮은 숲 가꾸기 사업을 꺼린다는 것이다.

우리나라는 세계에서 최단기간 내 국토 녹화에 성공한 국가로 평가받고 있다. 그러나 30년 국토 녹화 과정에서 일구어 온 전국의 숲 대부분이 지나치게 빽빽한 상태다. 이를 제때 충분히 솎아 주지 않으면 나무가 가늘게 웃자라고 하층식생이 자랄 수 없어 생태적으로 건전하지 못하고 병충해와 풍수해에 허약한 숲으로 변하게 된다. 뿐만 아니라 3년 전 동해안 산불처럼 대형 산불 발생 위험이 커지고, 숲 자체의 물 소비가 많아지면서 계곡 물을 오히려 마르게 하는 현상이 나타나고 있다.

이런 사회적 손실을 사전에 방지하려면 숲 가꾸기 사업을 시급히 추진해야 하며, 미국이나 일본처럼 국가 공공 사업 차원에서 획기적인 지원 정책이 강구되어야 한다.

예를 들어, 산주(山主)와 지자체에 숲 가꾸기 사업 비용 부담을 덜어 주고, 경제림 육성 사업 계획에 참여하는 산주에게 종토세와 같은 토지보유세 절감 폭을 늘리는 혜택도 효과적인 지원 대책이다. 긴급하게 숲 가꾸기를 해야 할 5대 강 유역 수원림, 도시림 등이 사유림일 경우 국가가 매입하거나 이용권을 확보하는 일도 국가가 해야 할 사업이다.

숲에 방치되어 있는 숲 가꾸기 간벌목이 산불을 키우고 있다. 이들을 끌어내는 수집 비용을 추가로 지원하여 산불 피해를 줄이고, 이를 농촌 지역 연료나 수질 정화용 톱밥으로 활용하는 친환경 프로젝트 개발도 구체화해야 할 단계다.

숲은 잘 가꾸면 미래 생명 자원이지만 숲 가꾸기 시기를 놓치면 환경 악화와 대형 산불 같은 사회적 손실을 줄이기 어려울 것이다.

〈조선일보 2003. 11. 07.〉

수돗물 안 마시는 이유

장재연

아주대 교수 · 시민환경연구소 소장

세계 보건 기구에 의하면 약 11억의 인구가 안전한 물을 공급받지 못하고 있고, 이로 인해 매년 약 2백만 명이 설사병 등으로 죽고 있다. 이런 지역에 여과, 소독 처리를 한 수돗물을 공급하면 사망자가 크게 줄어든다. 이처럼 수돗물은 사람들의 건강 보호를 위해 가장 효과적인 시설이다.

그러나 아이로니컬하게도 수돗물 보급률이 높은 나라에서는 수돗물이 먹는 물로서 환영받지 못하는 경우가 많다. 우리나라 역시 수돗물을 믿고 마시는 국민은 1% 미만에 불과하다.

환경 분야 중 수돗물만큼 막대한 예산이 투입된 분야도 없다. 덕분에 수질도 많이 좋아졌다고 한다. 정부뿐 아니라 민관 합동 조사 결과에서도 수질 기준에 부적합한 경우는 극히 드물다.

그러나 시민들이 수돗물을 극도로 불신하는 현상은 계속되고 있으니 뭔가 크게 잘못된 일이다. 시민들이 수돗물을 마시지 않는 이유로 막연한 불안감과 염소 냄새를 들곤 한다. 맛이나 냄새가 싫어 수돗물을 마시지 않는 것은 개인 취향이므로 별문제가 아니다. 정부는 수돗물은 안전한 물이라고 주장하지만 아무도 그 말을 신뢰하지 않는 현상, 이것이 문제의 핵심이다.

최근 연구에 의하면 수돗물에 대한 막연한 불안감은 건강에 해로울 것이라는 인식이고, 정부에 대한 불신감이 높을수록 강해지는 것으로 확인되고 있다. 수돗물 안전성에 대한 염려를 줄이려면 수질 향상을 위한 노력은 계속되어야 할 것이나, 문제는 수돗물 불신이 단순히 수질만의 문제가 아니라는 데 있다. 즉, 수돗물을 생산·관리하는 정부 기관에 대한 시민들의 신뢰 부족이 수돗물 불신의 주요 원인이 되고 있기 때문에 이들 기관의 신뢰를 높이기 위한 노력이 선행되어야 한다. 구체적으로는 솔직하고 투명한 정보의 공개, 감동을 주는 행정 서비스를 통해 시민들에게 친근감과 신뢰감을 주는 기관으로 탈바꿈해야 한다. 시민들은 신뢰하는 사람의 말을 믿게 마련이다.

4천만 명이 넘는 국민에게 완벽한 수돗물을 생산·공급한다는 것은 결코 쉬운 일이 아니다. 따라서 100% 안전하다고 주장하는 것이나, 국민의 99%가 불신하고 있으니 문제라고 주장하는 것 모두 비현실적이거나 비논리적이다. 흔히 지적되는 길어진 수도관망 말단의 취약성, 지방 정수장의 전문적 관리 능력 부족, 간이 정수장의 문제가 심각하다면 그러한 문제는 과학적 확인을 통해 통계 수치로 제시되어야 한다. 그 결과에 대해 시민들의 이해를 구하고 개선하기 위한 청사진이 제시되어야 한다.

또 수돗물 수질에 문제가 발생하였을 때 즉각 그런 사실을 시민들에게 통보해 준다면 시민들이 평소에는 안심할 수 있을 것이다. 과거에는 솔직하게 문제를 밝히면 오히려 문제가 크게 악화되는 경우가 많았다. 그렇지만 마냥 덮어 두면 나중에 더 큰 문제로 발전하는 것 또한 경험하였다. 더 낮아질 곳이 없는 수돗물의 신뢰도는 총체적 실체를 밝힘으로써 훨씬 좋아질 수 있다.

수돗물 불신의 큰 부작용은, 수돗물 대신 선택하는 방법이 결코 수돗물보다 더 안전하지 못하다는 것이다. 잘 관리되지 않은 약수와 정수기야말로 건강을 위협할 수 있다는 사실이 지속적으로 확인되고 있다. 수돗물에 대한 거부감이 심리적 측면이 강하다면, 정수기와 약수에 대한 문제 지적은 과학적 사실이다. 이제는 수돗물의 불신 문제를 심각한 사회적·문화적·정신적 현상으로 이해하고 '수돗물 불신 해결을 위한 특별 위원회'라도 구성해야 한다.

심산유곡의 약수가 아무리 좋다 한들 그 물을 모든 국민에게 공급할 수는 없는 노릇이다. 수돗물은 개인에게는 가장 좋은 물이 아닐 수 있지만, 전체 국민에게는 가장 적합한 물이다. 대책 없이 불신과 포기로 수돗물을 대할 것이 아니라, 문제를 해결하기 위한 공동의 노력이 필요한 이유가 여기에 있다. 〈조선일보 2003. 12. 10.〉

신문 명칼럼 ⑤

초판 1쇄 인쇄일 · 2005년 12월 5일
초판 1쇄 발행일 · 2005년 12월 10일
엮은이 · 편집부
펴낸이 · 임성규
펴낸곳 · 문이당

등록 · 1988. 11. 5. 제 1-832호
주소 · 서울시 성북구 동소문동 4가 111번지
전화 · 928-8741~3(영) 927-4990~2(편)
팩스 · 925-5406
ⓒ 문이당, 2005

홈페이지 http://www.munidang.com
전자우편 webmaster@munidang.com

ISBN 89-7456-316-9 03300